리더의 질문에 답하다

조직을 성장시키는 최고 리더들의 39가지 질문

L e a d e r . C o a c h i n g

리더의 질문에 답하다
조직을 성장시키는 최고 리더들의 39가지 질문

2015년 8월 25일 초판 발행

지은이	백기락
펴낸이	채규선
펴낸곳	세종미디어(등록번호 제2012-000134, 등록일자 2012.08.02)
기획	출판기획전문(주)엔터스코리아
주소	경기도 고양시 덕양구 화정동 1141
전화	070-4115-8860
팩스	031-978-2692
이메일	sejongph8@daum.net

ISBN   978-89-94485-24-9 03320

이 도서의 국립중앙도서관 출판예정도서목록(CIP)은 서지정보유통지원시스템 홈페이지
(http://seoji.nl.go.kr)와 국가자료공동목록시스템(http://www.nl.go.kr/kolisnet)에서 이용하실 수
있습니다.(CIP제어번호: CIP2015018233)

리더의 질문에 답하다

조직을 성장시키는 최고 리더들의 39가지 질문

L e a d e r . C o a c h i n g

세종
MEDIA

이 땅의 많은 리더분들이
더 좋은 질문,
더 좋은 생각을 통해 더 멋진 기업을
만들어 가길 소망합니다.

첫 책을 내고 나서 지금까지 원고의 분량이나 내용의 난이도, 시장의 반응과 무관하게 책을 내거나 문장을 쓴 것은 하나도 없습니다. 이번 책 역시 몇 차례나 마감 시간을 어겨가며 쓰고, 지우고, 고치기를 반복했습니다. 저 자신도 힘들었지만, 제 옆에서 그 스트레스를 지켜보던 가족들과 마감 시간을 어기는 저로 인해 출판 일정을 제대로 잡을 수 없었던 출판사 대표님도 쉬운 시간은 아니었을 거라 생각합니다. 그래서일까요, 그런 고민과 아픔, 시간이 더해질수록 원고는 점점 다듬어지고, 정교해지고, 바람직해진다는 것을 배우고 또 배웁니다.

십수 권의 책을 내면서 한결같이 지키고자 했던 원칙이 있습니다. 바로 이전 책보다 더 '옳은' 내용을 쓰겠다는 것과 이전 책들과 흐름상 엉뚱하지 않게 쓰겠다는 결심이었습니다.

글을 쓰다 보면 이전 책의 내용이 실제 들어맞지 않거나, 문제점을 나중에서야 발견하는 경우가 있습니다. 제가 아무리 실전 경험을 먼저 하고 글을 쓰더라도 마찬가지입니다. 어떤 책들은 수년에 걸쳐 조금씩 집필되는데, 그 사이에 더해지는 경험과 지식이 이전 내용들을 많이 변화시키는 것은 어쩔 수 없는 현실인 듯합니다. 문제는 활자로 출판되는 책은 출간 후 고치려야 고칠 수 없는 상황이 된다는 것입니다. 여러 권의 책을 낸 많은 저자들도 이 고민에서 벗어날 수가 없을 것입니다. 심지어 책을 출간하고 한 달도 되지 않아 현실 교육에서 책 내용의 일부를 번복해본 경험도 있습니다.

그런 일들이 생기다 보니 새로 출간하는 책에는 늘 이전의 내용과 일치하지 않는 내용이 포함될 여지가 다분합니다. 그럼에도 글을 쓰는 이유는 그래야 조금이라도 더 맞는 내용, 적합한 내용을 읽는 분들에게 전해드릴 수 있기 때문입니다.

그리고 책이 나름의 일관성과 연속성을 유지하려고 애를 씁니다. 한 저자가 살아가고 배워가면서 쓴 글들이 매번 다른 내용일 수는 없을 것입니다. 더 발전하고, 더 깊어지고, 더 넓어지기에 글을 쓰는 게 아닐까 생각합니다. 그런 점에서 이번 책은 '리더십·경영자' 등의 주제에서 연속성이 있습니다. 이 책에 앞서 쓴 〈서른 살 리더십〉이 초보 리더들에게 맞춘 책이라면, 이번 책은 그 리더가 한 번쯤 가져보면 좋을 고민과 질문을 담았습니다. 언제가 될지 모르지만 다음 책을 이어간다면 리더십이나 경영전략 쪽으로 가지 않을까 싶습니다.

언제나 글을 쓰면서 고맙고 감사한 분들의 이야기를 적습니다. 책이 많이 나옴으로써 그 감사함이 점점 줄어들지 않고 늘어나는 걸 보면 제가 참 복 받은 사람이라는 걸 깨닫게 됩니다. 베테랑 작가답지 않게 고민하는 저에게 인내와 지지로 기다려 주고 성원해 주지 않으셨다면 이 책은 탄생하지 못했을 것입니다. 원고 마감일에 맞춘답시고 예민해진 저를 지지하고, 격려해 준 아내와 두 아이 혜원, 차민에게도 사랑의 마음을 담아 밝힙니다. 특히 며칠 동안 아빠의 그리움을 참아 준 두 아이, 그런 두 아이를 달래면서 저를 지지해 준 아내는 언제나 제 삶의 큰 지원자이자 하나님이 주신 복된 선물임을 꼭 이야기하고 싶습니다. 마지막 4박 5일의 원고 마감 기간―제가 그냥 정한 일정입니다.―동안 여러 회의실, 카페, 사무실을 오가면서 어지럽힌 자리를 정리해 준 두 동생과 크레벤비앤디의 이주환 씨에게도 깊이 감사드립니다. 원고 핑계 대고 잘 찾아뵙지도 못하고, 인사도 못 드린 아버지, 어머니께 이 지면을 빌어 감사하고, 사랑한다고 말씀드립니다.

마지막으로 이 책을 사 주시고, 읽어 주실 독자이신 당신께 감사드립니다.

한 분 한 분 이름을 알 수 있다면 기억하고, 연락을 드릴 수 있다면 연락을 드렸으면 좋겠습니다. 이 책을 다 읽으시면, 아니 이 책을 읽다 멈추시더라도 저에게 메일을 보내 주시면 좋겠습니다. 다 기억하고, 주신 이야기를 마음에 새기고, 좋은 인연으로 평생 이어가고 싶습니다.

이 땅의 많은 리더분들이 더 좋은 질문, 더 좋은 생각을 통해 더 멋진 기업을 만들어 가길 소망합니다. 그래야 대한민국이 살고, 이 세상이 더 살기 좋게 변할 테니까요. 언제나 리더인 여러분을 응원합니다.

작가 백기락 CAN Dream

E-mail : can.director@live.co.kr

kirak.blog.me

PART
0 3

직원 교육
직원은 어떻게 성장하는가?

PART
0 4

조직 관리
관리하지 않아도 되는 조직은 어떻게 탄생하는가?

중요한 건 어느 유형이든 정답이 아니라 그저 차이라는 것입니다. 현명한 리더라면 자신의 리더십 스타일이 갖고 있는 장점과 단점을 명확히 인지하고, 장점은 개선하고, 단점을 줄이려고 노력합니다.

LEADERSHIP **리더십**

리더가 지녀야 할 핵심

1

리더가 본받을 만한 모범 리더상이란 게 있을까?

훌륭한 리더가 되고 싶다는 건 리더라면 누구나 생각하는 바일 것입니다. 하지만 막상 변화하고 싶어도 어떻게 해야 하는지 잘 모르겠습니다. 갑작스럽게 현재 스타일을 바꾸자니 부담도 되고 어디서부터 어디까지 나를 손봐야 하는 건지 알 수가 없습니다. 모범 리더상이란 게 있다면 그대로 따라해 보고 싶습니다.

리더라는 자리는 무척 매력적인 자리입니다. 많은 사람들을 지휘할 수 있고, 많은 정보를 접할 수 있고, 중요한 의사 결정을 할 수 있기 때문입니다. 그렇기에 부담스러운 자리일 수도 있습니다. 점점 빨라지는 세상, 복잡하게 나타나는 현상들, 수많은 변수와 촉박한 의사 결정 시한 등으로 지금 이 순간에도 수많은 리더들이 고민하고, 노력하고, 치열하게 살아가는 게 아닌가 싶습니다.

기업의 인재상이 있듯이 리더가 본받을 만한 리더상도 존재하지 않을까요? 그런 생각에서 출발해 지금까지 많은 리더와 비록 리더는 아니지만 '리더'로서 리더와 비슷한 역할을 한 분들을 추천 받고, 추려내고, 연구했습니다. 그 결과 단 하나의 유일무이한 '리더상'이 존재하기보다는 어느 정도 다양한 리더상이 나타난다는 걸 알게 되었습니다. 그런 다양성은 몇 가지 조건에 의해 결정되는데, 그 조건이 무엇인지 하나하나 살펴보겠습니다.

리더의 생각 (or 의사결정) 스타일

좋은 리더는 아이디어를 중시하는 편입니다. 갑자기 떠오른 아이디어를 놓고 오랫동안 고심하기도 합니다. 대체로 부정적인 면보다는 긍정적인 면을 많이 보는 편이고, 안 되는 이유보다는 되는 이유를 좀 더 많이 찾습니다. 사회적으로 성공한 리더들을 보면 확실히 도전적이고 열정적이며 진취적입니다.

그렇지만 그만큼 시행착오를 많이 겪습니다. 도전적이라는 건 그만큼 모험을 많이 하게 된다는 것이고 늘 그 시도가 성공으로 마무리되는 건 아니니까요. 도전적이고 공격적인 사업 스타일의 리더와 일하는 직원들은 리더의 도전이 자신들을 두렵게 하고, 자주 힘들게 한다고 합니다. 리더가 무언가에 골몰해 있으면, 덜컥 겁이 앞선다고 합니다. 그래서 도전적이고 진취적인 리더는 이런 점을 알고 있어야 합니다. 도전과 성취를 좋아하는 장점은 최대한 지키되 팔로워들의 피로감과 두려움, 실패에 대한 리스크 등을 고려해야 하지요. 이런 것 없이 덮어놓고 도전하는 것은 무모함에 지나지 않습니다.

반면에 어떤 리더는 수백, 수천 가지 상황을 머릿속으로 생각합니다. 그중에서 가장 합리적이면서 효과적인 방법을 찾습니다. 가능하면 안전한 상황과 유리한 상황을 찾기 위해 노력합니다. 대체로 경험치를 중시하고, 새로운 변화는 최후의 카드로만 사용합니다. 확실히 이런 리더의 결정은 주변 사람들을 안심시킵니다. 자주, 갑자기 결정을 내리지 않기 때문이며, 자신들보다 몇 배 더 많은 상황을 고려했음을 알기 때문입니다.

신중한 리더는 모험을 즐기지 않으므로 조직을 위험하게 하지 않습니다. 조직과 팔로워들을 안정화시킨다는 점에서 신중함은 큰 장점입니다.

다만 때로는 빨리 결정해야 한다거나, 공격적이어야 할 순간조차 그렇지 못하므로 조직을 키워나가고 성장시키는 데 있어 걸림돌로 작용할 수 있습니다. 신중형 리더는 이런 점을 감안하여 장점을 강화하되 부족한 도전 정신도 키울 줄 알아야 합니다.

리더의 행동 스타일

어느 날 저는 새벽까지 고민을 했습니다. 앞으로 십 년을 어떻게 살 것인가에 대한 결정을 하느라 잠을 이루질 못했습니다. 그러다가 한참 만에 저는 결정을 내렸습니다. 그때가 새벽 다섯 시쯤이었고, 전 페이스북에 그에 관련한 암시를 남기고 잠들었습니다. 두어 시간쯤 지난 후 다시 일어났고, 저의 결정은 속도를 더하였습니다. 회사 구조, 주변 환경들을 새로운 결정에 맞춰 재편하기 시작했습니다. 당연히 구성원들은 영문을 알지 못합니다. 결정 이후 저의 행보는 남들보다 먼저, 일찍 하는 스타일이기 때문이지요. 전장에서 "나를 따르라!"고 명령하는 전진형 리더인 셈입니다.

전진형 리더의 행동은 빠른 업무 추진이 가능하다는 긍정적인 면도 크지만, 부작용도 만만치 않습니다. 특히 주변 사람들은 제 생각을 알 수 없으므로 답답해하기 시작하고, 제가 자신들이 원치 않았던 변화에 대해 설득을 하거나 이해를 구한 과정이 없었기 때문에 불만이 커질 수밖에 없습니다. 당연히 스트레스를 많이 받거나 어려움에 처하기도 합니다. 그래서 전진형 리더는 빠른 속도감에 구성원들을 설득하고 공감대를 얻어내는 노력을 반드시 덧붙여야만 합니다.

전진형 리더가 팔로워들과 자주 이야기하고, 의사 결정에 그들을 참여시키며, 때로는 이해를, 때로는 설득을 하는 모습을 가미한다면 그보다 더 훌륭할 수는 없을 것입니다. 리더가 잊지 말아야 할 사실은, 속도가 느린 리더라도 함께 가는 게 더 중요하고 전체의 힘을 더 잘 살리는 방법을 연구하는 것입니다. 팔로워와 함께 가는 리더는, 독단적이고 급하게 행동하는 리더보다 느리지만, 오랫동안 변화를 추진할 수 있는 장점이 있습니다.

리더의 감정 스타일

남들보다 먼저 앞서 가다 보면 함께 가는 사람들과의 관계에서 문제가 자주 발생합니다. 마음속에 불만이 있는 정도가 아니라 조직 안에 다툼으로 드러나는 경우가 많습니다. 저의 경우는 자주 사과하고, 늦게나마 실수를 인정하는 편입니다. 문제는 그런 상황이 생각보다 자주 발생하고, 막는 게 쉽지 않다는 것입니다. 게다가 문제가 덜 생기게 하려면 속도를 늦춰야 하는데, 속도는 제가 가진 가장 강력한 경쟁력이기 때문입니다.

　　속도를 추구하면서도 제 마음은 정작 이랬다 저랬다 하는 경우가 많습니다. 그러다가 속도를 늦추기라도 하는 상황이 벌어지면, 그 상황에 화를 내고 제 자신에게까지 화가 나기도 합니다. 그런 반면에 어떤 리더는 감정의 변화가 거의 없습니다. 늘 온화하거나 근엄한 모습을 유지하고 깜짝 놀랄 만한 일이나 위기상황이 닥쳐도 감정을 내보이지 않습니다. 흔히 포커페이스라고 하는, 늘 변화 없는 표정과 감정을 유지합니다.

　　포커페이스형 리더의 장점은 일관성이 있고, 팔로워들에게 편안함과 신뢰를 준다는 것입니다. 안 좋은 점은 통 속을 알 수 없으니 거리감이 느껴지고 인간적 흥미가 생기지 않습니다. 기분 좋은 일이 있어도 드러내지 않는 리더의 모습은 지켜보는 팔로워들의 입장에선 그다지 유쾌한 모습은 아닐 것입니다.

리더가 자신의 감정을 드러내는 것은 어떤 면에서 보면 필요한 일입니다. 팔로워들은 리더의 감정을 알 '권리와 의무'가 있습니다. 리더와 팔로워는 한몸처럼 유기적으로 관계를 이어가며 조직을 이루기 때문에 리더에 대한 '정보'를 아는 것은 팔로워들에게 꼭 필요한 일입니다. 리더의 기분은 팔로워의 조직생활을 움직이는 중요한 요소이니까요.

리더는 자신의 감정을 적절히 절제하고 조절할 줄 알아야 합니다. 필요 이상의 불안과 초조함, 불만을 표출하는 것은 바람직한 리더의 자질은 아닙니다. 불안정한 리더의 감정 상태는 팔로워들을 불안하게 하고 리더를 믿고 따를 수 없게 만듭니다.

수많은 리더는 자신의 타고난 성향을 가지고 있고, 그 성향을 쉽게 버리지 못합니다. 위의 3가지 조건에 환경, 조건 유형을 더한 4가지 조건

16가지 리더의 유형

사고방식, 감정 관리, 행동 형태, 상황 조건에 따른 유형 분류

◦ **사고방식** – 논리적 vs. 직관적   ◦ **감정 관리** – 일관적 vs. 표출적

◦ **행동 형태** – 주도적 vs. 동행적   ◦ **상황 조건** – 유리함 vs. 불리함

에 따라 리더십 스타일을 분류하면 모두 16개의 리더 유형이 나올 수 있습니다. 리더라면 자신의 스타일을, 팔로워라면 자신이 따르는 리더를 한번 평가해 보기 바랍니다.

중요한 건 어느 유형이든 정답이 아니라 그저 차이라는 것입니다. 현명한 리더라면 자신의 리더십 스타일이 갖고 있는 장점과 단점을 명확히 인지하고, 장점은 개선하고 단점을 줄이려고 노력합니다. 세계적인 리더들

을 보면, 각각 개성이 있지만 동서고금을 막론하고 공통적인 면모는 자신의 장점을 키우고 단점을 줄이는 노력을 한다는 것입니다.

모든 상황에 맞는 리더십 스타일을 모두 가질 수 있다면 얼마나 좋을까요? 때로는 도전적이면서 때로는 뒤로 물러서서 신중하게 고민할 줄 안다면 어떨까요? 때로는 웃고 울지만, 때로는 듬직하고 강인한 리더라면 어떨까요?

아이들 만화처럼 변신 카드라도 있으면 좋으련만 현실에선 그렇게 할 수가 없습니다. 자신의 본질을 바꾸는 건 불가능하기 때문입니다. 하지만 기억해 둘 필요는 있습니다. 지금의 상황에 어떤 생각 유형, 어떤 감정 유형, 어떤 행동 유형이 유리할지 안다면, 적어도 자신보다 나은 누군가를 앞세우는 게 낫다는 생각도 할 수 있기 때문입니다. 정말 훌륭한 리더는, 자신의 후계자까지 세울 줄 아는 리더라고 하지 않습니까?

오늘도 많은 일들이 벌어질 것입니다. 어제처럼 다 처리해도 크게 문제되진 않을 겁니다. 하지만 만약 이 일을, 나와 다른 기질을 가진 리더라면 어떻게 처리했지 하고 한 번 더 생각해 보는 건 어떨까요? 어제와 같은 오늘이 아니라, 오늘은 완전히 새로운 하루처럼 느껴질지도 모릅니다.

✦ Leader Coaching
존경하는 리더가 있으시다면, 그 리더의 전기를 한 번 읽어 보면 어떨까요?

2

리더는 어떤 생각을 해야 하는가?

리더가 된다는 것은 특별한 일입니다. 웬만한 사람들은 평생에 한 번 하기 힘든 경험이고, 많은 사람들의 삶에 영향을 줄 수 있다는 점에서도 리더의 위치가 갖는 특별함은 비교할 대상이 흔치 않습니다. 아마 대부분의 리더들은 남과 다른 생각을 해야 한다는 것 정도는 다 알고 있습니다. 문제라면, '남다른 생각'이 어떤 것인지 잘 모른다는 게 문제일 것입니다. 도대체 남다른 생각은 어떤 특징들을 가지고 있는 것일까요?

첫째, 진정한 상위 가치를 생각해야 합니다

보통의 경영자라면 기업의 궁극적인 목표인 이익 실현조차도 쉽지 않다는 것을 깨닫습니다. 몇 번의 실패를 하고 나면 자연스럽게 단기 이익이 무엇보다도 중요하다는 것을 몸소 배우게 되고, 그때부터는 적자가 나거나 위기를 겪는 횟수는 적어지게 됩니다. 문제는 그 과정에서 탁월한 선택을 할 기회도 줄어든다는 것입니다.

　일반적으로 상위 가치는 누가 봐도 명백한 경우가 많습니다. 그래서 그 상위 가치를 지향하는 건 너무 당연한 일이고, 그래서 간과하거나 무심코 넘어가는 경우가 많습니다. 조금만 신경을 쓰지 않으면, 너무나 당연해서 넘어가 버리는 일. 그렇게 해서 큰 사고의 씨앗이 심어지고, 그렇게 해서 큰 부정의 씨앗이 싹을 틔웁니다. 가장 기본적인 것들을 생각하는 것. 너무나 당연하다고 여기는 것들을 굳이 점검하는 것. 리더가 아니고서는 쉽게 할 수 없는 것들입니다.

이런 가치들은 분명 모두의 동의를 얻을 수 있지만, 그 가치를 정의하고, 같이 행동하는 것은 훈련이 필요합니다. 틈틈이 그 가치를 논의하는 시간을 갖고, 그 가치를 구체적으로 표현해 보며, 그 가치를 담은 행동을 하려고 노력해 보시기 바랍니다. 원칙에 집중할 때, 진정한 상위 가치에 집중할 때, 마치 따로 움직일 것 같은 여러 가지 문제들이 예방되거나 사라지게 될 것입니다.

둘째, 조직과 시장의 경계선을 뛰어 넘는, 폭넓은 생각을 해야 합니다

일이 바쁘다 보면 많은 것을 생각하기가 힘듭니다. 특히 웬만한 노력을 하지 않고서는 시장의 흐름이나 국제 동향 같은 건 놓치기 쉽습니다. 때로는 우리 사업과 무관하다는 이유로도 외면하기 일쑤지요.

정말 우리 회사와 관련이 없는 것일까요? 우리가 스포츠 용품을 생산하니 문화예술 분야는 우리 회사랑 무관한 것일까요? 그런 점에서 저는 이런 이야기를 합니다. '사람'이 사는 '사회'에 '사람'과 무관한 게 없다면, 결국 모든 건 연결되고 서로 영향을 준다는 것을 깨달아야 합니다.

한 나라의 쿠데타가 다른 나라의 특정 경제 영역을 무너뜨릴 수 있습니다. 이제 '글로벌화'가 심화되면서, 생각보다 작은 나라의 경제적 파탄이 순식간에 전 세계 경제에 타격을 줄 수도 있습니다. 연결되어 있다는 점에서, 이제 무시할 수 있는 것들은 아무것도 없습니다.

너무 많은 영역을 살피다 보니 피로해지고, 소음과 신호를 구분하지 못하는 경우는 늘어날 것입니다. 하지만 직원들에게 실무적인 일을 맡겼다면, 이제 리더는 누구도 할 수 없는 것들을 보려고, 누구도 생각하지 않는 것들을 생각하려고 노력할 필요가 있습니다. 특히 경제 흐름이나 국제 동향은 일부러 노력해도 알아내기가 쉽지 않고, 전문가들의 조언을 듣거나 공부를 하려면 어느 정도의 투자도 필요한 것들입니다. 리더가 아니고서는 선택하기가 쉽지 않은 셈이지요.

생각할 시간을 가진다는 것, 결국 '무언가'를 생각하려고 마음먹을 때 그 시간이 필요한 게 아닐까요? 제대로 보는 데에는 오랜 시간이 걸릴지 모릅니다만 이제부터라도 시작해야 그 '언젠가'가 눈앞에 다가올 것입니다. 리더가 읽지 못하면 조직은 나아갈 수가 없거나 대비할 수가 없습니다.

셋째, 먼 후손까지 고려하는 생각을 해야 합니다

세계적인 리더십 전문가인 스티븐 코비 박사는 '유산을 남기는 것'을 매우 중요시했습니다. 그 '유산'이라는 게 돈만을 의미하는 것은 아닙니다. 수많은 방법으로 남길 수 있는 것이 유산인데, '무엇'을 남기느냐에 따라 유산다운 것인지, 아닌지가 결정될 것입니다.

살다 보면 내 앞가림도 제대로 못할 때가 많습니다. 더군다나 몇 명 되지도 않는 직원들의 월급 주기도 빠듯한데 무슨 후손이며, 미래냐고 반문하는 리더도 많을 줄 압니다. 하지만 유산을 남긴다는 것은 미래를 생각하는 것이며, 미래를 생각하는 리더야말로 비전이 있는, 비전의 실현성이 높은 리더입니다.

작은 회사일수록, 시작 단계에 있는 회사일수록 여러 가지 면에서 부족함이 많을 것입니다. 그런 회사에 몸담고, 자신의 삶을 헌신하는 이들 중에는 더 좋은 회사, 더 좋은 조건의 직장에서 수시로 이직의 유혹을 받을 것입니다. 그런 이들이 현재의 회사를 떠나지 않고 헌신할 수 있는 몇 안 되는 이유 중 하나가 함께 일하는 사람들, 특히 리더의 생각입니다.

리더가 자신뿐 아니라 미래와 후손을 생각하고 고민하며 미래에 대한 철학을 갖고 일한다면 직원들은 그 회사를 쉽게 떠나지 않을 것입니다. 복지기관에서 어려운 여건에도 불구하고 힘든 일을 묵묵히 해내며 사회적 약자들을 돕는 분들을 생각해 보십시오. 그분들이 삶의 고귀한 정신이나 철학 없이 그런 현실을 견딜 수 있는 이유가 있을까요? 그런 점에서 철학은 참 중요합니다.

리더는 끊임없이 현재가 아닌 미래를 고민하는 존재가 되어야 합니다. 회사의 수명보다 더 먼 미래를 고민하는 리더는 분명 올바른 유산을 남기기 위해 노력할 것이기 때문입니다.

넷째, 모두의 반대를 무릅쓸 수도 있는 생각을 해야 합니다

좋은 생각을 항상 모든 사람들이 지지하는 것은 아닙니다. (물론 대체로 좋은 생각을 대부분의 사람들이 지지하는 것은 사실입니다.) 혹은 마음속으로는 지지를 하더라도 너무 좋은 생각이어서 현실적이지 않다는 이유로 반대할 수도 있습니다. 다른 이들의 지지를 받지 못하는 생각을 밀고 나가는 것은 무척 힘든 일입니다. 사람들의 지지가 모아지지 않는 조직을 이끌고 있다면 좋은 미래가 보장될 수 없다는 것을 리더들은 너무나 잘 알고 있습니다.

하지만 리더의 자리에 서 보면 리더만이 느끼고 볼 수 있는 것들이 존재합니다. 그런 것들을 오랜 시간 동안 보고, 듣고, 느끼고, 경험하다 보면 리더만의 직감·직관이 형성됩니다. 비록 모든 사람들이 반대할지라도 리더만은 밀어 붙여야 한다는 느낌이 들 때가 존재한다는 뜻입니다. 이럴 때 어떻게 해야 할까요?

최선을 다해 구성원들의 동의를 구하는 것이 중요합니다. 그래야 함께 미래를 만들 수 있기 때문입니다. 하지만 정보의 부족으로 인해, 과정이나 여러 가지 결핍으로 인해 리더만큼의 생각, 감각, 관점을 가질 수 없는 사람들의 판단을 따르면 좋은 기회를 놓칠 수 있고, 심지어 정말 큰 어려움에 빠지는 것을 막지 못할 수도 있습니다.

그런 상황이 올 때, 오랜 심사숙고에도 불구하고 모두의 반대를 무릅쓰고 진행해야 할 때, 리더는 결정을 내리고 전진을 해야 합니다. 우리가 흔히 리더를 CEO라고 부릅니다. Chief of Executive Officer, 한마디로 '행동할지 말지를 결정하는 책임자'라는 뜻입니다.

물론 리더의 생각과 관점에도 한계는 있습니다. 아무리 많은 교육을 받고, 아무리 많은 경험을 했더라도 모든 부분을 다 잘 알 수는 없습니다. 이사진과 사외이사, 고문이 있고, 수많은 직원이 있지만 완벽한 결정을 내리는 데 도움을 주진 못합니다. 그럼에도 리더는 굳은 결심을 하고 전진해야 합니다. 경영을 다수결에 맡기지 않고 한 명의 리더가 맡는 이유는, 리더가 갖는 인간적 한계에도 불구하고, 그에게는 다른 구성원들이 갖지 못한 관점, 안목이 있음을 믿기 때문입니다.

다섯째, 덜 창의적으로 일하려고 해본다면?

창조경영의 시대에 창의적으로 일하라고 말을 하지만 정작 대부분의 사람들은 창의적으로 일하는 게 무엇인지 잘 모릅니다. 오히려 그런 지시를 또 하나의 스트레스로 받아들입니다. 그럼 이렇게 얘기해 보면 어떨까요? 덜 창의적으로 일하라고 하는 것입니다. 남들보다 덜 세련되게, 남들보다 늦게 일하라고 하는 것입니다. 처음엔 쉬워 보입니다만 남들보다 뒤떨어지는 게 사람들에겐 오히려 더 큰 스트레스입니다. 인간은 남들보다 나아지기를 바라지, 남들보다 뒤처지는 걸 바라지 않습니다.

설문조사를 한 적이 있습니다. 스트레스에 대한 것이었는데, 대부분의 직장인들은 스트레스 자체를 부정적으로 보았습니다. 놀라운 것은 리더들의 반응이었습니다. 그분들은 스트레스 자체를 인정할뿐더러 긍정적으로 보기까지 했습니다. 이유는 간단했습니다. 자신들의 위치에서 그런 스트레스는 너무 당연한 것이라는 거지요. 사실 스트레스가 없는 상태는 멈춘 상태이거나 죽은 상태입니다. 모든 살아 있는 생명체는 스트레스를 생명의 근원으로 삼습니다. 다만 그걸 모르는 것이지요. 즉 긍정적인 스트레스를 받아들인다면 오히려 나아지고, 오히려 성장합니다. 따라서 남들보다 뒤처지라고 조건을 걸어 놓더라도, 남들보다 뒤처지는 스트레스를 제대로 알기 시작하면 '부정적 스트레스'를 선택하기보다는 차라리 '긍정적 스트레스'를 선택할 가능성이 높아지는 셈입니다.

사람들은 자신이 매우 객관적이라고 생각하지만 사실 굉장히 상대적인 관점에서 살아가는 존재입니다. 상대적이다 보니 누군가보다 나아진 상태를 향해 달려가다가도 관점이 바뀌면 행복해질 수도 있고, 불행해질 수도 있습니다. 어떤 관점, 어떤 기준으로 자신의 삶을 평가하느냐가 굉장히 중요한 이유입니다. 남들처럼 무조건 '더' 달려가는 게 불행하다고 느끼는 이들에게 다르게 사는 방법을 알려 준다면 생각 외로 큰 효과를 거둘 수 있습니다.

경영이 인문학에 비유되기도 합니다. 경영자는 인문학자일지도 모릅니다. 누구보다 철학자가 되어야 할 수도 있습니다. 그래야만 특별한 생각들을 멈추지 않고 할 수 있기 때문입니다.

리더만이 할 수 있는 특별한 생각, 그 생각을 할 수 있는 기회와 권리는 절대 포기하지 말아야 하고, 대신할 수 없다는 것을 기억해야 할 것입니다. 여러분이 그런 생각을 멈추지 않는다면, 분명 함께 일하는 이들이 따르고, 고객이 따르고, 나아가 여러분을 지켜보는 많은 사람들이 여러분을 따르게 될 것입니다.

☗ Leader Coaching

여러분의 회사가 특별히 존재해야 하는 이유는 무엇입니까?

우리 회사가 없어진다면 고객들은 어떻게 느낄까요? 우리 회사가 존재함으로 고객들과 협력사들은 어떤 영향력을 받을지 생각해 보면 어떨까요?

3

완벽한 결정의 조건이란 무엇일까?

매일 결정을 수십 번은 하는 것 같습니다. 나름 최선의 결정을 내리는 것 같은데, 결정을 내리고 나면 뭔가 불안하기도 하고, 아쉽기도 합니다. 나중에 어떤 결과로 다가올지 걱정도 되고…… 어떤 결정을 어떻게 내려야 좋은 걸까요?

우리는 하루에도 몇 번씩 결정을 하게 됩니다. 그 결정은 모여서 산을 이루고, 그 산은 언젠가 우리에게 어떤 결과로 다가옵니다. 그 결과를 만나고서야 우리는 그 결정의 옳고 그름, 뛰어남과 미숙함을 알게 됩니다. 결정을 할 때 미리 알 수 있다면 얼마나 좋을까요? 오늘 여러분과 다루고 싶은 내용은 바로 결정에 대한 이야기입니다.

좋은 결정은 오랜 고민을 수반합니다

우리가 어떤 고민을 하는 이유는 그 고민이 우리가 무시할 수 없는 결론으로 다가올 수 있기 때문입니다. 살아가면서 별로 중요하지도 않고, 별로 영향을 미치지도 않는 고민으로 시간을 보내는 분들이 없진 않지만, 적어도 그런 고민들을 오래도록, 깊이 고민하고자 의도하는 분들은 없을 거라 생각합니다.

좋은 결정을 수반하려면 반드시 오랜 고민의 과정을 거쳐야 합니다. 간단해 보이는 문제일지라도 깊은 고민 끝에 결론을 내게 되면, 그 과정을 지켜보는 분들이 신뢰하게 되며, 그 결정이 좋은 결과를 얻을 거라는 확신을 갖게 해 줍니다. 쉽게 결정을 해버리면 그 결정의 경중을 알지 못하는 이들로선 경솔한 결정인 것처럼 보일 가능성이 높습니다.

실제로 고민을 하다 보면 처음엔 고려하지 못했던 것들을 하나 둘 고려하게 되고, 더 다양한 관점에서 최초의 고민을 보게 해 줍니다. 고민에 대한 과정 역시 우리의 지식과 경험에 준해서 내리는 만큼 좀 더 많은 시간을 투자하는 편이 그런 한계를 넘어설 수 있는 유일한 방법입니다.

좋은 결정은 함께 이루어질 때가 많습니다

최종 결정을 리더가 혼자 해야 한다는 점에서는 이의가 없습니다만 그전까지는 누군가와 나누고 함께 고민하는 게 더 좋다는 건 분명합니다. 최종 결정을 내리는 순간까지 다양한 관점을 스스로 갖고 있어야 하는데, 이는 숙련된 분들에게도 쉽지 않은 것입니다. 따라서 여러 사람들과 함께 고민할 수 있다면 보다 쉽게 다양한 관점을 가질 수 있고, 내가 갖지 못하는 지식과 경험의 기반을 통해 좀 더 좋은 결정을 내릴 가능성이 높아집니다.

문제는 함께 고민할 상대가 없는 경우입니다. 주변에 사람이 없기보다는 그런 고민을 함께 할 만큼 좋은 고민 상대가 없는 게 문제일 것입니다. 그런 상황이라면 스스로 준비를 하지 않았음을 탓해야 합니다. 인맥 역시 스스로 준비해 두어야 하는 귀한 자원이기 때문입니다. 따라서 평상시 그런 고민을 할 만한 사람을 주의 깊게 살펴볼 필요가 있습니다. 한 분야에서 나름 성과를 내면서도 말을 주위로 옮기지 않는 사람이라면 좋은 후보가 될 수 있을 것입니다. 무엇보다 고민을 하고 있는 사람의 마음까지 헤아려 주는 사람이라면 더욱 적합한 인물일 거라 생각됩니다.

당장 주변에 그런 사람이 보이지 않는다면, 지금부터 그런 사람을 만나기 위해 노력해 보면 어떨까요? 가끔은 누군가에게 그런 사람이 되도록 노력하는 것도 좋은 방법이 될 수 있습니다.

좋은 결정은, 더 중요한 가치를 지향합니다

오늘날 경영의 특징 중 하나가 놀랍도록 많은 변수를 감안해야 한다는 것입니다. 법은 점점 까다로워지고 있고, 회사의 성장 과정에서 더 다양한 나라들의 수많은 변수를 감안해야 합니다. 같은 나이라도 성향이 다르고, 같은 직업을 갖고 있어도 취향이 다릅니다.

이럴 때는 궁극적인 가치, 원칙에 집중하는 게 도움이 됩니다. 사람들이 다르고, 세대가 달라져도 원칙은 거의 변화가 없습니다. 시대를 뛰어 넘는 가치와 원칙은 놀랍게도 대부분의 사람들이 알고 있는 것들이기도 합니다. 오히려 그런 가치, 원칙을 지향하지 않는다는 게 의아하게 느껴질 정도지요. 최근 기업윤리, 윤리경영이라는 개념이 등장했는데, 최근에 새롭게 등장한 개념이라기보다는 그만큼 많은 기업들이 윤리를 무시하거나 등한시한 결과로 나타난 게 아닌가 생각됩니다. 과거 우리가 너무나 당연시했던 가치들을 잃어간다는 것. 안타깝고 슬픈 일이지만 그런 경향에 '반대되는' 길을 걸음으로써 더 나은 기업, 더 나은 상품, 더 나은 서비스가 탄생할 수 있습니다.

가끔은 직관이 더 좋은 결정이 되기도 합니다

적합한 과정, 적합한 전문가를 통하지 않고도 리더들은 좋은 결정을 내리곤 합니다. 그리고 그 근거로 '직관'을 꼽는 경우가 많습니다. 한 분야에서 오래도록 지식과 경험을 쌓은 이들은 '직관'이라는 강력한 무기를 얻게 됩니다. 오래 생각하지 않아도 문제의 해법이 보이는 경험이지요. 매우 짜릿하지만 위험하기도 합니다. 틀릴 수도 있는데, 틀렸다는 것을 보지 못하고 결정을 해버릴 수 있기 때문입니다.

직관에 의한 결정이라면, 조금은 시간을 갖고 그 직관에 대한 검증을 시도해야 합니다. 보통 어떤 결론을 가정한 상태에서는 그에 반하는 것들이 보이지 않는 경우가 많습니다. 따라서 훌륭한 리더라면 자신의 직관에 대해 제3자와도 같은 객관성을 유지하려 노력해야 합니다. 리더에게 내려진 축복이지만, 직관은 리더가 흔히 경험하는 함정이 될 수 있기 때문입니다. 노련한 리더는 직관을 무시하지도 않지만, 쉽게 믿지도 않습니다. 오히려 자신이 얻은 결정을 증명하려고 노력합니다. 자신뿐 아니라 조직의 승패를 결정할 수 있기 때문입니다.

결정? 결단!

제목에 '결정'이라는 단어 대신 '결단'이라는 단어를 쓰는 것은 그만큼 결정이 중요하고 단호해야 한다는 것입니다. 신중한 과정은 그만큼 시간과 비용, 정성이 많이 들어갑니다. 그 과정을 거쳐서 나온 결론이라면 단호하게, 분명하게 선언하고 그간의 시간을 만회하기 위해 집중하고 노력해야 합니다. 수많은 리더들이 저지르는 실수 중 하나가 결정을 쉽게 번복하거나 변경한다는 것입니다. 그런 모습을 본 사람들은 리더의 결정을 점점 신뢰하지 않거나 비중 있게 느끼지 않게 되고, 심지어 리더의 모든 말을 가볍게 듣게 됩니다. '소통의 부재'라고 해서 서로가 말도 하지 않는 상황은 존재하지 않습니다. 무언가를 끊임없이 대화하는 것 같은데도 정작 중요한 정보가 전달되지 않거나 이해되지 않는 경우를 의미합니다. 신뢰의 부재가 이미 악영향을 끼치기 시작한 셈입니다.

　그런데 리더의 자리에 있다 보면 최선의 결정인 줄 알았는데 그렇지 못하다는 것을 깨달을 때가 있습니다. 결정을 변경하거나 번복하는 게 필요하다면, 자신의 잘못을 공식적으로 인정하고 사과해야 합니다. 요즘 흔히 쓰는 '진정성 있는' 사과가 필요합니다. 최초의 결정으로 인해 수많은 사람들이 이전과는 다른 행동을 시작한 시점에서 또다시 변경을 논하는 것은 그만큼 조직에도 무리를 가져다줍니다. 그 혼란은 피할 수 없더라도 신뢰의 부재가 생기는 상황만큼은 막는 게 중요합니다.

　좋은 결정은 좋은 결과를 가져다줍니다. 그래서 우리는 좋은 결정을 내리려고 노력합니다. 그러나 그 노력은 대체로 실패로 돌아갑니다. 미래는 언제나 불확실하고, 현재의 상황은 잘 인식되지 않은 상태에서도 결정을 해야 하기 때문입니다. 자신이 내린 결정이 좋지 못한 결과로 나타났다면 그 결과를 겸허히 받아들이되 그 결정의 과정을 복기하면서 개선할 수 있는 방법을 찾는 게 필요합니다. 변화의 과정은 더디고 힘이 들지만, 그 변화의 열매는 언제나 달콤하다는 것도 기억하면서 말입니다.

⚖ Leader Coaching

결정 일기를 따로 한 번 써보시면 어떨까요?

그날그날 내린 결정을 따로 적어 놓은 일기장이 있으면 어떨까요? 그렇게 결정들을 모아 두었다가 시간이 날 때 과거의 결정 일기를 들쳐보면 어떨까요? 그 과정에서 자신의 결정들이 어떻게 변화해왔는지, 변화해야 하는지 배울 수 있지 않을까요?

4

리더가 중요할까, 팔로워가 중요할까?

위대한 조직을 만든 위대한 리더가 존재하는 것은 사실입니다. 다만 그런 조직을 만드는 데 있어서 '리더 혼자만의 역량일까?' 는 좀 다른 문제입니다. 환경이 좋았을 수도 있고, 좋은 조언자를 만났을 수도 있고, 멋진 팔로워들이 많았을 수도 있지 않을까요? 조직을 성공적으로 이끌어나가는 데 리더가 중요할까요, 팔로워가 중요할까요?

리더십에 대해 고민한 지 10여 년이란 시간이 흘렀습니다. 리더십에 대해 본격적으로 연구한 지 5년여의 시간이 흘렀습니다. 그 사이 참 많은 리더십 책이 등장했고, 참 많은 리더십 전문가가 나타났고, 참 많은 리더십 이론을 접했습니다. 리더에게 이런저런 주문도 늘어났고, 몇 달에 한 번씩 이런저런 시도를 하지 않으면 시대에 뒤떨어질 것 같은 분위기도 만들어졌습니다. 적어도 이 시대가 그 어느 때보다도 리더십에 대해 관심을 갖고 있다는 것만큼은 사실인 것 같습니다.

또한 리더십과 함께 팔로워십도 함께 중요성이 강조되고 있습니다. 우리가 말하는 회사 조직은 사람으로 이루어졌기에 다수의 사람들 그 각각의 마음이 매우 중요합니다. 뛰어난 한 명의 리더가 있다고 해서 조직이 잘 운영되는 건 아닙니다.

그런 점에서 볼 때, 한 조직에서 한 번의 위대한 성공을 거둔 리더십이 보편화되는 건 위험할 수 있다는 생각이 들었습니다. 여러 가지 성공 변수가 있겠지만, 여기서는 '사람'이라는 부분에 초점을 맞춰서 이야기를 풀어볼까 합니다.

임진왜란이 없었다면 우리는 이순신 장군을 알았을까요?

확실히 이순신 장군은 천재가 아니었습니다. 누구처럼 과거에 최연소 급제를 하지도 않았고, 누구처럼 어릴 때 일화가 널리 알려진 것도 아니었습니다. 오히려 남들보다 늦게 무과에 급제했습니다. 또한 이유야 어쨌든 평상시 부하들의 지지도 시원찮았을 뿐더러 윗사람들 보기에도 그리 좋게 보이진 않았나 봅니다. 대부분의 지휘관 생활을 열악한 전방 위주로 한 걸 보면 말입니다. 그런 인물이 임진왜란 직전 전라좌수영의 수장에까지 올랐다는 것은 참 노력을 많이 한 결과가 아닐까 하는 생각이 듭니다.

임진왜란이 일어나자 수군의 핵심이라는 부산이 순식간에 무너졌습니다. 일본군은 승승장구하며 조선을 유린했고, 먹을 것을 조선 땅에서 구하겠다는 계획대로 전라도를 향해 나아갔습니다. '전쟁은 병참에서 결정난다.'라는 말이 있습니다. 당연히 일본군도 알았을 테지요. 그래서 왜군은 처음부터 수륙 양공으로 조선을 공격하였습니다. 식량을 확보하기 위해 곡창지대 공격에 힘썼습니다. 초반에 조선군이 패전을 거듭할 때는 위험했지만 권율 장군이 행주대첩으로 위에서 압박하고, 진주성의 김시민 장군이 진주대첩을 승리로 이끌어 전라도로의 길목을 차단하였으며, 바닷길은 전라좌수사인 이순신 장군이 철통같이 막아서자 전라도에서 식량을 얻겠다는 왜군의 계획은 실패하게 됩니다.

그리고 전국 각지에서 의병장이 봉기하면서 육지 곳곳에서 치열한 전투가 벌어지고 왜군의 진출이 저지되었습니다. 위로는 장수부터 한 명 한 명의 백성까지 죽을힘을 다해 싸웠기에 가능했습니다. 리더십과 팔로워십의 눈물 날 만큼 멋진 조합이었습니다.

임진왜란의 승패에 정말 중요한 역할을 한 사람은 이순신 장군입니다. 왜군은 바닷길로 물자를 수송하고 전라도의 곡창지대를 빼앗으려는 계획을 세웠지만 이순신 장군에게 제대로 당하게 됩니다. 장군의 공적은 너무 잘 알려져 있습니다. 일본군은 임진왜란 내내 이순신에게 힘을 제대로 쓰지 못합니다. 그만큼 이순신 장군의 공적은 대단했지요. 육지에서 본진이 무너지자 임금은 피란을 가고, 군사들의 사기는 꺾였으며, 병력도 군함도 많지 않은 전라좌수영이 일본군을 막아낸 데에는 이순신이라는 인물을 빼고는 이야기가 안 되는 게 사실입니다. 물론 거북선을 제조했던 부하도 있었고, 여러 훌륭한 장수들도 있었겠지만, 결정적인 위기 상황이 주어지면 이순신이라는 걸출한 리더를 갖는 건 일의 성패에 매우 중요한 요소입니다.

위대한 리더에 훌륭한 팔로워가 더해진다면?

세계적인 오케스트라인 비엔나 필하모닉 오케스트라에는 재미있는 전통이 하나 있습니다. 바로 단원들이 지휘자를 초빙한다는 것입니다. 한 번 생각해 보십시오. 직원들이 최고경영자를 초빙한다는 게 말처럼 쉬운 건 아니겠지요? 그런데 이 오케스트라는 그렇게 해서 세계적인 지휘자를 초빙합니다. 그 지휘자의 지휘 아래 세계적인 명연주를 이어가고 있습니다.

비엔나 필하모닉 오케스트라는 단원들 한 명 한 명이 세계적인 연주 능력을 가진 것으로도 정평이 나 있습니다. 즉 최고의 팔로워인 셈이지요. 지휘자 입장에서는 세계적인 역량을 가진 오케스트라에 초빙된다는 건 큰 영광이 아닐 수 없습니다. 그렇게 세계적인 지휘자와 세계적인 오케스트라는 오랜 시간 동안 최고의 연주를 이어오고 있습니다.

평범한 조직을 훌륭하게 만든 리더도 많겠지만, 멋진 조직을 망쳐버린 리더도 그에 못지않게 많을 거라고 봅니다. 또한 팔로워를 훌륭하게 성장시키는 리더와 성장은 둘째 치고 퇴보하게 하는 리더도 분명 있을 것입니다.

앞서 리더십이 중요한지 팔로워십이 중요한지에 대한 답은, 리더가 팔로워보다 더 많은 권한을 갖고 있고, 그렇기에 조직에 미치는 영향이 더 막대하다는 점에서 리더십에 손을 들어줄 수 있겠습니다. 최고의 팔로워만으로는 조직의 좋은 결과를 만들어 내기가 힘듭니다. 그래서 우리는 리더십을 중시하고, 리더십 교육을 멈추지 않고 이어가고 있습니다.

리더십에 대한 사람들의 관심이 꾸준히 유지되는 것은 아직까지는 성공사례보다 실패 사례가 압도적으로 많기 때문입니다. 그런 점에서 볼때 최고의 리더는 조직의 승패를 사실상 좌우한다고 볼 수 있습니다.

> 최고의 리더는 최고의 팔로워를 키울 책임이 있고,
> 최고의 팔로워는 최고의 리더를 만날 권리가 있다!

오늘 제가 이야기 하고자 하는 핵심 메시지입니다. 어떤 조직이든 두 가지 요소 중 하나 정도는 집중하고 있습니다. 문제는 두 가지 모두를 향해 달려가는 조직은 매우 드물다는 것입니다. 하나의 선택으로도 좋은 결과를 내면 좋겠습니다만 안타깝게도 이 세상은 그 정도로 만족하지 못하나 봅니다.

앞서 리더십과 팔로워십 중 먼저 리더십을 고르긴 했습니다만 세계적인 국가로 발돋움하려면, 훌륭한 리더만큼 훌륭한 팔로워도 있어야 합니다. 재미있는 것은, 대체로 국가는 국민들이 리더를 뽑는 시스템이고, 기업은 리더가 팔로워를 뽑는 시스템이라는 것입니다. 각 조직의 목적과 역할이 다르다 보니 그런 차이가 있겠지만, 두 조직 모두 서로를 필요로 한다는 점에서는 비슷하다는 생각이 듭니다.

최고의 리더라면 훌륭한 교육·훈련 프로그램을 통해 직원들을 키워야 합니다. 그렇지 않으면 리더의 높은 이상을 구현할 수 있는 조직은 만들어지지 않습니다. 반면에 훌륭한 팔로워들은 최고의 리더를 모실 수 있도록 노력해야 합니다.

높은 이상과 역량으로 무장하지 않은 리더가 아니라면 팔로워들의 노력에 부합하는 평가를 내리지 않을 수 있고, 팔로워의 의견을 쉽게 묵살하는 상황도 생길 수 있습니다. 팔로워들이 회사를 선택할 때 급여와 복지 수준도 중요하지만 조직에 뛰어난 리더가 있는지의 여부가 기준이 되어야 할 것입니다.

세계 최고의 조직이 되고자 하는 모든 욕구가 오늘 이 순간에도 우리를 매진하게 하는 힘이 되고 있습니다. 최고의 리더 입장에서, 최고의 팔로워 입장에서 최고의 조직을 만들어 가는 멋진 목표가 꼭 이루어질 수 있도록 노력해 보시기를 소망합니다.

⚓ Leader Coaching

누군가가 나의 리더가 된다면 어떤 리더이길 바라시나요? 그 조건에 대해 한 번 생각해 볼까요?

태어날 때부터 리더인 이도 없고, 처음부터 리더로 출발하는 사람도 없습니다. 리더가 아니고 리더가 아니었을 때 어떤 리더, 리더를 꿈꾸고 기대했었나요? 그리고 지금 자신과 비교할 때 어떤 차이가 있나요?

5

최고의 리더십 모델을 적용하면 우리 조직이 발전할 수 있을까?

정말 좋은 리더가 되고 싶어 공부하고 있습니다. 시간을 쪼개서 대학에서 운영하는 '최고경영자과정'도 수강하고, 좋은 강연이 있다고 하면 어디든지 가서 들어봅니다. 열심히 하다 보니 뭔가 알 듯 말 듯 손에 잡힐 것 같기도 하는데요. 공부하고 배운 대로 회사에 그대로 적용하면 정말 우리 회사가 확 변화할 수 있을까요?

한국의 리더들은 정말 열정적입니다. 세계에서도 손꼽힐 정도의 사업적인 열정과 열성을 갖고 있다는 것은 익히 알려져 있고, 여기에 어릴 때부터의 엄청난 학구열까지 보태어 자신을 갈고 닦는 데에도 열정적입니다. 그런 리더들을 만나면 대한민국의 미래가 정말 밝다는 생각을 하게 됩니다.

그렇지만 그런 열정에도 불구하고 막상 리더들을 만나 보면 근심이 한두 가지가 아닙니다. 특히 자신이 배우고 경험한 것들을 현장에 적용하는 과정에서 생겨나는 불일치로 인해 난감해 하고, 이를 자신의 탓으로 돌리고 자책하고 고민하고 해법을 찾기 위해 노력하고……

여기서는 그런 리더들에게 한 가지 위로의 말씀을 드리려 합니다. 적어도 리더 혼자만의 잘못은 아니라는 것입니다. 실은 꽤 많은 잘못이 저 같은 리더십 '강사', '전문가,' '교수'에게 있었음을 고백하지 않을 수가 없습니다. 이제부터 리더십에 대한 배움과 적용 사이의 불일치에 대한 이야기를 해볼까 합니다.

기존의 방법이 마냥 옳은 것은 아닙니다

이순신이라는 최고의 스타 리더 덕분에 제가 리더십을 본격적으로 연구하기 시작했다는 이야기는 강의로, 책으로 자주 이야기한 바 있습니다. 뭐, 저 혼자뿐이겠습니까? 싸워서 진 적이 없고, 무엇보다 불리한 환경에서 대승을 거두었던 이순신 장군의 이야기는 과거에나 현대에나, 한국이나 세계 여러 나라에나 주목하지 않을 수 없는 소재임이 분명합니다. 하지만 장군의 리더십을 배워서 현장에 적용하면서 우리는 놀라운 결과를 목도했습니다. 바로 성과가 제대로 나지 않는다는 것입니다.

일반적으로 전문가라는 분들은 한 가지만 깊이 파거나 한 주제를 연구하면서 다양한 사례의 '공통점' 중심으로 연구를 합니다. 둘 다 참 멋진 방식이지만 한계를 지닌 방식이기도 하죠.

한 가지만 깊이 파게 되면 그 분야에는 정통하지만 그 외 분야에서는 한계를 보이기 마련입니다. 유학 가서 박사학위를 받은 분들이 현장에서 그리 도움이 되지 않을 때가 많은 게 이런 이유에서입니다.

또한 한 주제를 연구하며 다양한 사례를 연구하는 방식은, 여러 상황에서의 공통점을 발견하다 보니 도움이 되긴 됩니다. 그러나 문제는 이것이 전부라고 착각을 하는 경우가 생긴다는 점에서 문제입니다.

기존의 리더십 전문가들이 이야기한 내용들 역시 위 두 가지 방식을 전제로 하고 있습니다. 그러다 보니 정작 현장에 계신 리더들에겐 충분하지 않다는 것입니다. 그런데 이게 꼭 나쁜 것만은 아닙니다. 그런 한계를 이야기하면서 전달을 한다면 말이지요. 문제는 좋은 결과가 나오지 않을 때, 이를 현장의 리더들에게 돌릴 때 발생합니다. 서로 완벽할 수는 없지만, 어느 순간부터 누군가가 다른 사람에게 문제의 원인을 돌리기 시작한다면 이미 해법은 보이지 않는다고 봐야 합니다. 그런 점에서 저 역시 여러 리더들에게 사과를 드리지 않을 수가 없네요.

똑같은 상황이 없고, 똑같은 사람이 없고, 똑같은 리더는 없습니다

또다시 제2의 임진왜란이 일어난다면 이순신 장군의 리더십이 각광을 받겠죠? 그런데 장군의 리더십을 21세기를 사는 우리에게 고스란히 적용할 수 있을까요? 시대적인 상황, 신분제도 등 다른 조건이 엄청나게 많은 상황에서의 리더십인데 말입니다.

이 부분은 저 혼자만의 견해가 아니라 '앨빈 토플러' 같은 위대한 학자들도 동의하는 바입니다. 과거는 좋은 학습의 사례일 뿐 대부분의 과거는 똑같이 반복되지 않습니다. 그 이유는 그런 상황의 조건이 현재도 동일하게 존재하지 않고, 그때의 조선이 대한민국이 아니며, 그때의 일본이나 중국이 지금과는 많이 다릅니다. 살아가는 사람이 다르고, 무엇보다 리더가 다르기 때문입니다.

그런 점에서 우리가 리더십을 배우더라도 그 배움의 내용을 그대로 적용하는 데에는 무리가 따름을 인정해야 합니다. 즉 배운 대로 했음에도 결과가 기대한 대로 나오지 않는 건 너무 당연할 수 있다는 뜻입니다. 그런 점에서 배우고 적용한 리더들의 노고는 치하를 받아야지, 질책을 받을 대상은 아닙니다. 그러니 좋은 결과를 얻지 못한 리더들에게 위로의 말씀을 드릴 수 있는 것입니다. 리더들의 잘못이 아니라 처음부터 그런 결과는 나오지 못한다고 봐야 한다는 것입니다.

우리가 배우는 이유는……

시나리오 플래닝(미래에 발생할 수 있는 여러 가지 상황을 예측하여 시나리오를 도출하고 그에 따른 대응전략을 짜는 방법)을 하다 보면 미래에 시나리오대로 똑같은 일이 벌어지기를 바라게 됩니다. 그런 상황이 오면 시나리오대로만 하면 되니까요. 위기를 적절히 예방할 수 있으니 이익이 발생할 수도 있습니다.

여러 가지 상황을 대비해 준비하는 게 시나리오 플래닝이지만, 이것을 배우는 가장 큰 이유는, 배우는 과정에서 대비하는 암묵지(학습과 경험을 통하여 개인이 체화(體化)했지만 겉으로 표현하기 어려운 지식)을 쌓을 수 있기 때문입니다. 비록 똑같은 상황이 발생하진 않더라도 심리적으로 좀 더 준비된 상태이기 때문에 차분하게 대처할 수 있고, 배운 내용의 일부분이라도 도움이 될 수 있으므로 열심히 배우고 익히는 것입니다.

지금 현장에 있는 수많은 직원들, 구성원들은 분명 과거 속에 등장하는 그 회사, 그 직원들이 아닙니다. 심지어 리더와 당신도 다릅니다.

그렇기에 배움을 통해 나만의 리더십을 만드는 것이 필요합니다. 우리 회사에 맞는 리더십 모델을 개발하고, 우리 직원들에게 도움이 되는 전략과 전술을 찾아야 합니다. 저는 그런 목적으로 책을 읽고, 사례를 연구하며, 글을 씁니다. 오늘 이 글 역시 오늘 이후엔 과거의 글이 되겠지요. 그래도 글을 쓰고 누군가의 책을 읽는 이유는, 단 한 줄이라도 도움이 되는 내용이 있을 수 있고, 그 글이 전제하고 있는 유사 상황이 왔을 때 좀 더 편안한 마음으로 대처할 수 있음을 믿기 때문입니다.

⚜ Leader Coaching

내가 리더십을 연구하고 책을 쓰는 전문가라면, 어떤 리더십 모델이 최고라고 쓰게 될까요? 지금까지 현장에서 만난 수많은 리더들, 그중에서도 탁월한 성과를 낸 리더들은 한결같이 똑같은 모습이었나?

리더십도 결국 리더로부터 출발합니다. 세상의 수많은 위인들을 놓고 비교해 보세요. 공통점도 있지만 차이점도 많을 것입니다. 공통점에만 집중하느냐, 차이점에만 집중하느냐, 둘 다 보느냐는 결국 선택이 아닐까요?

PART
0 2

새로운 아이템을 끄집어내고 싶다면 장소부터 바꾸는 게 좋을 것입니다. 사람들은 변화를 아무리 강조해도 잘 느끼지 못합니다. 제일 좋은 건 눈에 보이는 것을 바꾸는 것입니다.

BUSINESS
STRATEGY 경영전략
어떻게 승리할 것인가?

1

생산성을 높일 수 있는 방법은 무엇일까?

어느 정도 규모가 갖춰진 회사들을 보면 '생산성'이라는 키워드를 전제하고 운영하는 게 대부분입니다. 직원을 어떻게 관리하고, 근무 시간에 얼마나 집중력을 높이고, 업무 성과를 얼마나 잘낼 것인가를 고민하여 근무환경에 반영하지만 생산성으로 이어지는 것인지는 모르겠습니다. 리더인 제 눈에는 직원들이 근무시간에 집중을 잘하지 않는 것 같습니다. 어떤 회사는 화장실에 머무르는 시간이나 양치하는 시간, 커피 한 잔 마시는 시간까지 규제한다고 하는데요. 자투리 시간을 최대한 줄이면 생산성을 높일 수 있는 걸까요?

사람의 집중시간은 생각보다 짧습니다

학습에 대해 연구를 하는 전문가들은 사람의 집중력 유지시간이 약 15분 정도에 불과하다고 합니다. 사람에 따라서, 환경에 따라서 30~60분 정도까지도 늘어날 수 있지만 대부분의 사람들 최소 집중력 유지시간은 단 15분에 불과하다고 합니다. 그래서 보통의 학습 시간을 60분 단위나 90분 단위로 만드는 데에는 나름의 과학적 근거가 있는 셈입니다.

이 얘기는 15분의 전후 시간이 존재하고, 15분간 집중력을 유지하기 위해 두세 배의 시간을 전후에 사용해야 한다는 결론이 나옵니다. 집중력 유지시간을 늘인다 할지라도 앞뒤로 30분 내외의 시간이 확보되지 않으면 수준 높은 집중력을 발휘할 수가 없습니다. 이런 것들을 우리는 리듬, 사이클, 패턴 등으로 부르는데, 아무튼 준비 단계가 있어야 집중력이 발휘되고, 어느 정도 집중력을 발휘한 다음에는 반드시 쉬어야 합니다.

집중력 유지시간을 늘이고 싶다면 준비를 해야 합니다. 그래야 집중력을 잘 발휘할 수 있을 테고, 집중력을 어느 정도 발휘한 후에는 잠시 휴식을 가진다면 다시금 집중력을 발휘할 힘이 생깁니다. 즉 선순환 구조가 되어 장시간 집중력을 유지할 수 있는 사이클(리듬)이 되는 것이지요.

문제는 거의 대부분의 회사에서 이런 리듬을 관리하지 않는다는 것입니다. 무조건 하루 8시간의 근무 시간을 어떻게 하면 흐트러지지 않게 일할 수 있게 할까를 고민합니다. 사람마다 집중력이 다르긴 하지만 한 사람이 제대로 된 집중력을 발휘하는 시간은 하루 근무 시간 중 최대 25% 정도밖에 되지 않는다는 연구결과도 있는 걸 보면, 무조건 근무시간 유지에만 포커스를 맞추는 건 바람직하지 않다고 생각합니다.

화장실 가는 시간을 아끼고 차 한 잔 하는 시간을 아끼는 건 좋지만, 휴식 없이 고도의 집중력이나 창의성을 발휘할 수 있을까요? 무조건 근태를 엄격하게 관리한다고 해서 직원들의 생산성이 높아지는 건 아닙니다.

많은 직장인들이 회사를 부정적 스트레스를 받는 곳으로 받아들이고 있고, 스트레스가 건강을 망치는 것으로 생각하면 스트레스와 긴장을 풀 시간은 사람의 인생에서 무척 중요하다고 하겠습니다. 적절한 휴식은 사람의 두뇌를 더 활력 있고 창의적으로 만드는 만큼 회사 차원에서도 이를 배려하는 것이 필요합니다.

책을 읽기에 가장 좋은 곳은……

맑고 푸른 하늘 아래 나뭇가지와 잎들이 시원한 바람에 흔들리고, 벤치에 앉아 책을 읽으며 따뜻하고 향기로운 커피 마시기. 대부분의 사람들은 이런 곳에서 일하기를 꿈꿉니다. 제가 '책 읽는 나무'라는 북 카페를 열면서 실험한 것이 바로 '환경'이 사람에게 어느 정도 영향을 끼치는지에 대해서였고, 환경은 그 어떤 요소보다도 강력한 영향 요인이라는 사실을 알게 되었습니다.

우리네 사무실과 휴게실의 풍경을 한 번 떠올려 보십시오. 사무실의 색깔, 향기, 감촉이 과연 우리가 더 잘 일할 수 있는 곳인지, 아니면 일의 능률을 떨어뜨리는 곳인지 생각해 볼 필요가 있습니다.

안타깝게도 많은 회사에서 자판기 앞에서 머무르는 시간을 중요시하고 휴게실에서 만나는 것을 통제하면서도, 소통을 강조하고 결속력을 강조하는 모순을 범하고 있습니다. 원래 인간은 창의적인 존재이고, 사람은 소통할 수밖에 없는 존재인데 우리가 하루의 대부분을 생활하고 있는 그곳은 우리가 편안해 하는 것과는 정반대로 변하고 있습니다. 소통이 되지 않는 이유가 소통하는 법을 몰라서라기보다는 소통할 곳이 없어서는 아닐까요?

각자의 일을 하는 책상은 그렇다 치더라도 책상 너머 '가고 싶은' 공간의 존재를 이제는 깊이 고민해 보아야 합니다. 환경은 이미 우리의 성공 요인 중 절반에 육박할 정도로 강력한 요소가 되었다는 점에서 '일하는 곳'에 대한 정의가 이제는 달라져야 하지 않을까요?

얼마든지 생산적인 잡담이 가능한 우리

사람들이 모이면 쓸데없는 잡담만 할 것 같지만 그 잡담에서 놀라운 아이디어가 창출될 수 있다는 사실을 신뢰해야 합니다. 잡담이 아니라 진지한 업무적 고민을 나누고 미래를 함께 하는 파트너십이 형성될 수 있다는 신뢰도 필요합니다. 사람들은 기계가 아니기에, 한 가지 주제로만 대화를 이어가는 게 굉장히 서툽니다. 그래서 처음엔 날씨 이야기, 영화 이야기, 가족 이야기로 시작하다가도 하루의 대부분을 보내는 그 공간에서 가장 많이 고민하는 문제에 대해 얼마든지 이야기를 하게 되어 있습니다.

실리콘밸리가 세계 최고의 경쟁력을 가진 것은, 거기에 있는 기업이나 학교 때문이 아니라 그곳에 있는 수많은 카페와 호프집 때문이라는 이야기가 있습니다. 서로 다른 회사를 다닐지라도 저녁에 만나 이런저런 이야기를 하면서 자신들이 가진 노하우가 공유되고, 그 노하우는 다시 회사에 가서 업무적 혁신에 사용되기도 합니다. 기업 정보의 보호 측면에서 본다면 머리가 아플 수도 있지만, 어차피 막지 못할 바에는 오히려 활용하는 게 더 멋진 결과를 창출하지 않을까요? 그런 점에서 책상 밖 풍경에는 책상 앞에서 얻을 수 없는 엄청난 기회의 보고(寶庫)가 있다고 감히 주장할 수 있습니다.

쉽게 실천할 수 있는 몇 가지 대안들

근무 여건상 당장 실리콘밸리처럼 할 수는 없겠지만 쉽게 바꿔볼 수 있는 것부터 시도한다면 좋은 효과를 얻을 수 있습니다. 먼저 근무 시간 중 일부 시간을 외부에 나가 일할 수 있도록 하면 어떨까요? 특히 카페 등에서 한두 시간 정도 커피를 마시며 일한다면 온종일 사무실에 갑갑하게 있는 것보다 훨씬 생산성이 높아질 수 있습니다. 특히 오후 시간대에는 두뇌 활동이 아무래도 오전보다는 느려지기 때문에 이런 변화들이 신선한 자극이 되어 새로운 생각을 지속적으로 이어가는 데 도움이 됩니다.

휴게실을 좀 더 극적으로 바꿔보면 어떨까요? 사실 삭막한 사무실 안에 자연의 느낌을 주는 게 쉽진 않습니다. 그런 점에서 가장 효과를 볼 수 있는 공간이 휴게실입니다. 대체로 휴게실에는 자판기가 있고 소파가 있는데 그 정도로는 편안하게 쉴 수도, 창의적인 휴식을 끌어내기에도 한계가 있습니다. 크고 작은 화분을 여러 개 가져다두고 음악을 들으며 간단한 다과를 즐길 수 있도록 비치해둔다면 훨씬 부드럽고 편안한 휴식공간이 될 것입니다. 안마의자를 비치해둔 회사도 보았는데, 직원들의 호응도가 좋았습니다.

사무실 책상 위에 작은 화분을 여러 개 올려놓아 보세요. 의외로 식물은 사무실에 신선함을 가져다줍니다. 꼭 기능성 식물이 아니어도 됩니다. 자신이 좋아하는 작은 꽃도 좋고, 좋은 향이 나는 허브도 좋겠지요.

마지막으로 자주 거론하는 이야기는 아니지만, 꼭 추천해 보고 싶은 방법입니다. 점심시간을 기준으로 끝나기 전 30분, 끝난 후 30분 총 1시간(안 되면 절반씩이라도)을 투자하는 것입니다. 먼저 식사 시간이 끝나기 전 30분 동안 출입을 통제하고, 사무실에 아로마 향과 산소 발생기를 설치, 집중적으로 가동시킵니다. 그리고 식사 후 30분 동안 업무가 아닌 자기만의 시간을 사무실에서 갖도록 하는 것입니다. 향과 산소가 가득한 사무실은 아주 쾌적한 느낌을 줄 수 있고, 그 시간에 제대로 된 커피 한 잔, 유쾌한 대화는 스트레스를 급속히 낮춰줄 수 있기 때문입니다.

무언가를 의도적으로 훈련시킨다고 해서 그 역량이 사람들에게 스며드는 건 아닙니다. 그렇게 해서는 필요로 하는 수많은 역량을 다 확보할 수도 없고, 확보한다 하더라도 배보다 배꼽이 더 커지는 상황이 벌어집니다. 차라리 자연스럽게, 흘러가는 대로 익히고 나누는 환경을 만들어 주는 게 더 멋진 결과를 창출하면서도 더 생산적일 수 있습니다.

대한민국의 수많은 기업들이 그동안 치열하게 노력해 온 덕분에 세계 최고 기업들의 반열에 올랐다면, 이제 그 기업들 속에서 앞서나가기 위해 새로운 시도, 새로운 도전을 해야 할 때가 되었습니다. 책상에만 집중할 게 아니라 책상 밖 풍경을 보고, 그 속의 기회를 얻기 위해 지금 이 순간에도 일하는 많은 직장인들이 움직이는 날을 머잖아 보게 되면 좋겠습니다.

✚ Leader Coaching

생산성 향상 아이디어 공모전을 열어 보세요. 이때 중요한 건 아주 적은 금액, 간단한 아이디어 위주로 진행해 보십시오.

제한 사항이 많기 때문에 우리는 기존의 생각에서 벗어날 수밖에 없습니다. 물론 너무 제한이 많으면 의욕도 떨어지기 마련입니다. 그래서 제한은 걸되 상금을 두둑하게 하거나, 상품을 멋지게 장만하는 것도 좋습니다. 한 사람에게는 작은 아이디어일지 몰라도, 회사 전체에 적용하여 지속적으로 활용하는 측면에서는 작은 아이디어가 결코 작지 않기 때문입니다.

2

블루오션 전략을 활용하려면 어떻게 해야 하나?

좋은 제품을 개발하고도 얼마 지나지 않아 유사한 경쟁 제품으로 인해 어려움을 겪습니다. 좋은 제품을 연이어 개발하거나 연이어 히트하는 것도 보통 일이 아니고, 그렇다고 그런 경쟁이 벌어졌을 때 쉽게 경쟁력을 확보하거나 유지되는 것도 아닙니다. 경쟁자가 없는 무한 독점 시장이라 불리는 '블루오션'이라는 게 저희 회사와는 상관없는 이야기처럼 들리지만, 그런 시장을 찾는 방법이 존재한다면 도전해 보고 싶기도 합니다. 어떻게 하면 저희만의 '블루오션'을 찾을 수 있을까요?

2005년에 〈블루오션 전략〉이 출간되었을 때 경영학적 관점에서의 논의는 차치하고, 서점에서 푸른 색 표지의 두꺼운 하드커버 책으로 경영전략 책이 나왔다는 것부터가 무척 신선했습니다. 그 책이 전 세계 100여 개국에서 출판되었다는 것도 놀라운 일이었고, 교보문고에서 10개월 동안 경제·경영 코너의 베스트셀러로 있었다는 사실도 제겐 무척이나 기억에 남는 일이었습니다. 도대체 그 책의 무엇이 그토록 강력한 인기를 끌게 했던 것일까요? 어쩌면 그 책의 인기 원인을 찾는 것은 블루오션 전략의 진가를 알 수 있는 계기가 될지도 모르겠습니다.

블루오션을 한 문장으로 정리한다면, 경쟁자가 없는 무한 독점 시장을 의미합니다. 와우! 경쟁자가 없는 무한 독점 시장이라니. 경영자에게 그토록 매력적인 표현이 있을까요? 그런 시장만 찾는다면 기업가로서의 증명은 물론, 회사는 정말 멋진 결과를 얻을 게 분명하니까요. 소위 대박이라고 하나요? 게다가 그 책에 실려 있는 블루오션 전략 적용 사례는 무척이나 독특한 것이었습니다. 동물이 없는 서커스단이라니, 처음 들었다면 가당키나 했겠습니까! 그런데 그 '태양의 서커스단'은 전 세계에 엄청난 반향을 불러일으켰고, 블루오션 전략까지 일거에 유명세를 타게 만들었습니다. 그런 전략을 우리 회사에 적용할 수 있다면 얼마나 좋을까요? 저는 블루오션 전략 포럼(www.seri.org/forum/blueoceanstrategy)을 운영한 경험을 바탕으로 몇 가지 접근 전략을 제시해 보려 합니다. 조금은 어려운 표현, 난해한 개념이 있을지도 모릅니다. 세계적인 대가의 책을 짧게 전해야 하는 부담으로 인해 쉽진 않겠지만, 그래도 꼼꼼히 한 번 읽어 주시길 소망합니다.

경계선 바꾸기

〈블루오션 전략〉에서 언급하는 부분은 '시장의 경계선을 재구축'하는 것입니다. 하지만 저는 조금 더 넓은 관점의 이야기를 하고자 합니다. 즉 지금까지 안과 밖이라고 구분하던 특정 경계선을 완전히 재정의하는 것입니다. 이 속에는 시장의 경계선뿐만 아니라 조직의 경계선도 포함됩니다.

저는 '독서경영'이라는 주제로 기업 내 자율학습 조직의 문화 정착을 위한 컨설팅 프로젝트를 진행해 본 적이 있습니다. 이 프로젝트의 핵심은 '자율학습 조직'인데, 독특한 점은 이 조직은 내부 구성원들로만 이루어지지 않는다는 것입니다. 가장 큰 효과는, 회사는 각각의 자율학습 조직이 갖고 있는 주제에 대해 외부 전문가들과 교류할 수 있는 기회를 가지게 된다는 것입니다. 이로써 기업이 지금까지 정의하던 지식의 경계는 무너지게 되고, 더 많은 정보와 지식이 섞임으로 인해 더 다양한 조합의 결과물들을 창출할 수 있게 됩니다. 이는 곧 창조경영의 실마리가 될 수 있겠죠?

우리는 특정한 잣대로 여러 가지 '기준'을 설정합니다. 이 기준은 합리적 결정의 토대가 되고, 이를 통해 기업은 한정된 자원을 효과적으로 사용할 수 있게 됩니다. 문제는 이 기준을 설정할 당시의 전제 조건들이 급격히 변화해감에도 불구하고 기업의 기준은 오히려 군건해지고, 심지어 불문율처럼 굳어져 버린다는 것입니다. 특히 기업의 역사가 길어지고, 조직이 커지면서 최초의 기준은 성역처럼 굳어져 버리게 됩니다.

잭 웰치가 펼쳤던 '1등 아니면 2등'이라는 정책은 초기에 전혀 예상하지 못한 벽에 부딪혔습니다. 1등 혹은 2등이 아니면 시장에서 살아남을 수 없으니, 선두에 설 수 없다면 바로 포기하고 다른 걸 해야 한다고 얘기했는데요. 이 정책을 받아들인 기업의 사업부들은 1, 2등 전략 외에는 다른 시장, 기회를 아예 볼 수가 없었습니다. '기준'을 잘못 적용한 데에서 비롯된 잘못된 결과지요.

우리는 수많은 경계와 조건으로 이루어진 경영 환경을 갖고 있습니다. 따라서 이 경계선을 바꾸거나 허물게 되면 전혀 새로운 변수가 생겨나고, 이 변수들은 기존의 자원들과 뒤섞이면서 새로운 결과를 창출할 수 있게 됩니다.

고객들이 수용하는 자신만의 강점을 다수 발견해야 합니다

스위스 시계 회사들의 경쟁력은 정밀 기술에서 출발하였습니다. 그러나 시대의 조류에 뒤진 나머지 첨단 전자 기술로 무장한 일본 제품들에 의해 시장의 주도권을 뺏기기에 이릅니다. 그때 스위스 시계 제조업체 스와치 사는 전혀 새로운 가치를 시계에 도입합니다. 바로 시계는 패션이며, 시계는 하나가 아닌 여러 개를 필요에 따라 활용할 수 있다는 가치였습니다. 이런 가치가 기존에 전혀 없었던 것은 아니었습니다. 최고가 명품 시계들은 나름대로의 패션 가치로서 인정을 받고 있었지만, 스와치 사는 전혀 다른, 즉 저가 시계 시장을 공략하였고 가격과 패션, 선택이라는 다양한 가치를 통해 일본에게 빼앗긴 전자시계 시장을 다시 되찾았습니다. 고객들은 많은 상품과 서비스를 받아들이지만, 그 이유가 공급자가 주장하는 것과는 아주 다른 경우를 많이 발견할 수 있습니다. 스타벅스와 맥도널드가 그랬듯이 특정한 제품이 전혀 예상하지 못했던 고객들을 불러내는 경우가 있는데, 기업들은 이런 요소에 주목해야 합니다. 즉 소비자가 발견한 가치이면서도 자신들의 강점인 요소를 여러 가지 발견하여 이를 결합한다면 전혀 새로운 시장이 창출될 가능성이 높아지는 것입니다.

소비자와의 접점과 관찰능력을 높이십시오

어떤 제품, 어떤 서비스도 소비자가 수용하지 않는 가치를 통해 판매될 수 없습니다. 또한 소비자가 발견한 가치라 하더라도 공급할 능력을 갖지 못한다면 무용지물이 될 수 있습니다. 이런 점에서 기업들은 소비자와의 접점을 강화해야 합니다. 소비자를 만날 기회를 많이 만들어 지속적으로 대화해야 합니다. 최근 기업들은 소비자와의 접점을 가치 발견의 수단으로 보지 않고 비용으로 보는 경향이 있습니다. ARS 시스템이 강화되고, 전화가 사라진 곳에 E-mail이 등장하고 있는데, 이런 식으로는 소비자와의 접점을 통한 가치 발견은 거의 불가능할 수밖에 없습니다.

또한 기업의 관찰 능력은 누가 어떤 목적으로 하는가에 따라 결과가 달라지곤 합니다. 소비자의 반응을 분석하는 것은 대부분 고객관리부서에서 이루어지는데, 이들이 가진 전제 조건이 개발 부서나 관련 부서의 요구 사항을 반영하는 경우는 매우 드뭅니다. 또한 결과물을 가공하는 과정에서도 분석자의 관점이 매우 중요시되는데, 특정 부서에서 가공된 정보는 결국 타 부서에 제공될 때도 한정된 이용 형태를 보일 수밖에 없습니다.

결과적으로 고객 접점은 전사적인 관점에서 이루어져야 하며, 고객 관찰 자료 역시 다양한 관점에서 다양한 부서의 사람들이 최대한 동시에 참고할 수 있어야 합니다. 과거와 달리 현대 기업의 환경은 이런 목적을 쉽게 해 줄 수 있는 다양한 기반 기술이 발달해 있습니다. 창의적인 결과물은 얼마나 다양한 변수들이 동시에 섞이느냐에 그 가치가 어느 정도 결정된다는 점에서 이런 투자는 분명 좋은 결과를 보장할 것입니다.

고객이 요구하는 가치를 찾아내야 합니다

〈블루오션 전략〉의 일관된 메시지이기도 한 잠재가치의 발굴은 전략 캔버스—블루오션 전략의 핵심 중 하나로써 기업이 경쟁 전략을 평가하는 독특한 구성의 분석툴—의 작성에서도 어김없이 적용됩니다. 고객들은 수많은 가치 기준을 통해 서비스와 상품을 평가합니다. 대개 레드오션이라 불리는 시장에서는 전략 캔버스에 적용되는 가치 기준이 어느 정도 구체화되어 있는 경우가 대부분입니다. 따라서 전략 캔버스에 1차적으로 먼저 발견된 고객 가치를 기준으로 적용하는 게 반드시 필요합니다.

그러나 이미 발견된 고객가치만으로 경쟁한다는 것은 결국 레드오션에서 치열한 생존 '경쟁'을 벌이겠다는 것과 다름이 없습니다. 경쟁을 지양하는 블루오션 전략에서는 먼저 발견된 고객 가치 외에 새로운 고객 가치를 발견하고, 이를 적용하기 위해 전략 캔버스를 사용합니다. 특히 한 가지 가치가 아닌 여러 가지의 숨은 가치를 발견하고, 다양한 경쟁력을 확보함으로써 다른 경쟁 기업들이 쉽게 따라오지 못하도록 만드는 게 매우 중요합니다. '시르크 뒤 솔레이유(태양의 서커스단)' 역시 기존에 먼저 발견된 가치에서는 부족하거나 아예 경쟁력을 상실한 것처럼 보이지만 '테마', '세련된 관람 환경', '다양한 공연 작품', '예술적 음악과 무용' 등의 면에서 경쟁력을 확보함으로써 서커스 산업의 판도를 바꾸기에 이릅니다. 이렇듯 다양한 잠재 가치의 발견은 한 기업이 전혀 다른 차원의 경쟁을 할 수 있도록 도와줍니다.

전략 캔버스는 업계 참가자들의 현황을 알려 줍니다

수많은 기업들은 자신들의 경쟁력을 확보하기 위해 자신들이 경쟁자라고 여기는 기업들을 모니터링합니다. 때로는 그 수위가 높아져 경쟁사의 정보를 몰래 빼내거나 중요 인재를 스카우트하는 등의 행동도 불사하지요. 이 모든 노력은 결국 경쟁에서 이기기 위한 노력의 일환으로 정당화되기도 합니다.

전략 캔버스는 다양한 가치 기준에서 기업들마다의 경쟁력을 한눈에 살필 수 있도록 도와줍니다. 특히 ERRC 액션 프레임 워크를 적용할 부분들을 명확하게 보여 주는데, 이를 통해 어떤 부류의 비즈니스가 승리할 수 있는지를 한눈에 살필 수 있게 됩니다. 대부분의 경영 전략이 조직 내에서 전파조차 되지 못하고 사장되는 경우가 많은데, 전략 캔버스는 말이나 글이 아닌, 시각적 도표로 시장의 전체 상황을 얘기해 주고, 전략의 핵심을 전달해 주기 때문에 내부 조직의 공유 측면에서도 매우 큰 의미를 가지게 됩니다.

4가지 액션 프레임 워크 'ERRC'

ERRC의 개념은 '제거(Eliminate)-감소(Reduce)-증가(Raise)-창조(Create)'로 구성되어 있습니다. 이 네 가지 액션 프레임 워크는 블루오션을 창출하는 데 매우 중요한 도구입니다. 특히 전략 캔버스를 작성하는 과정에서 해당 기업이 향후 자원의 어떻게 적용할 것인가 등을 결정하는 데 매우 유용한 도구입니다.

제거와 감소 : 기업은 시장에서 중요도가 떨어지거나 과거에 비해 유지가 어려운 요소를 과감히 줄이거나 감소시켜야 합니다. 이 과정을 통해 기업들은 비용 우위나 자원 확보 등의 이점을 얻게 됩니다.

증가 : 기업은 시장에서 중요도가 높아지는 부분에 대한 집중도를 높여야 합니다. '제거와 감소'를 통해 확보된 자원은 이 부분에 투자할 수 있게 되고, 경쟁 우위의 요소가 됩니다.

창조 : 다른 기업들이 발견하지 못한 경쟁 우위를 발견함으로써 경쟁 기업들이 따라오지 못하게 만들고, 고객들에게는 차원이 다른 만족도를 제공할 수 있게 됩니다.

※ [참조] 제가 적용하는 마케팅 전략 실행 방법론을 소개합니다. '창조-확대-전환-제거'로 표현되는 네 가지 전략 실행 방법론은 액션 프레임

워크보다 좀 더 역동적인 전략 수립을 가능케 합니다. 액션 프레임 워크와 비교한다면 진행 방법만 정반대로 느껴질 수 있습니다. 두 개념은 서로 대립된다기보다는 상호 보완되는 개념을 사용할 수 있습니다.

※ 블루오션 전략 관련 포럼

www.seri.org·forum·blueoceanstrategy

중요한 것은 포커스

전략 캔버스를 작성하지 못하거나 명확한 작성에 실패하게 되면, 기업은 전략 실행 과정에서 많은 실수와 비용 증가를 경험하게 됩니다. 따라서 기업 가치의 핵심을 어느 곳에 맞추느냐를 결정함에 있어 ERRC 액션 프레임 워크를 통해 효과적인 전략 실행을 할 수 있게 됩니다.

다양한 적용 방법을 통해 찾은 '블루오션 전략'에서 기업들은 선택을 해야 합니다. 그 어떤 기업도 시장을 자기 뜻대로 주도하거나 변경할 수 없습니다.(물론 그렇게 보이게 할 수는 있습니다.) 따라서 한정된 자원으로 자신들이 집중해야 할 전략적 포커스를 선정하고, 이를 구체화시키는 것은 모든 기업들이 해야 할 의무사항과도 같습니다.

수십만 부가 팔린 〈블루오션 전략〉은 일반 독자들이 끝까지 읽기 힘들 정도의 깊이를 가지고 있습니다. 물론 적용은 더욱 요원하겠지요. 하지만 블루오션 전략이 갖고 있는 여러 특성은 현대 기업들에게 많은 시사점을 주는 게 사실입니다.

어느 정도 전략에 대해 익숙하다면, 단언컨대 블루오션 전략은 거시적 관점에서부터 기업 전체에 적용하는 노력이 필요합니다. 다행히 과거와 달리 현대 IT 기술의 발달은 블루오션의 적용을 보다 쉽게 해 주고 있습니다. 문제는 기업의 의지와 노력입니다. 지금부터라도 의지를 가져보면 어떨까요? 분명 그 실행의 여정 어딘가에 우리 회사만의 '푸른 바다'가 나타날 것입니다.

♯ Leader Coaching
〈블루오션 전략〉을 천천히 읽어 보십시오.

좋은 책은 처음에만 좋게 느껴지는 게 아닙니다. 두고두고 읽을 때마다 많은 영감을 불러일으킵니다. 〈블루오션 전략〉이 나온 지도 꽤 됐습니다. 먼지가 쌓인 채 책장 어딘가에서 조금씩 낡고 있을지도 모릅니다. 먼지를 털어내고 다시 한 번 읽어보는 의지를 가져 보십시오. 그간의 시간과 경험들이 블루오션 전략에 대한 더 깊은 통찰의 세계로 이끌어 줄 것입니다.

3

다양한 사업 아이템을 수집할 방법은 무엇일까?

회사가 지속적으로 성장을 하려면 끊임없이 새로운 생각, 새로운 아이템을 발굴해야 합니다. 문제는 이 새로운 아이템이라는 게 마라톤 회의를 하고 실적 압박을 준다고 해서 나타나는 게 아니라는 것입니다. 회사의 미래 성장 동력이 될 만한 새로운 아이템은 어떻게 하면 좀 더 쉽게 찾을 수 있을까요?

아이디어가 난무하는 시대에도 기발하고, 독창적이며, 획기적인 아이템은 언제나 빛을 발합니다. 문제는 그런 좋은 아이템이 우리 조직에서 적시에 나오는 게 필요한데, 영 쉽지가 않습니다. 좋은 아이템을 잘 발굴하는 방법에는 어떤 것들이 있을까요? 분명 우리 조직 안에서도 많은 아이템들이 있는 것 같긴 한데, 그걸 어떻게 하면 끄집어낼 수 있을까요?

직원을 말하게 하십시오

물론 직원들에게 침묵하라고 한 적은 단 한 번도 없을 것입니다. 그런데 왜 회의 시간이 되면 꿀 먹은 벙어리가 될까요? 자판기 앞에서, 휴게실에서 그렇게도 시끌벅적 떠들던 사람들이 왜 중요한 순간이 되면 말 못하는 직원처럼 침묵을 지킬까요?

　　대체로 가장 큰 원인은 바로 리더가 제공합니다. 사실 회의석상에 가장 강력한 권한을 행사하다 보니 눈빛과 표정 하나에도 직원들은 예민하게 반응할 수밖에 없습니다. 프레젠테이션을 하다가도 리더가 약간 실망한 눈빛을 띄면 발표자는 바로 긴장하고, 난처해 할 수밖에 없습니다. 리더는 바로 '최고 의사 결정권자'이기 때문입니다.

시간은 걸리겠지만 해법이 아예 없는 것은 아닙니다. 우선 회의 때 제일 먼저 말하지 말고, 가장 나중에 말해야 합니다. 회의에 참가한 사람들이 무언가 이야기하기 전에는 절대 입도 벙긋하지 않아야 합니다. 그리고 앉는 위치를 바꿔야 합니다. 보통 리더의 자리는 가장 눈에 잘 띄는 자리입니다. 한 마디로 리더의 눈빛과 표정이 가장 잘 드러난다는 뜻입니다. 탁월한 배우가 아니고서야 어찌 마음속에서 나오는 표정을 숨길 수 있겠습니까? 자리를 눈에 띄지 않는 곳에 앉는 수밖에요.

가장 강력한 팁은, 바로 회의 때 참석하지 않는 것입니다. 답답하고 엉뚱한 결과가 나올 수도 있겠지만 리더도 생각하지 못한 기발한 결과를 한 번이라도 기대하고 싶다면, 결정권을 위임해 보는 게 가장 최선입니다. 오죽하면 이를 '임파워먼트'라고 하겠습니까!

대화 장소를 바꿔 보세요

저는 사실 회의실을 좋아하지 않습니다. 뭐, 시설이야 멋지지만 회의실에 있으면 왠지 딱딱해지고 답답해지기 때문입니다. 회의실이 꼭 필요할 때가 있습니다. 적어도 중요한 의사 결정을 내려야 할 때는 회의실만한 곳이 없겠지요.

그런데 새로운 아이템을 끄집어내고 싶다면, 장소부터 바꾸는 게 좋을 것입니다. 사람들은 변화를 아무리 강조해도 잘 느끼지 못합니다. 제일 좋은 건 눈에 보이는 것을 바꾸는 것입니다. 새로운 장소에서 회의를 하면, 새로운 느낌을 가질 수밖에 없습니다.

그래서인지 요즘은 근무 시간 중에도 카페에 내려와 회의를 하는 직장인들을 많이 보게 됩니다. 예전과는 많이 다른 모습이지요. 그만큼 새로운 생각, 창의적인 아이템의 가치를 높이 보는 게 아닐까요? 커피 한 잔을 나누고, 편안하고 유쾌한 분위기에서 대화를 해보면, 자연스럽게 물 흐르듯이 대화가 이어지고 엉뚱한 생각들도 하게 되고 예전 같으면 말하지 못했던 생각들도 끄집어내게 됩니다. 물론 너무 엉뚱한 쪽으로 흘러갈 수도 있지만, 잠시 그대로 두면 금세 회의 주제로 돌아옵니다. 굳이 리더가 제재하지 않아도 근무 시간에 리더와 함께 일하는 상황에서 마냥 엉뚱한 이야기만 하고 있을 수는 없다는 것을 스스로 충분히 느끼기 때문입니다.

한 번의 시도에 너무 기대하지 마시고 수시로 이런 자리를 갖다 보면, 어느새 카페에 가지 않아도 회의실에서 카페 같은 분위기가 연출될 것입니다.

새로운 사람들을 만나서 대화해 보세요

대기업의 중요 부서에서 신제품 개발 기획을 하는 분에게 여쭈어 보았습니다. 어떨 때 새로운 생각이 가장 많이 떠오르는지를. 그분의 대답은 이랬습니다. 사람들과 이런저런 대화를 할 때 가장 생각을 많이 한 것 같다고요.

언어는 우리의 생각을 구현하는 도구입니다. 글도 좋은 도구지만 사실 말하기만큼의 자유스러움, 익숙함, 속도, 양을 따라갈 수가 없습니다. 그런 점에서 아예 새로운 주제를 다루는 사람들과 대화를 하다 보면 정말 전혀 다른 관점에서 사물을 보게 됩니다.

어느 저녁 네트워킹 모임에 참석을 했는데, 예순은 넘어 보이는 한 사진작가를 만나게 되었습니다. 서로 소개를 주고받고 얘기가 무르익자 저에게 이런 이야기를 하시더군요. 앞으로 아이들이 맞이할 사회는 이미지·영상 시대인데, 요즘 부모들은 여전히 활자(책)만 읽게 한다고요. 갑자기 충격이 크게 왔습니다. 책을 부정하는 게 아니라, 책으로만 미래를 준비시키는 게 전부는 아니다 싶더군요.

집에 돌아와 쓰지 않던 구형 디지털 카메라를 첫째에게 쥐어 주었습니다. 한 달 정도는 떨어뜨리기도 하고, 초점도 맞추질 못하더니 점점 제대로 구도도 잡고 사진을 찍기 시작하더군요. 놀라운 광경이었습니다. 만일 그분을 만나지 않았다면, 한글도 모르는 아이를 앉혀 놓고 책읽기를 강요하고 있었을지도 모릅니다.

나와 다른 세계를 사는 사람들은 자연스럽게 나와 다른 관점으로 세상을 봅니다. 물론 그분에겐 제가 다른 세계를 사는 사람이겠지요? 서로의 관점을 나누고, 서로의 환경을 나누다 보면 획기적인 단계로 접어들 수가 있습니다. 마치 '정-반-합'의 단계에 이르는 것처럼 말이지요.

여행은 꼭 권하고 싶은 특별한 노하우입니다

어디든 무작정 떠나 보는 것도 좋습니다. 하지만 기왕이면 잘 준비해서 제대로 떠나면 더 좋습니다. 18개월 정도 구상하고 실험을 한 끝에 '멘토링 투어 M.T.'라는 걸 기획, 실행에 옮겨 보았습니다. 여행은 여행인데 '멘토링'을 위한 여행입니다. 매회 주제가 있고, 그 주제에 맞는 장소·동선·식당을 정합니다. 보통 패키지 여행에 비해서는 훨씬 비싸지만, 여행이 주는 감동으로 본다면 비교할 수 없을 만큼 강력합니다. 게다가 이런 여행은 거기에 걸맞은 사람들이 참여하는 경우가 대부분입니다. 앞서 언급한, 사람들과의 대화를 통한 효과가 극대화되는 셈이지요.

어떤가요? 이제 새로운 아이템을 찾는 노하우가 조금씩 감이 잡히나요? 물론 더 많은 방법이 있습니다. 전문가를 만나보는 것도 방법이고, 컨설팅을 받거나 교육에 참여하는 것도 좋습니다. 아무튼 새로운 아이템을 찾는 건, 새롭지 않은 생각에 맞춰진 기존의 시스템으로는 어려울 수밖에 없습니다. 새로운 아이템을 찾는다면 새로운 방법을 지금 당장 시작해 보기 바랍니다.

⚑ Leader Coaching

오늘 당장 한 번도 해본 적이 없는 주제의 동호회에 가입하고, 최대한 빠른 시간 내에 그 동호회의 모임에 참여해 보십시오.

이는 무척 힘든 경험일 것입니다. 원래 사람들은 익숙한 환경, 익숙한 사람들에게 더 편안함을 느낍니다. 그러니 낯선 주제, 낯선 사람들의 모임에 처음 가면 힘들지 않을 리가 없지요. 하지만 지금 익숙해하던 것들도 언젠가 처음이었고, 낯설지 않았을까요? 오히려 시간이 흐르면서 그런 익숙함에 젖어 버린 건 아닐까요?

4

잘 자랐지만 경쟁자와 비슷해져 버렸다면 어떻게 차별화할 것인가?

창의적인 사업 아이템을 만들기 위해 애를 써서 성공적으로 사업을 키워왔습니다. 다른 회사들이 우리 회사의 성공을 부러워하고 많이 연구하며 벤치마킹했습니다. 이변이 없는 한 업계를 선도하는 우리 회사의 승승장구는 변하지 않을 것 같았습니다. 하지만 시간이 지나자 상황은 달라지고 있습니다. 우리 회사를 추월하고자 노력했던 회사들이 많이 우리를 따라잡았고 우리 수익의 상당부분을 잠식해 들어왔습니다. 지속적으로 경쟁력을 유지하고, 나아가 경쟁회사들과는 차원이 다른 세계로 들어가고 싶은데, 좋은 방법이 없을까요?

어떤 회사가 있습니다. 창의적이고 열정적인 리더가 있습니다. 혁신적이면서도 미래지향적인 아이디어가 있었습니다. 멋진 회사가 탄생했고 승승장구했습니다. 그 회사의 상품은 전 세계로 퍼져 나갔습니다. 그 회사를 연구한 책들이 등장하고 매년 그 어떤 기업들보다도 많은 성장률과 이익을 만들어 나갔습니다. 그 추세는 영원할 것처럼 보였습니다.

그러던 어느 날 주위를 둘러보니 그 회사를 쫓아가겠다며 달려온 회사들이 보이기 시작했습니다. 알고 보니 더 멋진 인테리어, 더 맛있는 상품, 더 세련된 문구들이 눈에 띕니다. 그래도 '원조는 우리야.'라고 애를 써보지만 고객들은 이미 그쪽으로 발걸음을 돌리고 있습니다. 불안감을 느낀 나머지 이런저런 변화의 시도를 해봅니다. 그러자 그나마 찾아오던 고객들조차 불평을 하기 시작합니다. 리더는 진퇴양난에 빠집니다.

꼭 어느 회사라고 말하진 않겠습니다. 비슷한 사례는 얼마든지 찾을 수 있기 때문입니다. 정말이지 많은 회사들이 놀라운 성과를 내며 성장합니다. 안타까운 건 어느 날부터 그 성장이 둔화되다가 심지어 후퇴할 수도 있다는 것입니다. 상황을 반전시키기 위해 여러 가지 노력을 해보지만 대부분의 노력은 실패로 돌아갑니다. 이 자리에서 그 이유를 모두 밝힐 수는 없겠지만 제목에서처럼 '비슷해져 버린' 기업들이 조금은 '특별해질 수 있는지' 방법을 찾아보고자 합니다.

사명은 비전이 아닙니다

많은 기업들의 홈페이지에는 사명선언서와 비전 플랜이 공개되어 있습니다. 현란한 문구로 놀라운 목표를 제시하면서 자신들이 해낼 것이라고 자신만만해 합니다. 높은 목표를 향해 달려가는 것, 불가능을 가능케 하는 리더십 등이 어울리면 목표를 달성할지도 모릅니다. 다만 그런 목표를 달성하기 시작하면서 기업이 겪게 되는 하나의 특징이 있습니다. 바로 여타의 기업과 '유사해진다'는 것입니다. 분명 시작은 다르게 했는데, 어느 날 자신의 기업과 다른 회사를 구분할 수 있는 방법을 잃어버리게 됩니다. 대체로 이런 현상이 발생하는 이유는 기업의 존재 의미를 이익을 '낸다'에 초점을 두지 않고 이익을 '늘인다'에 초점을 두는 점이 첫째이고, 수많은 비전을 달성하려면 결국 하지 않았던 영역에 들어가 만들지 않았던 제품을 만들면서 기존의 기업들의 시장을 잠식해야 한다는 것이 둘째입니다. 결국 차별화되었던 사업은 경쟁이 치열한 사업이 될 수밖에 없고, 특별했던 그 기업은 시장 속에서 치열한 경쟁을 지향하는 회사가 되어 버린다는 것입니다.

높은 수준의 비전 플랜은 분명 조직을 열정적이고 도전적으로 만들 수 있습니다. 하지만 높은 수준의 비전 플랜이 실행되면 거의 대부분의 기업은 다른 기업들과 유사해질 수밖에 없습니다. 그래서 '사명'은 늘 비전 이전에, 비전의 토대로 움직여야 합니다. 아쉽다면 많은 기업들이 '사명'과 '비전'을 혼동한다는 것입니다. 사명은 말 그대로 명령이며, 어겨서는 안 되는 것입니다. 비전은 바뀔 수 있습니다. 하지만 사명은 그 어떤 순간에도 바뀔 수 없습니다.

사명은 나의, 우리의 존재 이유입니다

누군가가 저에게 '백기락 씨, 당신은 어떤 사람입니까?'라고 묻는다면, 저는 제일 먼저 '사명선언서'를 보여 줄 것입니다. 제가 살아가는 이유, 삶의 방향, 근본적인 인생철학이 사명선언서에 담겨 있기 때문입니다. 이것은 저만의 고유한 것이고, 저를 저답게 만들어 주는 근간입니다. 쉽게 만들 수도 없고, 쉽게 바꿀 수도 없습니다. 마치 개인의 헌법과도 같은 것입니다.

기업도 마찬가지입니다. 기업의 사명선언서는 그 기업의 정체성입니다. 수많은 시간이 흘러 환경이 바뀔 수도 있고, 목표가 바뀔 수도 있고, 직원이 바뀔 수도 있지만 그 기업의 정체성은 바뀌지 말아야 합니다. 하지만 우리네 기업은 사명선언서를 3년마다, 5년마다 바꾸는 것이라고 생각합니다. 우리는 흔히 사람의 근본은 바뀌지 않는다고 이야기합니다. 그런데 기업이 그렇게 쉽게 바뀔 수 있을까요? 그 거대하고 복잡한 조직이 말입니다. 한 번 만들 때 잘 만드는 게 중요합니다. 잘 만들었다면 오래도록 그 사명을 가지고 가야만 합니다. 그래야 그 기업이 '비슷해지지' 않고 특별해질 수 있습니다.

리더는 사명을 만드는 사람이 아니라 사명의 수호자여야 합니다

리더가 되고, 최고 리더격인 리더가 되면 뭔가 해야 한다는 압박감에 쉽게 빠집니다. 직원들도, 주주들도, 시장의 고객들도 새로운 리더가 부임하면 뭔가 멋진 것을 보여 줄 거라는 기대를 합니다. 다 좋습니다. 다만 사명을 건드리는 건 곤란합니다. 리더가 부임했으니 기업의 정체성을 바꿔야 한다고 믿는 분들이 의외로 많습니다. 목표를 조정하거나 새로운 상품을 개발하거나 하는 건 좋습니다. 그러나 자신이 속한 기업의 정체성은 바꾸기보다는 수호하려 노력해야 합니다.

가족만 하더라도 마찬가지입니다. 부모님이 바라는 자녀상은 대체로 실패합니다. 성공한 듯 보여도 성인이 되면 어릴 적 그 '기대'에 대해 부정적인 기억을 들춰냅니다. 때로는 부모 자녀간의 관계가 파괴되기도 합니다. 이렇듯 정체성은 발견하고 지켜줘야지 내가 필요한 대로 바꿀 수가 없는 것입니다.

저는 오늘도 저의 사명을 생각해 봅니다. 제가 운영하는 회사의 사명을 생각해 보고, 제가 속해 있는 공동체의 사명을 생각해 봅니다. 때로는 더 다듬어야 할 때도 있습니다만 지금의 제가 있기까지 힘이 되어 준 많은 분들에게, 저는 그때 그 모습처럼 변함없이 있어야 합니다. 더 잘하고, 더 세련된 건 좋은 일입니다.

하지만 제가 달라진다면 그건 좋지 않은 일입니다. 왜냐하면 그분들이 저를 지금처럼 기억하고 있는 건 저의 지금까지의 모습에서 본 기억이기 때문입니다. 쉬운 듯 어려운 일이 사명을 지키고 다듬는 것입니다. 그렇지만 이건 확실합니다. 제가 잘해 나간다면, 그분들은 저를 아마 죽을 때까지 계속 기억해 줄 것입니다. 저를 대체할 사람은 이 세상에 없기 때문입니다. 저 같은 사람은 저 한 사람으로 족합니다. 그것은 이 책을 읽는 당신도 마찬가지입니다.

⚖ Leader Coaching

지금의 회사를 창업하게 된 시점으로 돌아가 어떤 마음으로 시작했는지, 어떤 기업을 만들고 싶었는지 다시 생각해 보시기 바랍니다.

현재보다 나은 성장을 쉽게 하는 방법은 '베끼는' 것입니다. 남들이 해서 잘된 방법, 다른 기업이 해서 성공한 분야에 유사한 방식으로 뛰어드는 것입니다. 양심상 완전히 똑같게 하지는 않더라도 소비자들은 압니다. 유사 제품을 좀 더 싸게, 좀 더 크게 내놓은 것뿐임을. 그래도 가격 경쟁력이 있고, 나름 제품·서비스가 쓸 만하면 기업은 성장합니다. 하지만 그러다 보면 경쟁회사나 우리나 비슷해질 수밖에 없습니다. 초심으로 돌아가라는 말이 나올 만하지요. 처음 회사를 창업했을 때로 돌아가 그때의 관점으로 자신을, 회사를, 시장을 바라보시기 바랍니다. 무언가 수정·변경된 것들이 보일 것입니다. 바로잡는다기보다 다시 초심으로 돌아가기 바랍니다. 그것만으로도 지금의 회사는 변화가 시작되는 것입니다.

5

지킬 것인가, 바꿀 것인가

변화에 적응하다 보면 끊임없이 바꾸는 건 어쩔 수가 없습니다. 그런데 그런 변화들이 결국은 경쟁회사들과 비슷하게 만들고, 결국 경쟁력을 떨어뜨리는 모순에 빠지게 합니다. 끊임없이 수정해야 할 것들이 있다면, 반대로 절대 건들지 말아야 할 것들도 있는 것 같습니다. 바꿔야 할 것들과 지킬 것들을 어떻게 구분할수 있을까요?

스티브 잡스로부터 시작된 엄청난 폭풍이 전 세계를 강타했습니다. 사용자인 저는 행복했지만, 그간 세계 IT 업계를 주름잡던 수많은 기업들은 치명타를 입었습니다. 거대한 기업들이 제대로 힘도 쓰지 못하고 주저앉기도 하고, 살기 위해 경쟁자들과 손을 잡기도 하고, 오히려 새로운 기회를 타고 등장한 기업도 있습니다. 변화의 물결 결과가 어떻게 나올지 확실치는 않지만, 이 물결의 결과는 분명했습니다. 변화하는 자만이 살아남는다는 건 진리 중의 진리라는 것입니다.

　그 와중에 저는 재미있는 것을 발견했습니다. 애플의 수많은 제품을 보면서 '역시 애플이야!'라는 감탄사를 사람들이 내뱉고 있다는 것입니다. 마치 애플이 이런 제품을 만들 것을 알았다는 것처럼 말이지요. 그러고 보니 예전에 소니라는 회사에서도 비슷한 느낌을 받은 적이 있습니다. 소니뿐만이 아니었습니다. '역시 삼성', '역시 벤츠', '역시 MS'라고 말하고 있었더군요. 그래서 고민했습니다. 모든 걸 바꿔야 하지만 그 와중에도 바꾸지 말아야 할 것이 존재한다는 것입니다. 변화는 낯선 것이고, 모든 게 변해 버린다면 소비자들은 자신들이 좋아했던 그 상품을 알아보지 못할 수도 있기 때문입니다. 그래서 정한 화두가 '무엇을 바꾸고, 무엇을 지킬 것인가'였습니다. 여기서 말할 주제이기도 합니다.

놀랍게도 고객은 변하지 않기를 바라는 게 더 많습니다

변화와 혁신을 강의하다 보면 저도 모르게 '모두 다 바꿔라' 같은 메시지를 전달할 때가 있습니다. 강의에 집중하다 보니 그런 경우가 종종 발생하는데, 엄밀히 따진다면 제가 잘못 전달한 것입니다. 변화와 혁신을 연구해 보면, 뼛속까지 바꾼다거나 송두리째 바꿔서 성공한 사례는 거의 없습니다. 오히려 작고도 단순한 변화가 엄청난 효과를 거둔 사례가 더 많습니다. 그 이유는 변화를 갈망하는 고객들이 정작 변화 자체를 그리 좋아하지 않는다는 데 있습니다. 고객은 자신이 좋아하는 브랜드를 바꾸지 않습니다. 자신이 좋아하는 기호를 바꾸지 않고, 자신이 좋아하는 사용법을 바꾸지 않습니다.(물론 지금 이 표현도 극단적이기도 합니다.) 변화는 대체로 기존의 것들에서 벗어나야 하고, 그 말은 익숙함에서 탈출해야 하는 것이므로 고객에게도 성가신 과정일 수밖에 없습니다. 따라서 변화와 혁신을 추구할 때, 모든 걸 바꾸려는 시도보다는 바꿔야 할 것과 지켜야 할 것들을 잘 구분하는 지혜가 필요합니다.

고리타분한 건 바꾸세요, 하지만 전통은 지키세요

사무실이 청계천에 있다 보니 특별한 모습들을 많이 보게 됩니다. 어제 제가 본 장면 중 하나는 조선시대 병사들의 복장으로 일련의 대형을 갖추어 이동하는 모습이었습니다. 참 멋지더군요. 분명 요즘의 전투에 임했다가는 참패할 수밖에 없는 조건이지만, 전투를 위해서가 아니라 예전의 모습을 지켜내는 것이라면 잘 보전해야 할 요소가 되는 셈입니다. 예전 방식이라고 해서 모두 다 바꿔야 하는 건 아닙니다. 최고의 명품 차량은 대체로 수작업으로 많은 부분을 만듭니다. 최고의 명품 가방은 거의 완전하게 수작업 제품이지요. 자동화하면 더 빨리, 더 많은 것을 생산할 수 있지만, 정작 자동화의 산물이 더 가치 있는 게 아닐 때가 많습니다. 그런 점에서 '전통'이라고 분류될 수 있는 것은 지켜야만 합니다.

자부심이 느껴지는 것들은 지키고, 나머지는 변화를 추구하십시오

예를 들어 절대 야근하지 않는 회사를 만들겠다는 회사가 있습니다. 또다른 회사는 저녁은 가족과 함께 보내는 회사를 만들겠다고 이야기하는 회사가 있습니다. 같은 듯싶지만, 사실 다를 수 있는 회사입니다. 야근하지 않는 대신 직원들이 어울려 술 먹고 놀다 보니 다음 날이 엉망일 수도 있으니까요. 요즘 같은 때에 야근을 하지 않게 하는 것도 대단한 일이고, 하물며 저녁 시간이 되면 가족과 함께 보내게 하는 건 더 어려운 일입니다. 차라리 전자는 리더가 강제 퇴근이라도 시키면 가능하지만 후자는 하라 마라 결정할 수 있는 게 아니기 때문입니다.

직원들이 가족과 시간을 많이 보내게 하겠다는 생각, 참 멋있지 않나요? 정말 그런 회사를 만든다면 회사 규모를 떠나 자신의 회사에 자부심을 가질 것 같습니다. 아마 주변의 리더들도 부러움의 눈길, 존경의 표현을 멈추지 않을 것입니다.

자부심은 시간을 갖고 곰곰이 생각해 보면 얻을 수 있는 것들이 대부분입니다. 자부심은 시대에 따라 쉽게 바뀌는 게 아니기 때문입니다. 자부심이 느껴지는 일은 지켜내십시오. 그 외의 것들은 끊임없이 변화를 주어도 됩니다. 단 더 나은 방향이기만 하다면 말이지요.

핵심은 고객이 가치를 느끼는 부분을 가려내는 안목입니다

변화를 추구하지 않는 리더가 있을까요? 저는 이 대목에서 극단적인 표현을 써도 될 만큼의 확신을 갖고 있습니다. 어떤 리더도 변화를 추구하지 않는 경우는 존재하지 않습니다. 하지만 그 변화의 결과는 천차만별입니다. 그리고 변화 추구의 대부분은 실패로 돌아가고, 심지어 기업을 무너뜨리는 결과로도 나타납니다. 즉 변화라는 것 자체는 인정되지만 변화의 대상과 방법은 정말이지 조심스럽게 다가가야 한다는 것을 알게 됩니다.

소비자는 자신이 무엇을 좋아하는지, 무엇을 가치 있게 느끼는지 잘 알지 못합니다. 표현할 수는 없지만 구매라는 형태로, 소비라는 형태로 간접적으로 나타날 뿐입니다. 마케팅은 결국 이런 소비자들의 내면을 읽어내고 객관화하는 작업에서 출발한다 할 수 있습니다. 고객이 가치를 느끼는 부분을 찾아내는 것. 전 이 부분에서 애플이라는 회사가, 스티브 잡스라는 사람이 가장 뛰어난 능력을 가지고 있지 않았나 생각해 봅니다. 사람들은 애플의 제품을 통해 더 나은 체험이 어떤 것인지 느끼게 되었고, 더 편리한 것, 더 아름다운 것이 무엇인지 알게 되었습니다. 기업이 이를 제대로 알지 못한다면 제품으로 표현하는 건 더 어렵지 않을까요? 물론 애프터서비스라는 부분에 대한 가치에 대해 애플도 알게 될 날이 오기를 기대합니다. 순서상으로 본다면 나중의 일이지만, 어떤 제품을 오래도록 쓰다 보면 구매 이후의 애프터서비스 역시도 중요한 가치이기 때문입니다.

생각해 보면, 기업만이 이런 능력을 가져야 하는 건 아닙니다. 어느 분야를 가릴 것도 없고, 어느 대상을 가릴 것도 없습니다. 우리 자신을 통해 살펴보더라도 많은 것들을 배울 수가 있습니다. 우리 역시도 변화시켜야 할 것과 지켜야 할 것을 구분할 줄 알아야 합니다. 이름은 지켜야 하지만 능력은 변화시켜야 합니다. 좋은 태도는 지켜야 하지만 낡은 습관은 바꿔야 합니다. 어쩌면 매일 매일 살아가는 것 자체가 지키거나 변화시키는 과정이 아닐까요? 사람마다 요소가 다르겠지만, 자신에게 맞는 감각을 지니고, 그것을 꾸준하게 적용해 간다면 많은 고객들이 좋아하는 자신이 될 수 있을 것입니다.

그 어느 시대보다도 변화의 폭이 큽니다. 그래도 사람들은 여전히 밥을 먹고, 잠을 자고, 사람들을 만납니다. 여전히 사랑을 하고, 일을 하고, 여행을 갑니다. 얼마나 많은 변화가 앞으로도 이어질지 모르지만 이 것만은 분명합니다. 사람들은 여전히 어제의 대부분을 반복한다는 것입니다.

저도 오늘부터 좀 더 자세히 지켜볼까 합니다. 사람들이 무엇을 변화시키기를 바라는지, 무엇을 지켜가길 바라는지 알 수 있다면 좀 더 현명하게, 좀 더 분명하게 삶을 살아갈 수 있지 않을까요? 기왕이면 오래도록 변치 않는 그런 사람이 되고 싶습니다. 아, 물론 실력은 키워 나갈 것입니다. 오늘도, 내일도, 영원히!

♱ Leader Coaching

우리 주변에서 오래도록 이어져 온 것들 중 가치 있는 것들이 무엇인지 찾아보십시오. 또 오래도록 이어져 온 것들 중에서 바꾸거나 변화시키는 게 맞다고 여겨지는 것들이 무엇인지 찾아보십시오.

어떤 것들을 지켜야 할지, 어떤 것들을 변화시켜야 할지 결정하는 건 쉬운 일이 아닙니다. 수학공식처럼 명확한 기준을 제시하고 싶지만, 이 역시 어렵기는 마찬가지입니다. 이럴 때는 다양한 사례를 통해 배우는 게 가장 적합합니다. 내 주변에서 지켜서 좋은 것들, 이제는 바꿔야 할 것들을 살펴보고, 그 이면에 흐르는 기준을 살펴보시기 바랍니다.

6

경쟁과 협력의 경계선은 있을까?

기업이 웬만큼 크지 않고서는 모든 경쟁자를 상대하는 경영이나 전략을 펼칠 수가 없습니다. 이런저런 이유로 어떤 경쟁자와의 적절한 협력을 해야 할 경우도 있는데, 당장은 그게 나아 보여도 장기적으로 독이 되지 않을까, 염려가 되기도 합니다. 경쟁자와 협력자, 어떻게 구분하는 게 좋을까요?

몇 년 전 한 벤처 기업에서 강의를 하게 되었습니다. 동기부여 강의를 요청 받았는데, 제 강의가 있기 얼마 전 3분의 1 정도의 직원을 내보낸 터라 분위기가 매우 가라앉아 있었습니다. 그 자리에서 '안으로는 협력을, 밖에서는 경쟁을'을 외쳤습니다.

　　그렇게 몇 년간 강의를 해왔는데, 현장의 여러 모습을 보면서 의문에 빠지게 되었습니다. 내부 경쟁이 반드시 나쁜 것만은 아니며, 외부에서 경쟁이 반드시 좋은 것만이 아니라는 것입니다. 그 고민의 결과가 이 책의 밑거름이 되었습니다. 21세기 경영의 화두, 경계선을 뛰어넘는 관점이 '경쟁'과 '협력'에서도 요구되고 있습니다.

좋은 경쟁이라면 내부 경쟁도 좋은 결과를 낳습니다

경쟁에는 두 가지 종류가 있습니다. 하나는 나쁜 경쟁입니다. 경쟁의 속성상 비교 대상보다 우위에 서야 하는데, 나쁜 경쟁은 자신의 성장을 통해 우위를 점하지 않고, 룰을 속이거나 상대를 방해함으로써 자신의 우위를 만들어 냅니다. 전쟁에서는 그럴 수 있을지도 모르겠습니다만 기업들의 치열한 경쟁이 그렇게 흘러 버리면 모두가 질 수밖에 없는 결과를 초래합니다. 게다가 전쟁처럼 일대일의 경우엔 그런 경쟁도 가능할 수 있지만, 이미 현대 경영 환경은 여러 경쟁자를 동시에 상대해야 하다 보니 한 경쟁자를 무너뜨리는데 힘을 쏟다 보면 다른 경쟁자가 우위에 올라서는 결과를 초래할 수 있습니다.

여러 가지 면에서 볼 때 '좋은 경쟁'은 필수라 할 수 있습니다. 좋은 경쟁은 우리가 좀 더 나은 결과를 냄으로써 평가를 받으려 노력하는 것입니다. 이런 경쟁 환경에서는 팀 간 몰입이 이뤄지고, 결속이 강해지며, 창의적인 사고를 하려는 시도를 하게 됩니다. 물론 이런 경쟁 중에 정보를 공유하지 않으려는 문제점도 발생합니다만 이런 부분은 기업의 제도로 풀 수 있는 여지도 있는데다, 이미 거의 모든 정보가 어느 정도 공개되어 있는 시대를 살고 있는 만큼 예전에 비해 부정적인 면이 많이 사라진 상태입니다. 따라서 긍정적인 결과를 가져다주는 '좋은 경쟁'이라면 내부 경쟁도 좋은 결과를 낳는다고 볼 수 있습니다.

좋은 결과를 위해서라면 어느 누구와도 손을 잡을 수 있습니다

'적의 적은 동지'라는 말이 있습니다. 치열한 경쟁을 하다 보니 경쟁자를 이기기 위해 그 경쟁자의 경쟁자를 동지로 삼고 함께 경쟁을 해서 이기는 경우도 흔히 발생합니다. 역사를 연구해 보면 그런 사례는 정말 자주 등장을 하고, 요즘 여러 기업들의 경쟁을 보노라면 역사를 반복하는 게 아닌가 싶을 만큼 흔히 볼 수 있습니다.

이제 협력의 한계는 없어졌다고 볼 수 있습니다. 심지어 좋은 성과를 내기 위해 인터넷에 무작위로 정보를 공개하는 경우까지 생겨나고 있습니다. 대화의 질적인 측면을 고려한다면 내부 조직과의 소통이 우선시되긴 합니다만 어떤 기업도 성장에 필요한 모든 자원을 갖고 있지 못한데다 다양한 소통의 도구들이 나타나면서 매우 많은 사람들이 정보의 교류와 소통에 익숙해져 있는 점도 제휴의 영역을 넓히는 데 일조하고 있습니다. 창의적인 생각을 연구해 보면 대체로 다양한 관점으로 문제·상황을 바라보는 게 매우 중요한데, 한 사람이 지닐 수 있는 관점의 한계가 분명한 만큼 수많은 사람들이 문제를 바라보게 해 주는 것은 매우 중요한 일입니다. 그 과정에서 기존의 조직에서는 접근할 수 없는 놀라운 성과가 나타나게 되며, 지금 우리 주변에선 그런 성과의 산물들이 과거 그 어느 때보다도 흔하게 나타나고 있습니다.

우리의 관점을 열어두어야 합니다

수많은 기업 현장에서는 지금도 '고리타분'하게 느껴질 수 있는 이야기들이 오갑니다. 무조건적인 경쟁을 권유하는가 하면, 외부 조직과는 모든 소통의 통로를 닫아 버리는 경우도 흔하게 발생합니다. 요즘 한창 뜨는 애플의 경우에서도 시장조사 등은 하지 않을지라도 오랜 시간 동안 안정되어 있는 MUG(Mac User Group)을 통해 다양한 정보를 전달 받아 제품 개발에 반영합니다. 폐쇄적인 기업은 이제 존재할 수 없고, 오로지 경쟁만 하는 기업도 존재할 수가 없습니다. 좋은 성과를 내기 위해서는 이제 취할 수 있는 모든 방법을 연구하고 시도해 보아야 합니다. 법적으로, 상식적으로 문제가 되지 않는다면 방법의 제한은 이제 없다고 자신 있게 말할 수 있습니다.

남은 건 우리의 생각을 바꾸는 것입니다. 더 넓은 세상을 바라보면서 우리에게 도움이 되는 누군가를 찾아보면 어떨까요? 더 넓은 세상을 바라보면서 우리의 경쟁력을 보여 주는 건 어떨까요? 이제 경계선은 사라졌습니다. 사실 경계선도 우리의 생각이 만들어 낸 '가상의 선'에 불과합니다. 그 경계를 넘어설 때 지금까지 알지 못했던 자신의 가치도 알게됩니다. 우리가 기존의 관념을 얼마나 버리느냐에 따라 미래의 새로운 시장, 미래의 새로운 가치를 발견할 수 있는가가 달려 있습니다.

이제 남은 건 두 가지입니다. 경계선을 뛰어 넘는 방법은 무엇인지 살피는 것과 그 과정에서 생겨날 여러 부작용(특히 예전에는 알지 못하거나 경험하지 못했던)을 어떻게 방지하거나 해결하느냐입니다. 후자는 따로 다루겠지만, '경계선을 뛰어 넘는 방법' 중 대표적인 몇 가지를 소개하면서 마무리할까 합니다. 작지만 큰 걸음이 될 여러 Tip들을 통해 경쟁과 제휴의 경계선을 넘어서는 리더가 되길 진심으로 소망합니다.

⚓ Leader Coaching
경계선을 뛰어넘는 훈련하기

1. 매일, 매주, 매달 새로운 것을 시도해 보십시오. 오래 지속할 필요는 없습니다. 하지만 일정한 시도를 통해 새로운 것에 대한 두려움을 던질 수 있도록 노력해야 합니다.

2. 정기적으로 새로운 사람을 만나십시오. 특히 새로운 분야의 전문가를 만나 깊이 대화하는 시간을 가지십시오. 모임을 열거나 모임에 참여하는 것도 좋은 방법입니다.

3. 호기심이 가는 주제를 적어놓고, 그 주제와 관련된 책을 3권 정도 읽어 보십

시오. 10권을 읽으면 이해가 되기 시작하고, 30권을 읽으면 아는 체할 수 있으며, 50권이 넘어서면 전문가라 해도 부족함이 없습니다.

4. 틈틈이 목적 없는 웹서핑을 해 보시기 바랍니다. 인터넷으로 연결되는 세상의 여러 부작용에도 불구하고, 인터넷은 가장 편한 방법으로 가장 넓은 세계를 가장 짧은 시간 안에 만나게 해 줍니다.

7

실패하지 않고 회사를 지속할 수 있는 힘은 무엇일까?

창업 후 리더의 노력에도 폐업을 하는 경우가 많습니다. 처음에 사업을 시작할 때에는 원대한 포부를 품고 이 업계에서 손꼽히는 수준으로 성장하겠다고 목표를 세우지만 현실은 정말 냉정한 것 같습니다. 창업한 이들의 90% 이상이 실패하고 유지하는 비율은 한 자릿수에 그친다니, 성공은 고사하고 꾸준히 유지하기만 해도 다행일지 모릅니다.

사업하는 이들 모두 같은 관심사일 텐데요. 어떻게 해야 회사를 문 닫지 않고 지속적으로 경영해나갈 수 있을까요?

제목을 적고서도 좀 망설이게 됩니다. '실패하지 않는 기업'이라니요? 아마 그런 기업은 사실 존재하지 않을 것입니다. 그래서 글을 시작하기 전에 한 가지 당부를 드리고 싶습니다. 회사가 폐업될 만큼의 심각한 실패를 피할 수 있는 방법 정도로 이해하고 읽어 주시면 감사하겠습니다.

현재 우리나라는 조기퇴직 및 취업의 어려움 등으로 우리나라 창업 비율은 나날이 증가하는 데 반해 성공하는 확률은 한 자릿수에 머물고 있습니다. 2014년 기준 베이비부머의 창업비율은 전년대비 40% 이상 증가했다고 합니다.(대다수의 창업이 당연히 그렇겠지만) 생계를 유지하고자 하는 목적으로 하는 창업의 비율이 전체의 40%에 육박한다는 점을 감안하면(생계형 창업 36.5%, 소득 수준을 높이기 위한 창업 51.1%), 사업체가 유지되지 못하는 건 개인적으로나 국가적으로나 불행한 일이 아닐 수 없습니다.

소규모 창업이든 그보다 규모가 더 큰 회사이든 간에 사업체를 지속적으로 유지시키는 일은 중차대한 과제입니다. 어떻게 하면 우리 회사, 내 사업체가 안정적으로 유지될 수 있는지 함께 이야기하고자 합니다.

제품 개발, 고객층 확대로 사업의 연속성을 꿈꾸는 기업들

연속성을 갖기 위해 회사는 사업 아이템을 연구하고 제품을 개발하고 시장 동향을 분석합니다. 끊임없이 새로운 아이디어를 내놓으라며 직원들을 독려하고 재촉합니다. 리더 입장에서 '제품의 경쟁력 = 돈'이므로 좋은 제품을 생산하기 위해 최대한 투자를 하려고 노력합니다.

좋은 제품을 개발하기 위한 리더의 노력은 당연한 것입니다. 이를 위해 물질과 시간을 최대한 투입하는 건 고객을 위해서 바람직한 일입니다. 그런데 좋은 제품, 뛰어난 아이템만 있으면 업계를 장악하고 회사를 지속할 수 있는 생명력을 얻게 될까요? 신기하게도 그렇지 않은 경우를 우린 주위에서 많이 봅니다. 좋은 성능의 제품을 갖고 있어도, 신제품을 지속적으로 잘 개발했음에도 불구하고 사업체가 문을 닫는 것입니다.

이런 회사도 있습니다. 회사의 제품에 대해 불특정 다수의 고객을 향해 판촉행사를 하고 시장 규모가 확대될 수 있도록 열심히 노력합니다. 신문·방송 광고, 전단지를 통한 길거리 광고, 이벤트 등 판촉행사를 통해 제품과 회사를 알려서 고객을 최대한 끌어 모을 수 있도록 노력하는 것입니다. 이렇게 대대적으로 홍보하면 고객 수가 늘어나는 효과가 분명히 있습니다. 그러나 홍보비 투자 대비 늘어난 고객 숫자를 비교하면 효율적인지는 미지수입니다. 신규 사업을 개시하고 과도한 홍보비를 투자하다가 어려움에 빠지는 회사도 있으니까요.

신규고객 유치에 열을 올리면서 충성 고객에게는 관심이 없는 회사

회사가 지속되기 위해서는 그 회사를 찾는 고객의 발길이 꾸준히 이어져야 합니다. 이는 고객이 그 회사의 제품, 서비스 등에 만족할 때 가능합니다. 100명의 고객을 만족시키는 것보다 1,000명의 고객을 만족시키는 게 기업에게 더 큰 이익을 주는 건 엄연한 사실입니다. 기업들은 더 큰 시장을 차지하기 위해 날마다 고민하고 있습니다. 당장 회사의 수익을 위해서라면 한 명이라도 더 많은 고객을 유치하기 위해 노력해야 합니다.

중요한 것은 이러한 노력과 아울러 우리 회사에 충성도가 높은 고객을 붙잡는 노력도 함께 기울여야 한다는 것입니다. 많은 회사들이 불특정 다수의 신규 고객을 포섭하기 위해 대대적인 판촉행사를 벌이면서도 정작 자신의 기업을 실질적으로 유지시켜 주는 충성 고객에게는 아무런 행사를 벌이지 않습니다. 이들에 대한 서비스는 거의 없다시피 한 회사도 많이 있지요.

심지어 처음에는 성장을 위해 고객에게 '아낌 없는' 혜택을 퍼붓다가도 어느 정도 사업이 궤도에 오르면 어느새 서비스를 슬그머니 거둬들이는 행동을 하는 기업들도 흔하게 찾아볼 수 있습니다.

물론 기업의 자원은 한정적이므로 마냥 비용을 투자할 수는 없습니다. 그렇기에 시장 규모를 확대하기 위한 노력과 함께 기존 충성 고객에 대한 관리를 적절히 병행해야 합니다. 신규고객 유치에 열을 올리느라 소홀해진 '틈새'는 충성 고객들이 금세 느낄 수 있습니다. 이들은 그 누구보다 회사 제품 및 서비스에 관심이 있고 예민하기에 조금이라도 달라지면 바로 감지할 수 있기 때문이지요. 돈을 들여 제품 및 서비스를 이용하는 입장에서 이런 틈새를 그냥 봐줄리 만무합니다. 결국 '충성스러운 대열'

에서 이탈하고 말 것입니다.

충성 고객 이탈, 기업에 조용하고도 묵직한 타격을 줍니다

만약 어제까지 충성 고객이었던 이들이 이탈하면 어떤 일이 생길까요? 충성 고객들 각자가 연결되어 있는 건 아니지만 대다수가 비슷하게 '틈새'를 감지하므로 이탈의 순간은 다소 차이가 있을 뿐 천천히 그리고 꾸준히 이어질 것입니다. 이는 기업에 조용한 타격을 가할 수 있습니다. 또한 이들은 충성도가 높았던 만큼 배신감도 크기에 주변 사람들에게 '다시는 OO사 제품을 이용하지 말 것'을 널리 알릴 것입니다.

결국 시장 확대에만 치중된 기업의 행동은 사업의 연속성에 치명적인 해를 미칠 수 있습니다. 이 제품, 저 제품을 떠도는 불특정 다수를 붙드는 것보다 우리 회사 제품에 대한 충성도 높은 고객 한 명을 붙잡는 것이 장기적으로 회사를 위해서는 더 중요합니다.

100명의 신규고객 유치도 중요하지만 단 한 명의 충성 고객을 유지시킬 수 있어야 합니다. 신규 고객 한 명은 그냥 한 명일 뿐이지만 충성 고객은 우리 회사의 '제3의 영업사원'으로서 우리 제품과 서비스를 다른 이들에게 홍보해 줍니다. 그것도 진심으로.

이들을 대상으로 마케팅을 벌인다면 불특정 다수의 고객을 대상으로 하는 것보다 훨씬 더 큰 효과를 낼 수 있지 않을까요?

더 큰 시장 바라보기, 비용 상승을 낳습니다

자그마한 커피숍이 있습니다. 한 번에 수용할 수 있는 손님이 20명도 안 되는 가게입니다. 4인 테이블에 혼자 앉는 손님을 생각한다면, 그 가게는 현실적으로 10명도 안 되는 손님이 테이블 전체를 차지할 수도 있는 셈입니다. 영업을 하면서 성과가 잘 나지 않자 저에게 도움을 청해 왔습니다.

늦은 시간, 그 커피숍을 방문한 저는 깜짝 놀랐습니다. 동시 수용 인원이 60명이 넘는 카페보다도 더 많은 메뉴를 그 커피숍에서 다루고 있었기 때문입니다. 매출을 높이려면 한 명이라도 더 많은 손님을 받아야 한다고 생각했고, 그러다 보니 메뉴가 늘어나기 시작했다고 합니다. 안타깝게도 더 많은 손님의 '다양한' 욕구를 만족시키려는 전략을 추구하면서 비용이 높아져 커피 가격을 올리고, 상품의 보관 기간이 길어지고, 전문성은 떨어지는 결과를 낳은 것입니다.

더 큰 시장을 추구하는 과정에서 불가피하게 겪는 일이 '다양한' 고객의 욕구를 맞추는 것입니다. 이렇게 하면 순간적으로 매출을 높일 수 있을지 몰라도 비용 역시 함께 올라서 장기적으로는 실패로 끝나게 됩니다.

이런 상황을 겪지 않으려면 두 가지 방법이 있습니다. 이전의 경험은 내려놓고 백지 상태에서 아주 철저하게 큰 시장을 분석하든지, 아니면 더 큰 시장을 노리기보다는 충성 고객을 키우는 전략을 짜는 것입니다.

'시장 확대'를 꾀하는 기업 vs. '좋은 고객'을 찾는 기업

10년을 버티기 어렵다고 하는 상황에서 100년 넘게 이어온 기업들이 있습니다. 그 기업들은 대체로 더 큰 시장을 노리기보다는 더 좋은 고객을 지향하는 데 혼신의 힘을 쏟습니다.

정해진 물량 이상은 만들지 않고, 정해진 물량이 팔리면 가게 문을 일찍 닫아 버리기까지 합니다. 이유는 간단합니다. 정해진 물량 이상을 만들기 시작하면 품질이 떨어질 수 있다는 이유에서입니다.

지극히 단순한 경영전략이지만, 그 전략 덕분에 상장 기업들도 누리기 힘든 장수 기업의 명예를 누릴 수 있었습니다. 제품의 서비스를 최우선으로 하고 충성도 높은 고객을 겨냥하는 마케팅 전략이야말로 장수하는 기업의 특징입니다. 이들이 만약 다수의 고객 유지에 포커스를 맞춘다면 무조건 제품의 양을 많이 생산하고 가게 문도 가급적 늦게까지 열어 두려고 할 것입니다.

몇 년 반짝하다 사라지는 기업이 좋은 기업일까요, 수십 년, 수백 년 장수하는 기업이 좋은 기업일까요? 단기 성장이 화려해 보이기도 하지만 이는 의외로 많은 독소를 내포하고 있음을 알아야 합니다.

어느 정도의 경험을 쌓은 기업이라면 회사에 정말 도움이 되는 고객이 누구인지를 알고 있습니다. 똑같은 노력을 기울였을 때 충성 고객들이 훨씬 잘 반응하고 감동하며 높은 이익을 선사합니다. 작은 불만에 대해서는 참아 주기도 하고, 때로는 기업의 잘못된 점을 기꺼이 지적하면서 개선의 기회를 주기도 합니다. 그런 '좋은 고객'의 숫자를 늘리기 위해서 기업은 최선을 다해야 합니다.

큰 기업이 위대한 기업은 아닙니다

우리가 접하는 대부분의 경영학에는 늘 큰 기업들이 등장합니다. 직원 수가 수백, 수만 명 쯤 되고, 매출은 수백 억 원, 수조 원에 이릅니다. 마케팅 비용도 엄청나고, 최고경영자의 연봉도 깜짝 놀랄 만큼 높습니다.

아쉽게도 그런 기업들을 소개하는 책에는 그 기업이 전 세계 기업수의 1%도 되지 않는다는 사실을 이야기하지 않습니다. 그리고 자신들의 규모를 유지하기 위해 작은 시장에 대한 관심은 아예 갖지 않는다는 사실도 잘 지적하지 않습니다. 그런 예를 가지고 기업 경영을 하다 보면 더 큰 기업이 되지 못한다면 뭔가 잘못되고 있는 거라는 착각마저 들게 합니다.

기업의 성장은 참 좋은 일입니다. 직원에게도 좋고, 주주에게는 더 좋은 일입니다. 그러나 성장을 전제로 두기 시작하면 더 큰 시장을 지향하게 되고, 이는 충성 고객을 놓칠 수 있는 일임을 진지하게 고민해야 합니다.

⚜ Leader Coaching

회사가 문 닫을까 봐 두려우세요? 그렇다면 작은 실패에 대해서 적극적
으로 임하세요. 작은 실패를 두려워하지 않는 기업, 끊임없이 새로운 도
전을 멈추지 않는 기업이야말로 영원히 존재할 가능성이 있는 기업이니
까요.

모든 리더들은 자신의 어떤 결정이 회사에 심각한 피해를 끼치지 않을까 두려워
합니다. 실제로 잘못된 결정으로 인해 커다란 기업이 문을 닫는 경우도 있긴 합
니다. 하지만 크고 작은 실수와 어려움을 겪어온 기업들은 그렇게 쉽게 무너지지
않습니다. 사람처럼 어려움을 헤쳐 나가 더 단단한 기업으로 성장하게 됩니다. 평
소에 겪는 작은 어려움을 받아들이십시오. 진정 회사가 생존하고 성장하는 걸 원
한다면 상대적으로 작고 부담 없는 실수를 향해 끊임없이 도전할 때 더 단단한
회사로 성장할 것입니다.

PART
03

우리는 서로 배울 수 있어야 하고, 서로 성장할 수 있어야 합니다. 그래야 넘지 못한 벽을 넘는 조직력을 만들어 찬란한 성과를 기대해 볼 수 있습니다.

STAFF EDUCATION 직원 교육

직원은 어떻게 성장하는가?

1

어떤 사람을 뽑아야 할까?

좋은 사람을 찾고 싶은 욕구는 모든 경영자가 똑같이 갖고 있는 욕구일 것입니다. 하지만 전문가도 써보고, 고민도 해보고, 이런저런 조언도 들어보지만, 수개월이 지나고 나면 후회가 밀려오는 경우가 많습니다. 도대체 어떤 사람을 뽑아야 후회가 되지 않을까요?

정말 돈이 많은 기업이라면 좋은 인재를 뽑기 위해서 돈에 연연하진 않을 겁니다. 좋은 인재는, 아니 최고의 인재는 회사의 성장에 꼭 필요한 존재이기 때문입니다. 하지만 그런 기업들도 늘 좋은 사람 찾기가 쉽지는 않은 모양입니다.

좋은 인재를 찾는 과정을 '전쟁'이라고까지 표현하는 걸 보면, 큰 기업이 좀 더 수월할 것 같은데 꼭 그렇지도 않은 셈이지요.

작은 회사를 운영하다 보면, 아니 웬만큼 규모가 있어도 유명하지 않거나 알려지지 않은 기업들은 사람 뽑는 게 언제나 고민이긴 마찬가지입니다. 그래서 이런저런 아이디어를 내고 사람들을 뽑으려고 노력하지요. 여기서는 어떤 사람을 뽑으면 좋을지에 대한, 즉 감히 '인재론'에 대한 이야기를 해보고자 합니다.

당연히 업무적으로 꼭 필요한 사람을 뽑아야 합니다

너무 당연한 말 같지만 제일 먼저 거론하는 이유는 생각보다 잘 안 지켜지기 때문입니다. 인사에 실패하는 많은 기업들 중 상당수가 어떤 역량을 가진 사람이 필요한지에 대해 제대로 정리하지 못한 채 사람을 뽑는 경우가 많습니다.

그리 오래 되지 않은 어느 날이었습니다. 초겨울 정도로 기억하고 있는데, 저희 회사에 꼭 필요한 사람에 대한 조건, 소위 말하는 '스펙'에 대해 정리를 해보았습니다. 이런저런 설명을 붙이기보다는 그 글을 그대로 옮겨보는 게 더 도움이 될 것 같아 적어 봅니다.

1. 문서 작성 능력, 학습 능력—웬만한 보고서, 강의 자료, 교재 형태로 작성 가능한 강의 요약 능력(특히 글 좀 쓰는 사람이라면 가산점 줄 수 있음.)

2. 단기 체력 우수(운전 능력 포함)—1박 2일 혹은 2박 3일 장거리 운전(최대 1천 Km) 가능

3. 자기관리 능력—상시 출퇴근을 하지 않고, 회사의 하드웨어 인프라에 의존하지 않고, 안정적인 업무 가능(정시 출퇴근, 정해진 장소 출퇴근, 평일·주말, 휴일 나눌 직원 사양)

4. 예의가 있고, 에티켓이 있어야 함.

5. 온라인 PR·홍보 능력, 웹·모바일 활용 능력, 전화·문자 커뮤니케이션에 능한 사람.

6. 예술적 감각(특히 디자인 능력이 어느 정도 있다면 가산점 줄 수 있음.)

참고로 저희 회사는 주로 교육 관련 업무를 많이 하는 시기였고, 1명이 아닌 2명 정도 채용한다는 전제 하에 작성했습니다. 일단 필요한 사람을 뽑으려면 무엇이 필요한지 알아야 하기 때문입니다. 위의 글을 페이스북에 올렸는데, 며칠 지나지 않아 '좋아요'가 100회나 붙더군요. 글을 작성한 저도 놀랐고, 댓글을 보고서는 더 놀랐습니다. 저렇게 구체적인 채용 조건을 본 적이 없다는 분들이 상당수였습니다.

제가 주로 대학을 기반으로 활동하다 보니 취업 준비를 하는 학생들을 많이 만나게 됩니다. 그 학생들에게 가장 많이, 아니 제일 먼저 하는 이야기가 '스펙'에 대해 정확하게 알고 시작하라는 것입니다. 본인이 가려고 하는 회사가 있다면, 그 회사가 어떤 사람을 원하는지 알아야 준비를 할 수 있기 때문입니다. 대부분의 학생들은 대충 '누군가가 ~라고 하더라.'라는 말에 의존해 준비하기 때문에 반드시 대학생들에게 필요한 조언이었습니다.

그런데 제 글에 대한 반응을 보면서 학생들보다는 낫겠지만, 기업들도 자신들이 필요로 하는 사람이 어떤 조건을 가져야 하는지 과연 제대로 알고 있을까 하는 의문이 들었습니다. '창의적'이니 '열정적'이니 '도전적' 같은 모호한 표현만 난무하지, 정작 채용 과정에 실제로 적용되는 기준은 중구난방이거나 모호하진 않을까 하는 생각이 들더군요. 아마 대기업들은 인재 채용의 조건 자체가 기업 비밀일 수도 있기 때문에 상당 부분은 비공개로 진행될 겁니다. 하지만 중소기업이나 소기업은 애당초 없거나 본인들도 설명할 수 없는 모호한 조건으로 사람을 뽑아온 게 아닐까 하는 생각이 들었습니다.

좋은 사람을 뽑고 싶다면 먼저 어떤 점들을 '좋다'라고 평가하는지

부터 명확하게 해둘 필요가 있습니다.

인성·에티켓을 포기하지 마십시오

정말 일 잘하는 사람들이 있습니다. 탁월한 성과를 내는 사람들이 있습니다. 그래서 탐이 나고, 그런 사람이 우리 회사에 일한다면 회사가 엄청 성장하는 게 눈에 보일 정도인 사람들이 있습니다. 그런데 그 사람의 인성에 문제가 있다면 어떨까요? 뭐, 회사에 큰 장애는 되지 않는 정도라서 그냥 넘어가겠습니까, 아니면 역량은 아깝지만 포기하겠습니까?

정말 단기간이라면, 역량만 보고 뽑는 것도 나쁘진 않을 것 같습니다. 게다가 그 인성이란 게 불법적인 행위를 할 정도의 문제 있는 인격이 아닌 다음에야 큰 문제가 안 될 수도 있지요. 하지만 직원을 뽑는다는 것 자체가 어느 정도 긴 호흡을 의미하는 경우가 대부분이고, 그렇다면 단순하게 넘어갈 건 아니라는 생각이 듭니다.

요즘은 성과주의 사회입니다. 높은 성과를 낼 수 있다면 많은 기회를 가질 수 있고, 많은 결과물을 활용할 수 있기 때문입니다. 하지만 그 사람이 조직과 어울리지 못하거나, 조직에 위화감을 조성한다거나, 조직에 부정적인 영향력을 주기 시작한다면 어떻게 하겠습니까? 인성이 이거라고 딱히 말하긴 힘들지만 적어도 만나서 함께 지내는 데 문제가 없는 정도는 되어야 하지 않을까요?

우리가 조직을 만드는 가장 큰 이유는 개개인의 노력으로 넘을 수 없는 조직만의 힘이 있기 때문입니다. 특히 사람이 모여서 만든 조직은 기계나 소프트웨어와 달라서 예측이 힘든 측면이 많고, 통제도 잘 되지 않습니다. 그래서 리스크로 볼 수도 있지만, 예측 외의 결과를 끌어낸다는 측면에서 가능성이자 기회로도 볼 수 있습니다. 리더십이니 관리니 조직문화니 하는 것들 자체가 다 '사람' 때문에 생겨나고 발전하는 학문들입니다. 그런데 사람이 가져야 할 기본적인 성향에 문제가 있다면, 이는 분명 성과를 갉아먹고, 조직력을 갉아먹는 결과를 가져오게 됩니다. 게다가 그런 인성을 가진 사람이 관리자이거나 조직의 상부 쪽에 위치한다면, 기업에 치명적인 상처를 입혀 사실상 사라지게 만들 수 있습니다. 그런 사람들이 합법적으로, 도덕적으로 옳은 방향을 지향할 것이라는 기대는 하지 않는 게 좋습니다.

함께 일하는 과정에서 서로가 이해할 수 있는 범위 안에서의 개성은 문제가 없습니다. 하지만 함께 하기 힘든, 이해하기 힘든 범위를 넘어설 수 있는 사람이라면 처음부터 같은 배에 태우지 않는 게 좋다고 생각합니다. 언제나 기업이 잘될 수 있는 것도 아니고, 기업이 위기에 빠질 때 내부적으로 뭉칠 수 있는 가능성, 위기를 극복할 수 있는 가능성을 열어두려면 보이지 않는 상호 간의 신뢰와 연결이 필요하지 않을까요?

함께 성장할 수 있는 사람이 더 낫습니다

냉정하게 얘기해서 대부분의 기업들은 직원이 가진 자원을 뽑아 쓰는 데에만 관심이 있습니다. HRD의 D가 Development라고는 하지만 대부분의 기업은 성장보다는 현재의 자원의 활용에 초점을 맞추게 되어 있습니다.

처음부터 짧은 기간 동안 그 사람이 가진 역량과 경험에 초점을 맞춰 뽑았다면 이해할 수 있습니다. 하지만 소위 말하는 정직원으로 뽑아서 5년, 10년 함께 할 사이라면 지금 완성되어 있는 사람보다 성장할 수 있는 사람, 그것도 '함께' 성장할 수 있는 사람을 뽑아야 하지 않을까요? '직원이 알아서 성장해야 하는 거 아닌가, 자기계발에 능한 사람을 뽑으면 되지 않을까?' 생각할 수도 있을 것입니다. 하지만 인간이라는 존재 자체가 상호 간 영향을 주고받는 존재이고, 그런 점을 고려할 때 혼자 성장하는 개인은 사실 생각하기 힘듭니다.

이 세상에 뛰어난 사람은 많습니다. 저마다 분야가 달라 그렇지, 각자 나름의 전문성은 다 있습니다. 그런데 그게 끝일까요? 더 전문가일 수도 있고, 최고가 될 수도 있고, 다른 분야를 새롭게 배울 수도 있지 않을까요? 그런 학습과 성장의 과정이 중요한 이유는 그 결과가 개인 뿐 아니라 조직에게도 무척이나 유익하기 때문입니다. 한 분야에만 능한 사람은 애당초 조직에 맞지 않습니다. 다른 사람의 말을 알아듣지도 못할 테고, 다른 사람에게 자신의 분야를 이해시키기도 힘들 테니까요. 우리는 서로 배울 수 있어야 하고, 서로 성장할 수 있어야 합니다. 그래야 넘지 못한 벽을 넘는 조직력을 만들어 찬란한 성과를 기대해 볼 수 있습니다. 예전에 비해 인턴 등의 제도가 활성화되면서 좀 더 서로를 알 수 있는 기회가 많아지는 게 다행이라고 생각합니다. 그 시간을 최대한 활용해 보시면 좋겠습니다. 함께 성장하는 것은 무척이나 아름답고 멋진 일이기 때문입니다.

그런데 가끔 이런 고민을 할 수가 있습니다. '업계 최고의 전문가를 뽑으면 회사가 성장하지 않을까?' 하고요. 워낙 대기업들이 인재 확보에 열을 올리다 보니 천재들을 데려간다고 하기도 하고, 인재 확보가 전쟁처럼 벌어진다고도 이야기하더군요. 그런 점에서 어떤 사람들이 회사에 맞는 직원이 될 수 있는지 좀 더 고민해 보고자 합니다.

좋은 인재를 뽑는 일에 직접 나서야 합니다

인재를 채용하는 것은 리더가 해야 할 가장 중요한 일 중 하나입니다. 좋은 인재들이 많이 포진된 기업이 좋은 성과를 낸다는 것은, 어쩌면 너무 당연해서 설명할 필요가 없는 것처럼 느껴집니다. 그래서 많은 리더들은 더 나은 인재를 찾으려 노력하고, 그러다 보면 '최고'의 인재를 찾는 데까지 이르게 됩니다.

최고의 천재급 인재들이 없진 않습니다. 다만 많지 않다 보니 상상할 수 없을 정도로 많은 연봉을 받는 경우가 생깁니다. 어떤 이들의 연봉은 웬만한 중소기업의 매출과도 맞먹을 정도니 실로 대단한 일이 아닐 수 없습니다. 자기계발·성공을 강의하는 저로선 그들의 연봉 수준이 높아질수록 강의 때 동기부여가 강해진다는 사실을 알고 있고, 뛰어난 만큼 대우를 해야 한다는 데에 동의를 합니다.

문제는 천재급 인재를 채용하는 데 성공한 많은 기업들을 살펴보면 의외로 성과를 내지 못하는 경우가 흔하다는 것입니다. 심지어 평상시보다 못한 결과가 나와서 불편하게 헤어지는 경우도 심심찮게 볼 수가 있습니다. 분명 데려올 때는 최고의 인재였는데, 불과 한두 해만에 상황이 바뀌는 것입니다. 이번엔 이 문제의 원인과 대안을 한 번 다뤄보려 합니다.

한 사람이 모든 결과를 창출하는 시대는 갔습니다

어릴 적 공상과학 만화영화를 보노라면, 소위 '김 박사'님 혼자서 로봇도 만들고, 우주선도 만드는 경우를 볼 수 있습니다. 아무리 둘러봐도 옆에 있는 사람이라고는 지구를 지키는 특공대원들 정도이거나 몇 명의 보조 연구원 정도가 전부입니다. 한 마디로 최고의 천재급 인재인 셈입니다. 평생의 역작이라고 본다면 불가능한 일은 아니지만, 로봇 하나에 들어가는 수많은 부품과 기술을 단 한 명이 개발해서 완성품을 내는 게 과연 가능할까요? 만화영화 수준과는 한참 수준이 낮은 요즘의 우주선만 하더라도 수천 명 정도의 과학자들이 각자의 자리에서 최선을 다해도 될까 말까 합니다.

천재급 인재를 채용하는 것 자체에 문제가 있다기보다는 그 한 명의 사람에게 수십, 수백 명의 사람이 해내야 할 것들을 동시에 요구할 때 문제가 발생합니다. 아무리 뛰어나도 분야의 한계가 존재하고, 아무리 노력해도 한 사람의 물리적 업무량을 넘을 수 없기 때문입니다. 따라서 최종 결과물에 대해 따져보고, 필요한 사람을 어느 정도 갖추지 않고서는 좋은 결과를 얻을 수가 없습니다. 적어도 한 명의 천재급 최고 인재를 뽑는 것으로 모든 문제를 해결하거나 모든 혁신을 이루려고 하는 시도는 대부분 실패하게 되어 있습니다.

결과를 위한 조직 vs. 천재를 위한 조직

요즘 우리가 흔히 접하는 스마트폰 하나만 하더라도 최소 수백 명의 석박사급 인력들이 개발에 참여합니다. 거기에 고졸·대졸, 생산직·연구직 직원들은 훨씬 더 많이 관여합니다. 모든 사람들이 제품에 들어가는 부품을 생산하는 것은 아니겠지만, 직·간접적인 영향을 주는 것만은 확실합니다. 그 많은 사람들이 일을 하다 보면 충돌도 생기고 문제도 발생하겠지만 그래도 잘 돌아가는 것은 조직 전체가 하나의 결과물을 향해 움직이기 때문입니다.

최고의 인재를 채용하게 되더라도 기존의 조직의 목표가 유지된다면 문제가 되지 않습니다. 그런데 그런 천재들 중에는 조직이 자신을 중심으로 돌아가야 한다고 믿는 이들이 많은 데다, 뽑을 때부터 많은 권한을 주는 경우도 있습니다. 이럴 경우 조직이 제품이나 서비스를 위해 존재하지 않고, 그 '한 사람'을 위해 움직이는 경우가 생기기 마련입니다. 물론 그 한 명의 천재가 좋은 제품을 만들어 내면 큰 문제가 안 될 수 있지만, 어느 분야의 천재성을 가졌다고 해서 프로젝트 전체를 잘 해낼 거라 기대하는 것은 무리입니다.

우리가 아무리 뛰어난 엔지니어라 할지라도 경영 훈련 없이 경영진에 포함시키지 않는 것과 마찬가지입니다. 팀을 움직이고, 프로젝트를 관리하는 건 분명 또 다른 영역의 기술력과 노하우임에도 눈에 보이는 천재성이 모든 문제를 해결할 거라 기대하게 된다면 이는 실패를 계획하는 것과 같게 됩니다. 따라서 어떤 사람이 아무리 뛰어난 역량을 발휘한다 할지라도 조직을 넘어서거나 조직의 문화를 훼손시키는 상황을 만드는 것은 피해야 합니다.

최적의 인재가 최고의 제품을 만든다

사람이 어울리다 보면 불가피한 충돌이란 게 생기기 마련입니다. 특히 기존 조직에 새로운 사람이 들어올 경우, 이는 심해지기 마련입니다. 게다가 천재급 인재라고 하면서 회사의 기대를 한 몸에 받고 들어온 경우라면, 아예 마음의 문을 닫아 버리는 조직원들이 쉽게 생겨납니다. 이는 그 사람들이 나빠서가 아니라, 낯선 사람들에게 인간이 경계심을 갖는 지극히 단순하고도 원초적인 상황입니다. 초기에 이런 상황이 빨리 해소되면 좋겠지만, 이를 잘 해결하지 못한 채 시간이 흘러 버리게 되면 조직 문화는 돌이킬 수 없을 정도로 훼손되어 버립니다.

최고의 인재가 불필요한 것은 아니지만, 전체적인 관점에서 그 인재가 '최적'의 사람이 아니라면 내려놓는 결단이 필요합니다. 대체로 최고의 인재를 채용하는 데에는 많은 무리가 따르는 게 현실입니다. 그리고 그런 무리를 감내해 낼 수 있는 기업은 세계적으로도 흔치 않은 게 현실입니다. 따라서 '최고'의 인재보다는 '최적'의 인재인지를 놓고 결정하는 지혜가 필요합니다. 어떤 기업도 기업에 맞지 않는 사람을 이끌면서 최고의 성과를 낼 수는 없기 때문입니다.

이제 한국 기업들도 세계적인 기업들이 많아졌고, 그런 만큼 세계적인 인재들이 많이 일하고 있습니다. 다만 그 기간이 짧다 보니 아직은 문화적 충돌이나 조직 친화력 등에 문제를 많이 일으키고 있다고 합니다. 결과적으로 그 과정을 어떻게 해결하느냐가 향후 한국 기업들의 미래를 결정짓지 않을까요?

서양에 비해 동양이, 동양에서도 특히 한국이 친화력 부분에서는 뛰어난 역량을 가진 것으로 평가됩니다. 한국만의 친화력을 기업에서 잘 적용한다면 수많은 천재들을 최적의 인재로 변신시키는 데 성공하지 않을까 기대해 봅니다.

이제 한국 기업들이 세계의 수많은 기업들에게 '조직 문화의 모범' '인재 채용의 모범'을 보여 줄 때가 아닐까요?

✚ Leader Coaching

시간을 내서 회사에 꼭 필요한, 마음에 꼭 드는 '인재상'을 상세히 작성해 보시겠습니까?

뜻밖에도 자신의 회사에 적합한 인재상을 갖고 있지 않은 리더들이 많습니다. 사람을 뽑는 일을 인사팀의 역할이라고 여기는 경우도 많습니다. 양쪽 모두 회사의 미래에 좋지 않은 결과를 가져옵니다. 최고의 의사 결정을 내려도, 그 결정을 수행할 수 있는 조직이 제대로 되어 있지 않다면 리더의 역할은 제한될 수밖에 없습니다. 따라서 항상 적절한 인재 확보에 시간을 투자해야 합니다. 리더의 좋은 의사결정과 리더가 만든 좋은 조직이 좋은 회사를 탄생시킵니다.

2

어떻게 사람을 뽑아야 할까?

요즘 취업 준비생들은 면접 등에 대한 준비가 너무 잘 되어 있어서 정작 회사와 맞는지를 평가하는 게 쉽지가 않습니다. 좋은 사람을 찾는 것도 중요하지만 잘 가려내는 것도 중요하지 않을까요? 좋은 인재를 발굴할 수 있는 채용 방법은 없을까요?

많은 전문가들이 사람을 선발하는 과정과 방법에 대해 고민하고 연구하고 있습니다. 제가 그 분야에 전문가가 아니다 보니 수십 페이지 논문처럼 말씀드리긴 힘듭니다만 워낙 많은 취업 준비생, 직장인, 리더를 만나고 사업 과정에서 매년 수십 개 기업의 채용, 특히 면접 과정을 보다 보니 이런저런 생각이 많아진 것 또한 사실입니다. 앞서 언급한 '어떤 사람'을 뽑는가는 무척이나 중요합니다만 그런 사람을 '어떻게' 뽑을까에 대해서도 고민한다면 더 좋은 발전의 기회를 가질 수 있지 않을까요? 그래서 여기서 '사람을 뽑는, 인재를 뽑는 방법'에 대해 적어보고자 합니다.

좀 미리 뽑으면 안 될까요?

제가 워낙 많은 사람들을 알다 보니 종종 사람을 좀 찾아 달라며 청을 받곤 합니다. 헤드헌터도 아닌데, 그런 일을 생각보다 많이 의뢰 받습니다. 실제로 제가 운영하는 유료 기업 회원 프로그램 내 기업들의 요청 사항 중 30% 정도가 사람·기업에 대한 검색 업무입니다. 놀랍죠? 아무튼 생각보다 사람 찾는 부분도 많이 요청을 받는데, 정말 신기한 건 당장 쓸 사람을 찾는다는 것입니다. 와, 이건 놀라운 일입니다. 아르바이트도 아니고 직원을 당장 투입하기 위해 찾는다? 물론 그럴 수 있습니다. 당장 시작할 프로젝트를 위해 몇 개월간 함께 할 파트너를 찾는다면 이해합니다. 그런데 그것도 아니고, 당장 시작될 업무에 투입할 직원을 찾는다니!

제가 학습 능력이 좀 빠릅니다. 하지만 저도 신규 업무에 적응하는 데 최소한 3개월은 필요합니다. 그것도 여러 개 회사, 여러 개 업무로 분산되면 6개월 정도는 잡아야 합니다. 습관화가 필요한 건 아예 2년 정도 잡고 시작합니다. 우리 회사에서 신입 사원을 뽑아도 6개월은 지나야 만족스럽게 일을 합니다. 생각보다 단순한 업무에 대해서도 그렇습니다. 일뿐 아니라 서로 친해져야 하고 서로 맞출 일도 많습니다. 예상치 못한 변화와 그에 대한 대책도 세우고 정착시키려면 시간이 필요합니다. 그러니 당장 경력자처럼 쓸 직원을 찾는 건 해도 해도 너무한 겁니다.

청컨대, 6개월만 미리 시작하시면 어떨까요? 그래도 함께 일할 사람, 소위 가족 같은 기업의 가족의 일원을 뽑으시는 건데 한두 달 정도는 시간을 가져야 하지 않을까요? 당장 이력서·자기소개서도 시간 내서 읽어야 하고, 면접도 보고 하려면 시간이 좀 필요합니다. 그리고 그 사람이 회사에 적응하고, 업무에 적응하고, 상사에게 적응하는 시간도 주어야 합니다. 처음부터 왜 그 모양이냐고 하지 마시고, 이런저런 상황을 통해 자연스럽게 알아가는 시간도 충분히 줄 필요가 있습니다. 오죽하면 대기업은 대리 달기까지 이런저런 심부름 시켜가며 3년을 끌겠습니까? 그것도 적잖은 연봉에 복지까지 주면서 말이지요.

이유는 간단합니다. 생각보다 조직과 업무가 어렵고 복잡하기 때문입니다. 사람들은 자신이 하고 있는 일, 살고 있는 삶에 대해 의외로 단순하게 생각하는 경향이 있습니다. 한 번 익숙해지기 시작하면 그 과정의 어려움은 다 잊는 게 사람입니다. 평소 꿈에 그리던 승진을 해도, 업무가 익숙해지려면 시간이 걸리지 않겠습니까? 본인에게 필요한 만큼은 아니더라도 6개월 정도 일찍 사람을 찾기 시작하면 좋겠습니다.

순간의 결정은 무조건 틀린 것입니다

이력서와 자기소개서를 다 읽고, 한 사람에 대해 면접을 보는 데 걸리는 시간은 대기업의 경우 다 합쳐서 10분도 안 될 것입니다. 동시에 여러 명의 이력서·자기소개서를 읽고, 동시에 여러 사람을 앉혀 놓고 하다 보니 길어 보이는 거지, 인당 시간을 계산해 보면 정말 짧은 시간만으로 그 사람에 대해 판단합니다. 최소 4년에서 20여 년 이상의 삶을 말이지요. 그래서 면접자들을 대상으로 면접의 기술도 가르치고, 훈련시키고, 글 쓰는 법까지 알려 주면서 돈을 벌기도 하지만 그래도 시간이 짧은 건 사실입니다.

제가 리더들에게 얘기하는 것 중 하나는, 누군지는 몰라도 미래의 직원을 위해 시간을 좀 투자하라는 것입니다. 최소한 대학에 특강도 한두 번 나가고, 명함도 좀 뿌리고, 때로는 대학생들이 자주 드나드는 SNS나 웹사이트에 글도 좀 남기고, E-mail도 주고받고, 익숙지 않은 카톡이라도 하면서 알아갈 필요가 있습니다. 짧은 시간 동안 한 사람을 어떻게 제대로 알 수가 있겠습니까?(물론 그런 경우가 없진 않습니다만) 많은 이야기를 오래도록 주고받는 것도 좋지만, 어느 정도 시간을 두고 조금씩 체크해 보는 것도 적절한 사람을 뽑을 수 있는 중요한 기술입니다.

저는 6개월 정도는 모니터를 하는 게 필요하다고 봅니다. 그런 점에서 지금의 채용 시스템은 완전히 엉터리입니다. 뭐랄까, 공장제 시스템의 인사 제도를 백 년 넘게 고수하고 있다고 할까요? 뭐 이런 겁니다. 누구를 뽑든 문제없고, 언제 뽑든 문제없고, 뭘 해왔든 문제없다는 식입니다. 실제로 그렇지 않은데 말입니다. 바꿔야 합니다. 이제는 수시로 뽑아야 하고, 그러기 위해서는 1년 내내 움직이는 인사팀을 두고, 1년 내내 수시로 대화하고 지켜보고 물어보고 만나보고 하면서 사람을 뽑아야 적절한 사람을 뽑을 수 있습니다. 수능 한 번 망쳤다고 인생 망치는 거 아니라는 거, 우리 모두 살면서 깨닫듯이 이력서·자기소개서 하나로 인재를 평가하는 시스템, 잘못되지 않았나요? 게다가 읽는 사람 기분에 따라, 시기에 따라 같은 이력서·자기소개서가 다르게 느껴질 수도 있다는 점은, 우리에게 현재 채용방법이 얼마나 문제가 많은 것인지를 알게 합니다.

한 회사의 리더가 해야 할 일이 무엇일까요? 회사가 너무 커져서 모든 직원을 챙길 수 없다면 모를까, 아직 그 정도 규모가 아니라면 새 식구를 만나는 과정에 시간을 충분히, 자주 투자해 보면 어떨까 싶습니다.

안목이 다르면, 다른 사람처럼 보이기도 합니다

대체로 사람을 채용하는 것은 리더의 몫, 아니면 인사팀의 몫입니다. 어떤 일을 오래 하다 보면 전문성도 생기지만, 어떤 관점이 토착화되는 경향도 함께 생겨납니다. 그런 점에서 한두 사람이 인사를 한다거나 한 부서만 인사를 다루는 것도 한계가 있을 것이라 생각합니다. 너무 전문직이어서 평가가 힘들거나 너무 많은 사람을 뽑아야 해서 어려운 경우가 아니라면, 인사 과정에 회사 전체가 관여하거나 관여할 수 있는 기회를 주어 보는 것도 좋지 않을까 싶습니다.

사실 사람을 뽑는다는 것은 두 가지 측면을 더 고려해 보아야 합니다. 첫째, 대체로 뽑는 사람이 같이 일할 사람이 아니라는 점입니다. 특히 회사 규모가 커질수록 이런 경향은 점점 커지게 됩니다. 사람 뽑는 것도 전문적인 능력이니 전문 부서를 두는 건 충분히 납득할 만합니다만 그래도 그런 전문가가 항상 최적의 사람을 뽑는 것도 아니고, 함께 일할 사람들까지 고려해서 뽑는 경우는 그리 흔치 않습니다. 그런 점에서 함께 지낼 사람들이 자신들과 함께 일할 사람의 선발 과정을 본다거나 개입한다는 것은 무척이나 특별한 일일 수 있고, 서로에게 낯선 상태를 만들기보다는 한쪽이라도 먼저 기대하고, 기다리는 시간을 만들 수 있습니다. 비록 이러한 과정이 무척 힘든 일이겠지만 말입니다.

둘째로는, 사람을 뽑는 건 아주 특별한 권한이기도 합니다. 인사권, 재정권은 기업 경영에서 가장 대표적이고도 강력한 권한입니다. 웬만한 사람들은 단 한 번도 가져보지 못할, 경험하지 못할 권한이기도 합니다. 그런 권한을 행사해 본다는 것은 무척이나 짜릿한 경험일 것입니다. 최소한 그 과정을 보는 것만으로도 많은 것들을 느끼게 되지 않을까요? 그런 점에서 조금은 더 유연하게, 조금은 더 개방적으로 새로운 사람을 찾는 과정을 다뤄보면 어떨까요?

동서고금을 막론하고 사람이 성공이고, 사람이 실패라고 얘기합니다. 사람이 성공을 만들고, 사람 때문에 실패하게 됩니다. 좋은 사람을 고르는 안목만큼이나 좋은 사람을 잘 고르는 과정과 방법에 대해서도 고민한다면, 더 좋은 회사로 나아가는 데 큰 밑거름이 되리라 믿습니다.

╬ Leader Coaching

존경할 만한, 배울 게 가득한 기업을 골라 그 회사의 채용 시스템을 한 번 분석해 보십시오. 기왕이면 그 회사에 취직하기 위해 준비하는 마음으로 해 보시면 더욱 좋습니다.

고용노동부의 사업을 통해 수년 간 기업에 맞는 인재상을 연구하고, 학교·학생들에게 훈련시키는 일을 맡았습니다. 덕분에 WORLD.SMART라는 독특한 인재상을 도출할 수 있게 되었고, 지금은 이 개념을 적용한 교육을 통해 많은 취업 준비생들을 훈련시키고 있습니다. 회사마다 이 개념을 적절하게 수정·보완하고, 그에 맞는 인재 선발 기준과 방법을 컨설팅하는 건 쉬운 일이 아닙니다. 그래도 보람된 것은, 이런 과정을 거칠 때마다 좋은 인재와 좋은 회사가 만날 수 있다는 것입니다. 언젠가는 다른 기업의 리더들이 우리 회사의 인재 채용 방법을 벤치마킹할지도 모릅니다. 지금부터 지속적으로 보완해 나간다면, 좋은 인재를 보다 정확하게 발굴해 낼 수 있을 것입니다.

WORLD.SMART 인재상

WORLD
Wide Eye 넓은 관점 · Open Mind 열린 마음
Relationship 관계 지향 · International Language 현지 언어
Discovery 탐구하는 자세

SMART
Self-ship 자기주도성 · Matching 환경적응성
Actionable 행동지향성 · Relationship 관계지향성
Trouble-Shooting 문제해결성

3

정말 모든 사람은 창의적일까?

창의적인 돌파구가 필요한 경우가 많지만, 아무리 회의를 해도 직원들로부터 창의적인 해법이 나오지 않는 경우가 대부분입니다. 경쟁회사를 보고 있노라면 그 회사엔 창의적인 직원들이 무척 많은 것 같은데, 왜 우리 회사는 창의적이지 않은지 고민하게 됩니다. 가끔은 창의적인 게 정말 경쟁력이 있을까 생각되기도 합니다. 도대체 창의적인 직원은 어떤 사람인가요? 지금의 직원들이 창의적일 수는 없는 건가요?

애플, 대단한 회사입니다. 한국 기업들이 떡하니 버티고 있던 MP3 플레이어 시장에 후발주자로 들어와서 시장을 평정하더니, 수많은 스마트폰 회사들이 치열하게 경쟁하는 시장에서 아이폰이라는 제품으로 판도를 바꿔 버렸습니다. 더 놀라운 것은 아이패드라는 제품으로 전자책 시장까지 평정하려는 욕심까지 부리고 있습니다. 세계 최대 IT 기업도 아니면서 세계 최고 제품으로 승부하는 애플을 보면 창조기업 순위에서 줄곧 1위를 독차지하는 이유를 알 수 있습니다.

사실 구글도 대단한 회사입니다. 세계적인 검색 사이트인 야후 등이 장악하고 있는 시장에 들어와서는 오로지 검색 하나로 세계 최고 기업 반열에 오르더니, 세계 최고 소프트웨어 회사인 마이크로소프트와도 맞장을 떠 벌벌 떨게 만들고 있기 때문입니다. 그래서인지 애플 다음으로 창의적인 기업으로 꼽히는 회사가 구글이기도 합니다.

세계 유수의 기업에서 애플과 구글의 인재들을 데려가려고 합니다. 그들은 특별한 대우를 받으며 또 하나의 돌풍을 일으킬 것 같지만, 애플과 구글을 떠난 직원들이 더 놀라운 성과를 냈다거나 비슷한 성과조차 냈다는 이야기는 거의 들리지 않습니다. 그래서 저는 이런 질문을 해 보았습니다. 그들이 창의적인 인재라면 도대체 무엇이 놀라운 성과를 가로막는 것일까요? 그리고 다음과 같은 결론에 도달했습니다.

첫째, 창의적인 문화 없이는 창의적인 인재가 발견되지 않습니다

대체로 창의적인 생각은 기존의 생각과는 흐름을 달리합니다. 뭔가 다르고, 뭔가 독특하고, 뭔가 새롭습니다. 좋게 보면 그렇습니다. 즉 나쁘게 보면 뭔가 이상하고, 뭔가 어색하고, 뭔가 애매한 게 창의적인 생각입니다. 적어도 기존의 관점에서 그 생각이 더 좋다고 평가하기엔 어려움이 따른다는 뜻입니다. 대체로 기업들이 놀라운 혁신을 하지 못하는 이유는 이해의 폭이 좁아서 조금 좋은 생각밖에 이해하지 못하기 때문입니다. 창의적인 문화란 이상한 사람, 이상한 행동, 이상한 생각을 받아들이는 것입니다. 아니 최소한 막지 않는 것입니다. 그런 점에서 기업 문화 차원에서 구현되지 않으면 창의적인 생각을 하라고 해서 되는 것도 아니며, 창의적인 교육을 받는다고 해서 창의적인 회사가 될 수는 없습니다. 그저 이전보다 조금 나아지는 정도에 불과합니다.

안타까운 것은 창의적인 문화는 대부분의 회사에서는 받아들이기 힘든 문화라는 점입니다. 어떤 경영자가 자신의 생각에 반기를 들고, 기존 문화를 해치는 직원이나 생각을 좋아할 수 있겠습니까? 그런 점에서 볼 때 윗사람이 만들어 내는 기업 문화는 아주 중요한 역할을 합니다.

둘째, 창의적인 경영자가 먼저이지 창의적인 직원이 먼저일 수 없습니다

스티브 잡스 같은 경영자들은 일반적인 경영자들과는 성격부터 다른 경우가 많습니다. 스티브 잡스를 연구해 보면 상당히 독선적이고 괴팍한 경영자였던 것으로 알려져 있습니다. 사실인지는 모르지만 시장조사조차 하지 않는다며 큰소리를 쳤다는 말도 있었습니다. 그래서인지 기존 시장에서는 불가능하다는 제품을 무모하게 내곤 하는데, 재미있는 건 대체로 그가 만든 제품은 시장에서 괜찮은 대우를 받습니다. 그런 걸 보면 스티브 잡스는 천재가 아닐까 하는 생각이 듭니다.

기업의 문화는 대체로 최고경영자로부터 형성됩니다. 즉 최고경영자가 창의적이지 못하다면 밑의 사람들 역시 창의적이긴 무척이나 힘이 듭니다. 게다가 리더가 자신과 다른 생각을 하는 직원을 이해하지 못한다면 아무리 천재를 데려와도 역량 발휘는 어렵습니다. 국내 유수 기업들이 해외에서 인재를 데려오지만 정작 그저 그런 제품만 나오는 이유는, 그들의 생각이 조직을 거치면서 희석되거나 왜곡되기 때문입니다. 천재가 천재를 알아본다는 말이 있습니다. 최고경영자가 창의적이지 못하다면 결국 조직 문화 역시 창의적이긴 힘듭니다.

엉뚱한 도전을 하는 최고경영자를 꼽으라면 버진 그룹(항공, 미디어 등의 사업을 하는 영국의 기업)의 리처드 브랜슨을 들 수 있습니다. 남들이 하지 않는다는 모험을 누구보다도 먼저 하는 경영자로 유명합니다. 새로운 회사를 세우거나 새로운 사업을 시작할 때 본인이 앞서서 톡톡 튀는 홍보 모델이 되기도 합니다. 사실 말이 톡톡 튀는 것이지 실제로는 충격적이기까지 한 경우도 꽤 있습니다. 또한 오라클의 래리 앨리슨 회장은 바다를 횡단하는 요트 경기에 직접 참가합니다. 우승을 한 적도 있는데,

바람의 힘으로만 한 대양을 횡단한다는 게 보통 체력, 보통 정신으로는
하기 힘듦에도 노익장을 발휘하는 모습에서 저는 도전적인 리더십을 느
꼈습니다. 이런 도전을 하는 리더가 있는 조직이라면 직원의 엉뚱한 도전
역시 지지해 주지 않을까 하는 생각이 들었습니다.

셋째, 놀랍게도 창의성은 고리타분할 것 같은 인내와 잘 어울립니다

말 한마디로 조직이 변하면 얼마나 멋지겠습니까? 그러나 조직이란 게
말처럼 쉽게 움직이는 게 아닙니다. 작은 회사를 겨우 10년 가까이 운영
한 저도 이제야 리더십이 뭔지, 경영이 뭔지 감이 조금 느껴집니다. 책
속에 있는 이론들이 얼마나 얕은 것이지, 말로도 글로도 표현되지 못하
는 게 얼마나 많은지 놀라울 정도입니다. 수많은 새내기 회사들이 무너
지는 게 어찌 보면 리더십의 깊이가 얕아서가 아닐까 하는 생각도 하곤
합니다.

창의적인 문화가 형성된다는 것은 기존 문화를 송두리째 바꾼다는
의미와 같습니다. 차라리 회사를 새롭게 차리는 게 쉽지, 기존의 회사를
바꾸는 게 얼마나 힘든 일이겠습니까? 그래서 끊임없이 오랫동안 창의적
인 문화가 형성되도록 인내심을 가질 필요가 있습니다. 마지막 직원 한
명이 바뀌는 그 순간까지, 어느 날 창의적이지 않은 게 더 어색하게 느껴
질 때까지 윗사람이 오래 기다릴 때 문화는 자연스럽게 형성됩니다. 그런
점에서 창의적인 신입사원을 뽑는 것보다 중요한 것은 창의적인 문화가
형성될 때까지 기다리는 게 아닐까 하는 생각을 하게 되었습니다.

인간은 누구나 창의적입니다. 원래 인간은 새롭지 않은 걸 따분하게
느끼는 존재입니다. 어쩌면 지금까지의 경영은 따분한 일을 버티게 만드

는 기법을 연구한 게 아닌가 싶습니다. 한때 그 기법만으로 충분했던 때가 있었습니다. 그런데 시대가 바뀌었습니다. 이젠 새로운 도전을 해야 하지 않을까요? 대한민국 모든 회사가 창의적일 때까지, 회사 모든 직원이 창의적일 때까지 모든 사람들이 창의적임을 믿고 기다릴 때 창의적인 문화는 형성될 것입니다.

ⳤ Leader Coaching

정말 해결하고 싶은 문제를 직원들에게 알린 뒤 시간을 주고 대안을 기다려 보세요. 단 절대 중간에 묻거나 제한을 주지 않고, 순수하게 기다려야 합니다.

인간은 누구나 창의적입니다. 정도의 차이는 있을지 몰라도 인간이란 존재 자체가 창의적이지 않고서는 살아갈 수 없는 존재들입니다. 문제는 조직이 발전하면 할수록 인간이 갖고 있는 창의성을 훼손시킨다는 것입니다. 창의성은 관리되지 않기에 위험요소처럼 보이기 때문입니다. 그래서 처음엔 인내가 필요합니다. 그 인내 외에 나의 지식과 경험도 창의성을 훼손시킬 수 있습니다. 나의 지식과 경험을 뛰어넘는 새로운 방법이 필요하다면 믿고 기다리는 수밖에 없습니다. 시간이 걸릴지언정 분명 여러분의 믿음과 인내에 보답하는 멋진 결과가 탄생할 것입니다.

4

우리 직원들이 천재가 될 수 없을까?

가끔 세상엔 천재들이 놀라울 만한 제품과 서비스를 탄생시킬 때가 있습니다. 저런 천재가 우리 회사에 있으면 어떨까 하는 상상도 해봅니다. 한편으로는 저런 천재까지는 아니어도 우리 회사에도 천재가 있지 않을까 하는 상상도 해봅니다. 아직 발굴되지 않은 천재 말이지요. 그런 천재가 우리 회사에도 숨어 있지 않을까요? 어떻게 하면 직원들이 천재처럼 생각하고 일할 수 있을까요?

가끔 세상은 몇 명의 천재가 이끌어 가는 게 아닌가 싶을 때가 있습니다. 세계적인 제품을 만드는 데에는 늘 특별한 천재가 있는 것처럼 보이고, 기가 막힌 성공 기업을 살펴보면 천재적 경영자가 회사를 이끌고 있는 것처럼 보이기 때문입니다. 따지고 보면 우리 중에도 천재라고 불렸던 사람들이 없지 않았습니다. 어릴 때부터 대단한 능력을 보인 사람들도 많았고, 남들이 상상하지 못하는 멋진 성과를 낸 이들도 적지 않았습니다.

　하지만 이런 생각도 해보아야 합니다. 정말 천재들만 있으면 세상이 돌아가는지, 그 천재들의 천재성이 없다면 그런 제품, 그런 기업은 탄생하지 않는지를 살펴보아야 합니다. 그리고 과거와 달리 천재가 많아진 것 같은 느낌의 원인이 무엇인지도 살펴보아야 합니다. 그런 점에서 저는 천재들의 이야기가 아닌, 천재성에 대한 이야기를 함께 나눠보고자 합니다.

천재경영은 언제나 인재경영을 바탕으로 합니다

우리나라에도 천재경영을 추구하는 기업이 있습니다. 이름만 대면 알만한 그런 회사이지요. 그룹 회장님의 의지도 대단하고, 실제로 많은 천재급 인재를 영입해 왔습니다. 정말 대단한 기업이라는 생각이 들면서도 그런 천재가 우리 회사에 온다면 어떨까 하는 생각도 해보게 됩니다. 물론 몸값이나 기타 대우 같은 건 빼겠습니다. 그냥 이렇게 가정해 보았습니다. 그런 천재가 우리 회사에 온다면, 우리 회사는 과연 세계적인 기업이 될 수 있을까?

정답은 간단했습니다. 아무리 뛰어난 천재가 온다고 해도 우리 회사가 갑자기 변할 수는 없습니다. 회사에는 중요하진 않아도 누군가는 꼭 해야 되는 일, 그다지 가치 없는 일이 한두 가지가 아닌데 아무리 대단한 천재들이라 할지라도 이런 일을 하지 않을 수 없기 때문입니다.

사실 천재경영은 인재경영에 대한 자신감에서 비롯됩니다. 어떤 천재든 오라, 당신이 가장 뛰어난 역량을 발휘할 수 있도록 우리는 모든 준비가 되어 있다고 선언하는 것입니다. 그런 점에서 세계적인 천재가 영입되었음에도 결과물은 형편없었던 경우가 많습니다. 축구 신동이라 불리는 메시가 자국의 A매치에서는 상대적으로 역량을 발휘하지 못하는 것과 비슷합니다. 천재들도 모든 면에서 천재성이 있는 게 아니기에, 그들의 시간과 체력을 천재성과는 무관한 데 쓰게 하면서도 높은 성과를 얻는 건 불가능합니다.

탁월한 천재가 평범한 사람들의 천재성과 만난다면?

가끔은 천재의 이야기를 최고경영자도 이해하지 못할 수 있습니다. 그렇다면 그 천재의 아이디어를 기업이 수용할 수 있을까요? 최고경영자도 그런 한계를 넘기 위해 노력하지만 그렇다고 최고경영자가 갑자기 천재가 되는 것도 아닙니다. 결국 자신보다 그 천재를 더 잘 이해하는 사람을 찾 아내서 천재와 함께 일하도록 하는 방법밖에 없습니다. 세계적인 스타들 을 살펴보면 이런 시스템을 잘 알 수 있습니다. 한 명의 스타가 홀로 존재 하는 것 같아도 그 사람의 스타성을 유지하기 위해 수많은 이들이 그를 돕고 있는 것을 보게 됩니다. 심지어 미국 대통령보다 기본 수행원이 많 은 할리우드 스타가 있다고 하니 얼마나 많은 사람들이 그 스타를 돕고 있는지 상상이 될 것입니다.

그런 점에서 우리는 천재 한 명을 주목하기보다는 그 천재가 천재성 을 발휘하는 데 필요한 '팀'을 고민해야 합니다. 최고경영자들이 끊임없이 뛰어난 인재를 영입하는 데 혈안이 되어 있지만, 정작 그 인재가 몸담을 조직에 대한 변화는 별로 고민하지 않습니다. 천재의 천재성을 평범한 조 직의 틀 안에 가둬놓는 것입니다. 그래서는 아무리 뛰어난 사람이 온다 할지라도 조직은 변하지 않습니다. 오히려 구성원 간의 격차로 인해 팀 자체가 붕괴될 가능성이 높아집니다.

평범한 사람들의 천재성을 끌어내려면……

그런 점에서 천재의 영입보다는 기존 인력들을 성장시키는 것이 훨 씬 더 중요합니다. 지식의 격차는 오히려 제품을 망치고 서비스를 실 패하게 만들기 때문입니다. 기본적으로 HRD(Human Resource Development의 약자, 인적 자원 개발이라는 의미)라는 개념이 존재하지 만 HRD의 가장 큰 문제는 이것을 설계할 때 구성원이 갖고 있는 천재 성을 끌어내는 데 초점을 두는 게 아니라, HRD 시스템의 한계에 사람을 맞추는 데 있습니다. 따라서 최고경영자부터 자신과 함께 일하는 사람들이 어떤 천재성을 발휘할 수 있을지 고민해 봐야 합니다.

우선 현재 하고 있는 일 외에 그 사람의 천재성을 발휘할 수 있는 분야가 있는지를 공유해야 합니다. 평범한 공무원이 세계적인 마라톤 기록을 갖고 있는 분도 보았고, 평범한 자영업자가 세계적인 성냥개비 작품을 만든 사례도 보았습니다. 그런 경험들이 실제 업무에 어떻게 적용될지 고민하는 단계가 필요합니다.

또한 일반인들이 도달할 수 없는, 달인들만의 세계에서 통용되는 노하우가 있다면 이를 활용할 수 있는지 찾아보는 것도 경영의 중요한 요소라 할 수 있습니다. 세계적인 반도체 설계기업인 인텔은, 차세대 제품을 개발할 때 기존의 기술과 전문가보다 분야가 다른 이들로부터 획기적인 아이디어를 더 많이 얻는다고 합니다. 요즘 통섭이나 컨버전스니 하는 용어들이 유행하는 것도 경계를 넘어선 노하우를 배워오는 데서 많은 성과들이 창출되는 것을 내포하고 있는 건 아닐까요?

기존 인력들이 자신의 역량을 최대한 발휘한다면, 즉 천재성을 발산한다면 세계적인 천재가 필요 없을지도 모릅니다. 피터 드러커 박사는 혁신은 기존의 자원 안에서 새로운 관점으로 재편될 때 일어난다고 하였습니다. 외부 인사의 영입도 좋은 방법이지만, 기존 인력들의 성장이 더 멋진 해답이 되진 않을까요?

세상은 너무 빨리 변하고, 기업 역시 이 변화에 능동적으로 대처하기가 힘든 시기입니다. 기존의 틀에 갇힌 사고방식으로는 천재들의 성과물을 요구하는 고객을 따라가기 힘듭니다. 언젠가 우리의 기업에 탁월한 천재 한 명이 올 기회가 있을 것입니다. 아니 이미 탁월한 천재성을 가진

이들이 많을 것입니다. 그들의 '천재성'을 회사의 업무 현장에 가져올 방법을 연구해 보면 어떨까요? 몸값 비싸고, 몇 명 되지도 않는 천재를 끌어오기 위해 들이는 노력과 투자라면, 기존의 사람들로부터 천재성을 끌어내는 방법을 연구하는 게 불가능하지 않을 거라 생각합니다. 더 뛰어난 인재를 보유한 회사가 이기는 싸움을 해야 한다면, 천재성으로 무장한 직원들이 더 많아지도록 노력하는 기업이 언젠가 승리할 것이라 확신합니다.

🎏 Leader Coaching

정말 회사에 천재가 있다면 어떻게 대우하실 계획이신가요? 그 천재를 위해 회사가 어떤 준비를 할 수 있을까요?

아인슈타인이 한국에 태어났다면 지금의 명성을 가질 수 있었을까 하는 식의 이야기가 떠돌곤 합니다. 개인적으로 한국에서 태어났더라도 좋은 연구를 많이 했을 거라고 믿습니다만 그 이야기에는 우리의 환경이 그런 천재들을 제한할 수 있다는 것을 이야기하고자 하는 게 아닐까 생각합니다. 어쩌면 우리 회사가 그런 천재를 썩히는 환경을 갖고 있는 것은 아닐까요? 정말 그런 천재가 있다면, 어떻게 회사를 운영해야 할까요? 천재를 데려오기보다 천재가 일할 수 있는 환경을 만들어 주는 게 먼저 아닐까요?

5

어떻게 교육해야 직원들이 성장할 수 있을까?

직원 교육이 중요하다는 것은 알지만, 매일 정신없이 돌아가는 회사를 생각하면 그런 시간을 뺀다는 게 쉬운 일이 아닙니다. 게다가 유명한 강사를 부르고, 비싼 교육을 받고 와도 큰 효과는 없는 것 같기도 하구요. 그렇다고 이렇게 마냥 가만히 있을 수도 없고……. 어떤 교육이 정말 도움이 되는 교육일까요?

나날이 교육 시간이 길어지고 있습니다. 배워야 할 것도 많아지고 교육 시간도 나날이 늘어납니다. 그래도 교육의 성과가 난다면 좋으련만, 들이는 시간과 비용에 비해 교육의 효과는 크게 늘어나지 않습니다. 우리 몸에 딱 맞는 교육이 거의 없다는 것도 문제지만, 세상의 변화 속도를 교육이 따라가기 힘든 게 더 큰 문제가 아닐까 합니다. 그렇다고 24시간 옆에서 하나하나 코치해 줄 수도 없고, 리더는 언제나 고민에 휩싸일 수밖에 없습니다. 이런 고민을 좀 적게 하려면, 아니 그만하려면 어떻게 해야 할까요?

기술 vs. 원리

어떤 상황에서 어떤 기술을 가진 사람은 그렇지 못한 사람보다 압도적으로 유리하고, 그에 합당한 성과를 냅니다. 그래서 수많은 기업들은 하나의 기술이라도 더 많이 가진 사람을 선호하기도 하고, 더 많은 기술을 갖도록 노력합니다. 문제는 아무리 기술을 많이 습득해도 모든 상황에 적합한 기술을 가질 수가 없다는 점입니다. 이건 단순히 노력의 문제는 아닙니다. 그래서 HR 담당자도 인사 담당자도 심지어 경영자에 이르기까지 이 문제를 해결하기 위해 고민을 거듭하지만 뾰족한 해법은 보이지 않습니다.

그럼에도 불구하고 어떤 사람들은 분명 매 순간 어디서나 성과를 내기도 합니다. 그들이 항상 높은 학력을 가졌거나 경력이 많거나 해외에서 활동을 많이 한 것이라면 어떤 이들을 뽑아야 할지 알 수 있지만, 대체로 학력이나 경력, 해외 경험은 도움이 되긴 해도 핵심적인 차별 요소가 아닌 경우가 많습니다. 그런 이들과 만나서 이야기를 해보면, 다행히도 몇 안 되긴 하지만 공통점이 발견됩니다. 바로 원리 원칙에 굉장히 충실하다는 것입니다.

의외로 원리는 단순한 경우가 많습니다. 정직, 성실, 근면, 최선 등 원리를 표현하는 많은 단어들은 진부하게 느껴지기까지 합니다. 그만큼 우리가 많이 사용하고 접한 개념임에도 막상 일과 삶에 있어서 원리를 지키는 이들은 드물기만 합니다. 원리가 깔려 있지 않은 기술은 응용이 힘들기 마련인데, 당장 쉽고 빠르게 배울 수 있는 기술에만 몰두할 뿐, 사람들은 대부분 응용할 가능성을 높여 주는 원리를 배우는 데 시간 투자하기를 꺼려합니다.

교육의 본질에 집중해야 합니다

혹시 교육의 본질이 뭐라고 생각하세요? 저는 3가지 단어로 표현합니다. C.G.V.로 표현되는 3가지는 변화(Change), 성장(Growth), 목표실현(Vision)입니다. 이 3가지를 위해 교육은 존재합니다. 교육만이 이 3가지를 달성시키는 건 아니지만, 교육을 통해 앞당길 수 있는 가능성이 높아지는 것은 사실입니다.

　문제는 기업 현장에서 이런 교육의 근본 원칙이 사라지고, 교육을 위한 교육, 교육 예산을 집행하기 위한 교육이 횡행한다는 것입니다. 예를 들어볼까요? 어떻게 2박 3일 리더십 훈련을 하면 리더가 된다고 확신을 하시나요? 어떻게 하루나 이틀의 시간관리 세미나를 들으면 시간관리가 나아진다고 믿으시나요? 리더십이든 시간관리든 결국 교육 받는 사람의 가치관 변화, 행동·습관 변화가 이루어져야 하는데, 하루나 이틀 만에―사흘이라고 긴 시간은 아닙니다―사람이 변할 수가 없지 않습니까?

　그런 점에서 진정한 교육은 장기간 변치 않는 안목으로 꾸준하게 지속적으로 변화·성장 기회를 제공하는 데서 출발해야 합니다. 그러려면 더 성가시고, 더 어렵고, 더 더딜 수밖에 없습니다. 하지만 시간 쓰고 돈 쓰고 나서 아무런 성과가 없는 것보다는 조금이라도 성과를 얻을 수 있는 가능성을 높이는 게 바람직하지 않을까요? 그런 점에서 교육의 본질에 집중한다는 것은 매우 중요한 원칙이자 철학이라고 할 수 있습니다.

함께 배우고 가르치는 문화·조직을 만들어 보세요

온종일 교육만 생각하는 사람들이 있습니다. 당연히 그렇지 않은 사람보다 교육에 대해서 더 전문가일 수밖에 없겠지요. 하지만 그런 사람들을 활용해서 교육을 제대로 하려면 엄청난 비용이 들어갈 수밖에 없습니다. 그 정도 비용은 아깝지 않다고 여기는 분들도 있겠지만, 교육의 효과가 아주 오래 걸린다는 점에서 웬만한 재정 규모가 아니고서는 유지하기도 힘들고, 인내심도 바닥이 날 수 있습니다.

그런 점에서 학습 조직, 학습 기업의 개념은 아주 적절한 접근이 될 수 있습니다. 전문 교육자들이 중심에 서겠지만, 참여자들도 서로를 가르칠 수 있도록 개방된 문화·조직을 운영한다면 생각보다 빠른 효과를 거둘 수 있습니다. 게다가 가장 잘 배우는 것은 가르쳐 보는 것이라고 합니다. 가르치는 과정, 교육을 준비하는 과정을 통해 알고 있던 내용을 더욱 깊이, 잘 알게 될 수 있는 기회를 얻게 되는 것입니다.

우리가 살고 있는 사회는 배워야 할 건 너무 많고, 배울 수 있는 시간은 모자라는 시대입니다. 이런 사회, 이런 시대를 잘 헤쳐 나가려면 교육은 이제 기업과 조직의 핵심 능력으로 자리 잡아야 합니다. 어떻게 하면 교육을 회사 전체의 문화로 가져갈지 끊임없이 고민할 사람은 다른 사람이 아닌 바로 리더여야 하지 않을까요? 직원과 조직의 성장에 대해 끊임없이 질문하고 고민하는 리더가 되는 것만으로도 이미 기업·조직의 경쟁력 절반은 완성된 게 아닐까 생각해 봅니다.

아무래도 강의를 많이 하다 보면 여러 기업의 연수원들을 방문하게 됩니다. 꼭 자체 연수원이 없다 하더라도 여기저기 좋은 장소를 빌려서 1박 2일, 2박 3일 연수를 자주 하는 기업들이 많습니다. 덕분에 산 좋고 물 좋은 곳에 가서, 맛있는 밥—신기하게도 연수원 밥은 참 맛있습니다—도 먹고, 신나게 강의하고 돌아옵니다.

강연이 한두 번 이어지다 보니 조금은 여유로워지고, 때로는 일찍 도착하거나 늦게까지 남게 되어 전체 과정을 조금씩 볼 기회를 얻게 되더군요. 그러던 중 깜짝 놀란 일이 있었습니다. 산 좋고 물 좋은 멋진 곳에서 햇살 한 번, 바람 한 번 느껴볼 겨를 없이 밤늦게까지 강의 듣고 토론만 하다가 돌아가는 일정이 대부분이라는 사실이었습니다. 물론 한정된 시간에 많은 교육을 제공하고 싶은 담당자들의 마음은 알지만, 교육을 업으로 삼는 저희로선 아쉽기 그지없습니다. 사실 강사들이 직접 운영하는 프로그램이라고 해서 크게 다르지 않습니다. 그런 점에서 좋은 교육에 대한 몇 가지 팁을 알려 드리고자 합니다.

숙성 시간이 길수록 좋은 간장, 좋은 된장, 좋은 와인이 됩니다

한 해 열심히 키워서 장을 만들거나 와인을 만드는 작업이 결코 짧은 것은 아닙니다. 하지만 만드는 시간에 비해 숙성하는 시간이 몇 배씩 들어가는 게 보통이고, 그 시간이 길수록 좋은 장, 좋은 와인이 탄생하는 것은 우리가 너무나 잘 알고 있는 '일반상식'입니다.

사람을 장이나 와인에 비하는 게 적합한지는 모르지만, 아무리 고민해 봐도 우리가 배운 내용을 곱씹어보고, 적용해보고, 확신에 차서 습관이 되는 데에는 교육 시간의 몇 배 아니 몇 십 배의 시간이 들어가지 않을까요? 2일 정도의 교육이면 보통 한 권의 책에 담길 정도의 분량이 전달되는데, 수개월이 지나도 책 한 권은커녕 하나의 습관 만들기도 힘든 게 우리 자신, 특히 '인간'이라 불리는 존재입니다. 어느 설문조사 결과에 따르면, 습관을 만드는 데에는 1개월 이상이 보통이고, 약 4개월까지 걸리는 것으로 조사되었습니다. 그런 점에서 너무 짧은 시간에 많은 걸 전달하는 게 아닌가 하는 생각이 듭니다.

잠잘 때, 쉴 때 학습 내용이 머릿속에 정리됩니다

한때 '4당 5락'이라는 말이 유행한 적이 있었습니다. 4시간 자면 대학에 합격하고 5시간 자면 떨어진다는 의미입니다. 사람의 머리라는 게 집어넣는 양이 많을수록, 집어넣는 시간이 길수록 기능을 발휘한다고 생각했기 때문입니다. 하지만 현대 과학은 우리의 믿음이 맹신임을 알려 주었습니다. 놀랍게도 수업 시간에 들은 내용은 쉬는 시간에 정리가 되고, 하루 동안 배운 내용은 잠을 자는 동안 정리된다고 합니다. 그 말은 쉬는 시간이 없거나 짧을 때, 잠자는 시간이 부족할 때 사실상 교육의 효과가 전무해지거나 낮아진다는 것을 의미합니다.

밥 먹고 차 한 잔 하기에 60분이란 시간은 너무 짧습니다. 거기에 사람들이 몰려서 식사라도 할라치면 40~50분은 걸려야 밥 먹고 좀 쉴 수가 있습니다. 배부르면 공부가 안 된다고 배웠는데 막상 대형 연수원에서는 그런 부분들을 감안하기가 힘든 면이 있습니다.

쉬는 시간은 어떤가요? 10분이면 화장실 다녀올 시간으로 충분할까요? 여성들이 많은 곳은 거의 불가능합니다. 그런 점에서 10분 휴식이 과연 타당한 것인지 모르겠습니다.

몰아서 한 번에 하기보다는 나눠서 하는 게 효과적입니다

그렇다면 한 번에 2~3일씩 교육하는 건 어떨까요? 물론 비용 대비 효과가 높을지도 모르겠습니다만 그 '효과'라는 게 학습자가 소화하는 정도를 의미한다면 전혀 정반대의 효과가 납니다. 짧은 시간에 집중해서 교육을 해도 기억에 남는 양은 그리 많지 않습니다. 그 많은 양의 교육을, 교육 이후에 복습할 수 있는 환경이 되어 있을까요? 너무 많아서 적용은 고사하고, 정리도 힘든 상태라면 과연 올바른 학습일까요? 그런 점에서 지금 이뤄지는 대부분의 학습량은 줄어야 합니다. 대신 나눠서 적용하는 것을 고려해 보아야 하지 않을까요?

10여 년 동안 수많은 교육을 받아보고 진행해보면서 몇 가지 팁을 얻게 되었습니다. 현재 제가 직접 기획하고 운영하는 교육 과정은 모두 아래의 조건을 적용하고 있습니다. 놀라운 것은, 학습자들이 여유로워하면서도 학습 내용을 더 잘 받아들인다는 점입니다. 그런 점에서 제 나름의 노하우이지만, 이 책을 읽는 분들에게 공개하겠습니다. 21세기 대한민국이 세계 최고의 나라가 되기 위해 우리 모두 더 나은 열매를 맺으면 좋겠습니다.

🚏 Leader Coaching
클래스 디자이너 백기락이 제안하는 효과적인 교육 설계 가이드 라인

1. 90분 기준으로 75분 수업에 15분 휴식을 갖습니다.

2. 75분 교육은 25분씩 3등분하거나 25분 + 50분으로 구성될 수 있도록 제안합니다.

3. 점심시간은 75분 이상, 90분 정도 제공합니다. 식사 후 커피 타임을 갖거나 산책 시간을 충분히 드리는 게 점심 식사 후 수업에서의 효과를 높일 수 있습니다.

4. 별도의 교재를 만들기보다는 1~3권 정도의 단행본을 교재로 삼습니다. 좋은 펜과 포스트잇을 다양하게 준비해서 책에 바로 필기하거나 포스트잇으로 붙이도록 합니다.

5. 점심 식사 후 첫 교시가 끝나면 30분 정도 다과 시간을 갖습니다. 신선한 과일이 좋습니다. 가끔은 아이스크림이 효과를 봅니다. 당분은 두뇌에 힘을 실어주기 때문입니다.

6. 커피값 아끼지 말고, 봉지 커피보다는 향이 좋은 커피로 대접합니다. 좋은 카페인은 학습에 좀 더 몰두할 수 있게 도와줍니다.

7. 강의 시작을 알리기 위해 문자 등을 활용해 보세요. 문자로 교육 중간 중간의 공지가 오는 걸 매우 신선해하거나 재미있어 합니다. 교육 중에 하지 않던 질문도 더 많이 들어오고, 건의사항도 많이 들어옵니다.

6

교육의 한계를 뛰어넘으려면?

교육이란 게 필요한 건 알겠지만, 요즘 같은 기업 환경에서는 그림의 떡처럼 느껴질 때가 많습니다. 좀 더 효과적인 교육이 있으면 좋겠는데, 교육에 대한 효과는 생각보다 오래 걸리다 보니 투자를 망설이게 됩니다. 그리고 막상 투자를 하려고 해도 이미 투자한 기업들을 따라잡을 수 있을까 하는 생각도 듭니다. 교육이 갖고 있는 여러 한계를 뛰어넘을 수 있는 방법은 없을까요?

7월 말 8월 초가 되면 많은 직장인들이 어디론가 떠납니다. 설날·추석만이 민족 대이동이 아닌 셈입니다. 규모는 명절보다 작아도 유례없이 움직이는 것만은 사실입니다. 아무래도 한정된 기간, 한정된 공간으로 움직이다 보니 물가는 물가대로, 교통 혼잡은 교통 혼잡대로 평소와는 비교할 수 없을 만큼 높아집니다. 이 시기를 피하면 여러 가지 면에서 좋을 텐데, 막상 쉽지가 않은 모양입니다. 심지어 휴가 기간을 선택할 수 있는 이들조차 이 기간에 떠나는 걸 너무나 당연시 여기는 경우가 많습니다. 자율적일 수 있으되 자율적이지 못한 현실이 벌어지는 셈입니다. 저에겐 참 호기심 어린 주제입니다.

우리의 '일'은 나날이 특별해지고 있습니다

대학 4년 정도 다녀서는 요즘 필요한 인재의 수준을 충족시키지 못합니다. 석·박사 학위는 물론이거니와 별의별 독서와 교육을 받아야 겨우 경쟁에 뒤처지지 않는 수준에 머무를 수 있습니다. 조금만 방심하면 어느새 뒤처져 버리는 게 요즘 직장인들입니다. 처음엔 몇 년 배우면 할 수 있는 일이라고 생각했는데, 시간이 갈수록 분명해지는 건 우리가 매 순간 해내는 일이 그저 그런 일이 아닌, 무지 '특별한' 수준의 일이라는 것입니다. 많은 준비를 해야 하는 건 너무나 당연한 일입니다.

그렇다 보니 일어나자마자, 점심시간에, 심지어는 집으로 가기 전에도 배우는 것을 멈출 수가 없습니다. 처음엔 앞서가는 몇몇 사람들만의 전유물이었던 '자기계발'이, 이제는 모든 직장인들의 필수가 되어가고 있습니다. 심지어 '앞서가는' 몇몇 기업들은 직장인들의 자기계발을 전폭적으로 지원하기 시작했습니다. 분명한 것은, 우리가 지금까지 다뤄온 수많은 인재에 대한 이야기의 핵심이 결국 수많은 학습이 되었느냐의 유무였기 때문입니다. 개인 시간을 빼라고 강제할 수는 없어도 개인 시간에 학습하겠다는 직원들을 돕겠다는 기업의 태도는 무척이나 훌륭합니다.

교육의 한계를 넘어서야 할 때

문제는 우리가 수많은 경로로 받는 교육·훈련·학습이 충분하지 않다는 데 있습니다. 두어 시간 들은 강의는 며칠 가지 못하고, 며칠을 들여서 훈련받은 내용도 몇 주 가지 않습니다. 흔적 없이 사라지는 것은 아니지만, 생각보다 시간·비용 대비 효과가 높지 않은 것은 분명합니다. 많은 교육 기업들이 이 문제를 해결하기 위해 노력하고 있지만 아직까지 뾰족한 수가 없는 것 같습니다. 눈에 띌 정도의 확연한 대안을 내놓은 기업이 아직 없습니다.

배운다는 것은 결국 써먹기 위해서 이루어지는 과정입니다. 한글을 써야 하다 보니 한글을 배우게 되고, 영어를 써야 하다 보니 영어를 배우게 되는 것입니다. 그렇다면 우리가 배우고 있는 많은 내용들이 정말 활용을 전제로 한 학습인지 고민해 볼 필요가 있습니다.

무엇보다 우리가 배우는 교육 현장은 우리가 일하는 업무 현장과 많은 차이가 있습니다. 화려한 교육장이라 할지라도 교육생 1인당 2대의 컴퓨터를 제공하진 않습니다. 제공한다 한들 전산실 정도를 만들어서 활용할 뿐입니다. 교육생 1인이 차지하는 공간도 그리 넓지 않습니다. 막상 좋은 교육장에 가도 교육 내내 의자 하나, 책상 하나 주어지는 게 고작입니다.

이런 식으로 교육과 현장이 분리가 된다면, 효율이나 활용은 언제나 한계가 지어질 수밖에 없습니다. 게다가 우리가 적용받고 있는 많은 제도는 수십 년 전부터 적용하던 구시대적 산물입니다. 이런 한계를 극복하는 개념이 바로 '학습기업(Learning Company)'입니다. 바로 배우는 것과 활용하는 것을 연계하자는 것입니다.

예습과 복습의 기회를 제공하세요

대부분의 직원들은 늘 하던 업무다 보니 이전과 같은 방식으로 익숙하게 업무를 처리합니다. 그게 최선일지도 모르지만 그러다 보니 개선의 여지가 들어갈 틈이 존재하지 않습니다. 매일 업무를 시작하기 전에 예습처럼 '지금 하고 있는 일을 지금의 방법대로 하는 것만이 최선일까?' 하는 질문으로 시작하고, 새로운 방법을 적용해 볼 수 있는 여지를 제공할 필요가 있습니다.

또한 업무가 끝나고 나면 '지금 한 방식이 만족스러운가, 더 나은 방법은 없었을까?'를 생각하며 업무를 복기(바둑용어로, 승부가 난 후 두었던

대로 다시 처음부터 해봄으로써 과정을 되짚어보는 것)하고, 다음 업무를 위해 개선점을 메모할 필요도 있습니다. 막상 해보면 그리 오래 걸리는 것도 아니지만, 이런 작은 시도들이 현장성과를 높이는 좋은 교육의 기회가 될 수 있습니다.

누군가에게 자신의 일하는 방법을 설명하게 해보세요

막상 늘 하던 일이다 보니 직접 할 때는 쉽지만, 누군가에게 그 방식을 전달하려고 하면 무척이나 어렵게 느껴집니다. 암묵지(暗默知, 체화되었지만 겉으로 표현하기 어려운 지식)가 형식지(形式知, 문서나 매뉴얼처럼 표현할 수 있어 공유가 가능한 지식)가 되어 가는 과정은, 주변 사람들에겐 쉬워 보여도 정작 전해야 하는 당사자에겐 무척이나 어려운 일이지요. 아마 어느 정도까지만 가능하지 내가 일하는 방식의 전부를 전달하는 건 불가능할 것입니다. 그래도 그 과정에서 이전보다 더 객관적인 설명이 가능해지고, 더 많은 것들을 전달하게 되어 더 많은 사람들이 혜택을 볼 수 있습니다.

제일 좋은 교사는 현장에 있는 사람입니다. 그 점에서 모든 현장 직원들이 코치가 되고 강사가 될 수 있는 투자를 하는 것도 좋습니다. 교육 전문가의 역할은 언제나 필요하지만 언제까지 강사·코치를 외부에서 공급받을 수는 없기 때문입니다. 가장 큰 이유는 회사마다 특성 때문에 외부 강사로는 현장의 직원들이 도움을 받는 데에 한계가 있기 때문입니다.

일과 배움이 하나가 되는 기업을 향해

집중력을 연구해 보면, 연속으로 다섯 시간씩 일하는 건 지극히 비효율적임을 알 수 있습니다. 그렇다면 90분씩 일하고 쉬게 하면 어떨까요? 그렇게 되면 오전에는 두 번의 근무 시간이 있게 되고, 오후엔 세 번 정도의 근무 시간이 있게 됩니다. 점심시간이 90분이 되는 건 어떤가요? 식사 후 잠시 낮잠을 즐기기에도 좋고, 밥을 굶거나 빵으로 대신하면서 공부하는 어려움은 사라질 것입니다. 당연히 식사 후 산책을 즐기는 사람들도 늘지 않을까요? 6시에 바로 퇴근하기보다는 밥을 먹고 회사에서 다 같이 각자 필요한 주제의 공부를 하면 어떨까요? 회의실이나 컴퓨터를 활용한다면 회사만큼 좋은 학습 공간도 드문 편입니다. 가끔은 대강당을 강사의 강연회장으로 써도 좋고, 이러닝과 연계한 학습조직(CoP)을 운영해도 좋습니다. 회사마다 차이는 있지만 웬만한 카페 공간보다 넓은 휴게실을 보유한 기업도 있습니다. 이를 활용한다면 학습·문화 카페가 회사 내에 생기는 셈입니다.

앞으로 어떤 아이디어들이 기업의 교육학습 문화 속에 담길지는 모르지만, 이제 기업은 세상에서 가장 효율적이고 현실적인 교육의 현장이 되어 가고 있음은 분명합니다. 아직은 시작에 불과하지만 기업의 지금까지 이루어낸 수많은 혁신의 산물을 살펴본다면 지금보다 수십, 수백 배 더 효과적인 학습 기업의 면모를 만드는 것도 불가능하진 않을 거라는 기대도 해봅니다.

인재 전쟁의 시대라고 합니다. 아니, 천재의 시대라고도 합니다. 천재든 인재든 협력하는 조직원들의 수준이 따라주지 않는다면 원하는 상품과 서비스는 나오지 않습니다. 이제 기업 전체의 수준을 점검해야 할 때입니다. 그래야 좋은 상품, 좋은 서비스가 등장할 수 있습니다. 일하는 것과 배우는 것을 분리하지 않고 배움이 일이고, 일이 배움이 될 수 있도록 만들어 가야만 세계 일류 기업으로서의 면모를 유지하지 않을까요?

학습 기업을 만들어가는 과정에서 대한민국이 가진 여러 인프라는 세계 최고 수준입니다. 이제 한국에서 세계 교육·학습의 문화를 이끌어 가야 할 때가 아닐까 싶습니다. 대한민국의 힘이 기업에서 나오고, 기업의 힘은 바로 끊임없는 배움에서 나옵니다.

가장 잘 배우게 하는 기업은 이제 가장 뛰어난 기업이 될 수 있습니다.

✚ Leader Coaching

차기 리더에게 리더의 여러 역량을 전수할 수 있는 좋은 방법으로 어떤 것들이 있을까요?

리더는 최고 의사 결정권자이기도 하지만 최고 교육 책임자(Chief of Education Officer)가 될 수도 있습니다. 당장 차기 경영자를 선발, 교육하는 책임을 맡게 된다면 어떻게 리더 후보들을 교육시킬지 고민하기 바랍니다. 귀한 노하우를 잘 전달할 수 있다면 위대한 리더라고 칭송을 받을지도 모를 일입니다.

7

내 마음 같은 직원을 찾을 수 있을까?

직원들에게 일을 시켜보면, 비슷한 능력을 가진 직원들이라 할지라도 마음에 쏙 드는 결과를 가져오는 직원이 있는가 하면, 아무리 설명을 해도 결과물이 마음에 들지 않는 직원도 있습니다. 능력의 문제 같진 않은데 왜 이리 제 마음, 제 뜻을 몰라주는지 모르겠네요. 제 마음을 이해하고, 제 마음에 쏙 드는 결과물을 내는 직원을 많이 만들고 싶은데, 방법이 없을까요?

직위가 오른다는 것은 대부분의 직장인들에게는 큰 보상입니다. 특히 한 회사의 경영자, 책임자가 된다는 것은 스스로에게도 큰 보상일 뿐더러 주변 사람들에게도 선망의 대상이 되곤 합니다. 그런 분들을 만날 때마다 많이 듣는 이야기가 있습니다. 내 맘 같은 직원이 없다는 것입니다. 즉 경영자의 마음을 읽고, 경영자의 마음처럼 행동하는 이가 없다는 뜻입니다.

그럴 때마다 제가 하는 답이 있습니다. 그런 마음을 지닌다면 창업을 하거나 다른 조직의 경영자가 되지 않겠느냐고요. 답은 여기에 있는 게 아닌가 합니다. 경영자의 마음을 지닌다는 것은 사실상 조직 내에서 최고의 책임과 성과를 담보하는 가장 중요한 요소라는 점입니다.

또한 최신의 리더십 원칙에 비추어 본다면, 경영자들은 대체로 원칙과 원리를 중시하며 살아온 사람들입니다. 그렇기에 신입 사원을 뽑아도 이력서, 자기소개서 이면에 들어 있는 내용을 보려고 노력하고 그 사람이 면접에서 보여 주는 내용이 아닌, 삶을 살면서 터득해 온 삶의 원리를 얼마나 지니고 있는가를 보려 합니다. 실제로 인사 담당자들이 전하는 회사의 채용 기준과 경영자가 말하는 채용 기준은 대체로 차이가 있다는 점도 이를 반증합니다. 많은 회사들이 이 부분을 하나로 통일하려고 노력하지만 조직 시스템의 특성상 어느 정도의 격차는 생길 수밖에 없습니다.

내 맘처럼 직원들이 움직이려면……

리더가 아무 말 하지 않고, 아무 결정을 내리지 않아도 돌아가는 회사가 있을까요? 가끔 그런 회사를 꿈꾸는 분들이 있고, 그런 회사야말로 진정한 회사라고 주장하는 분들이 있습니다만 현실에서 그런 회사는 없다고 단정할 수 있습니다.

대부분의 회사는 영향력의 크기는 다를지언정 경영자로부터 영향을 받기 마련이며, 어떤 경영자인가에 따라 회사의 문화, 전략이 송두리째 바뀌는 경우도 비일비재합니다. 이런 측면에서 비추어 볼 때 경영자의 마음처럼 직원들이 움직이려면 먼저 리더십부터 점검해 보는 게 필요합니다.

경영자의 리더십과 직원들의 팔로워십은 분명한 입장차가 있습니다. 그러나 좋은 리더십은 좋은 팔로워십을 이끌어 냅니다. 팔로워들이 적극적으로 리더를 이해하려고 노력하고, 리더는 팔로워의 입장에서 생각하고 행동할 때 그 간격은 사라질 것입니다.

먼저 많은 대화를 해야 합니다

엄선된 대화만 고집할 수도 있습니다만 그래서는 충분한 마음을 전할 수가 없습니다. 자주 대화와 소통을 하다 보면 실수가 있을 수도 있습니다.

실수는 하지 않는 것이 좋긴 하지만 이것 자체가 인간으로서 불가능한 만큼 오히려 실수를 감안하고서라도 다양한 대화를 시도하는 게 바람직합니다.

소통은 기업뿐 아니라 국가적으로도 가장 화두로 떠오르고 있습니다. 특별한 소통의 기법과 도구도 있겠지만, 그냥 편안하게 이런저런 대화의 시간을 많이 갖는 것만으로도 많은 문제가 해결되고, 많은 갈등을 미연에 방지할 수 있습니다.

물째, 몸을 드러내고 움직여야 합니다

아무리 행동을 강조해도 앞장서서 모범을 보이지 않는 경영자의 말에 귀 기울이는 직원은 존재하지 않을 것입니다. 작은 행동이라도 앞장서서 행동할 때 사람들은 경영자의 말과 행동 사이의 일치를 느끼게 되고, 신뢰를 하게 되고, 영향력을 받기 시작합니다.

셀프 리더십의 첫 번째 핵심 원칙이 말과 행동을 일치시키는 것입니다. 대체로 말은 번지르르 해도 행동이 뒤따르지 않는 경우가 많습니다. 그런 모습으로는 좋은 영향력을 끼칠 수 없습니다. 언제나 말과 행동을 일치시키려 노력하고 부족한 부분은 노력하고 또 스스로의 한계를 인정할 때 리더를 따르게 됩니다.

셋째, 분위기를 만들어 주어야 합니다

경영자의 맘처럼 움직인다는 것은, 의사 결정을 내리고 책임을 지는 것이기도 합니다. 직원의 실수에 대해 책임이 없다고 말하는 것은 옳지 못합니다. 책임이 있음을 말하되 책임을 지우지 않는 정도의 선이 필요합니다. 책임감은 리더십의 핵심 역량이자 모든 경영자에게 요구되는 필수 조건이기 때문입니다.

어쩌면 현장에 있는 직원의 결정이 가장 바람직한 결정일지도 모릅니다. 언젠가 위임할 것이라면 지금부터 위임의 준비를 해두는 게 좋습니다. 실수를 피하려 노력하되 실수에 대해서도 격려하고 다시 도전하게 할 때 리더의 모습을 갖춘 이들이 늘어나게 됩니다.

넷째, 내 맘처럼 움직이는 이들에 대한 인정입니다

사실 리더십에서 가장 힘든 분야가 바로 나보다 더 나은 사람을 이끄는 것입니다. 어떤 이가 나를 통해 성장하고, 심지어 나를 넘어서도록 하는 것은 리더십의 가장 고귀한 가치입니다. 그렇기에 지금 이 순간에도 우리는 고민하고 또 고민하는 것입니다.

분명한 건 그런 이들이 조직의 미래를 책임질 것이며, 더 많은 성과를 내리라는 사실입니다. 마음을 공유한다는 것은 그만큼 힘이 있고, 큰 열매를 가져다줍니다.

지금 자신의 주변에서 함께 하는 여러 이들을 위해 마음을 열고 나누는 첫걸음을 시작해 보시기 바랍니다. 많은 리더를 배출하는 회사, 많은 리더를 키우는 리더. 분명 가능한 일이고, 지금부터 시작한다면 언젠가는 분명히 가능해집니다. 시작은 미약하지만 끝은 분명 멋질 것입니다.

⟊ Leader Coaching

회사 업무만 이야기하지 말고, 개인의 이야기들을 먼저 꺼내 보세요.

내 마음을 이해하는 직원은 결국 인간적인 신뢰까지 더해질 때 가능합니다. 그러려면 누군가가 먼저 다가가 자신의 마음을 이야기하기 시작해야 합니다. 리더가 먼저 시작하는 게 어떨까요? 일대일로 차를 마시면서 이야기하는 시간도 가져보고, 직원들과 어울리려고 노력을 해야 합니다. 회식 때 사라져 주길 바라는 리더가 아닌, 회식 때에도 같이 있고 싶은 리더가 되어 보세요.

8

직원의 이직, 어떻게 관리해야 할까?

잘 훈련시켜 놓은 직원이 떠날 때면 너무 속상합니다. 당장 그만한 사람을 뽑지도 못하거니와 남 좋은 일을 시켜 준 것 같은 생각이 들기 때문입니다. 한두 번도 아니고 이런 일이 자주 생기니 직원들에게 무언가 가르쳐 주는 것도 아깝고, 마음을 주는 것도 쉽지가 않습니다. 어떻게 하면 직원들이 이직을 하지 않도록 할 수 있을까요?

좋은 직원을 만나는 건 기업에게도 큰 복이 아닐 수 없습니다. 뛰어난 성과를 내도록 직원을 키워냈다면 큰 보람도 느낄 것입니다. 그렇지만 그렇게 중요하게 여기던 직원이 다른 회사로 이직한다고 얘기할 때, 그 마음을 돌릴 수가 없을 때 리더가 받는 상처 역시 무척 클 것입니다.

　　도대체 왜 떠나려 할까요? 왜 나를 포함해서 많은 사람들은 그런 마음을 모르고 있었을까요. 어떻게 하면 막을 수 있을까요? 소중한 직원이 떠나는 게 안타깝다면, 지금부터 몇 가지를 진지하게 짚어볼 필요가 있습니다.

비전이 없을 때 직원은 제일 먼저 떠납니다

직장인들의 이직 순위에서 1위를 다투는 내용 중 하나는 조직의 비전이 없는 경우입니다. 특히 조직의 비전이 없을 때는 제일 먼저 떠나는 직원들이 그 회사의 가장 우수한 인재일 경우가 많습니다. 자신의 노력과 열정, 능력이 회사에서 빛을 발할 수 없다고 믿기 때문입니다. 이런 직원들의 이직을 막는 가장 쉬운 방법은 회사와 조직의 비전을 믿도록 하는 것입니다. 너무 간단하죠? 하지만 이게 생각보다는 어려운 이유를 말씀드리겠습니다.

'비전'으로 불리는 문장이나 숫자가 없는 기업은 요즘 찾아보기 힘듭니다. 작은 회사에서 큰 회사까지, 시작한 지 얼마 안 된 기업에서부터 오래된 기업까지 나름의 비전을 갖고 있고, 이곳저곳에 붙여 놓았을 것입니다. 문제는 그 문장과 숫자가 정작 그 조직에 몸담고 있는 구성원들에게는 공허하게 들리는 경우가 많다는 것입니다. 무엇보다 그 비전을 만들 때 관여한 바가 없고, 그 비전을 믿기엔 정보가 너무 부족하고, 그 비전을 느끼게 해 줄 경영진조차도 정작 비전과는 동떨어진 행동과 말을 하는 경우가 많기 때문입니다.

비전에 대한 조직원들의 신뢰는 전적으로 경영진의 책임이며, 나아가 리더의 가장 중요한 임무입니다. 현재가 힘들어도 미래가 명확하다면, 그 미래가 긍정적이라면 견딜 수 있는 힘이 생겨나고 커지기 마련입니다. 열정을 품게 되고 동참하려고 하는 의지도 강해집니다. 그런 강력한 비전의 힘이 단지 문구에서, 숫자에서 나올까요? 전 오히려 '사람'에게서 보는 것이라고 단언합니다. 리더와 경영진조차 그 비전에 대한 믿음의 표정 말투를 보이지 않는데, 어떻게 조직원들이 그 '비전'을 느끼고, 품고, 믿을 수 있겠습니까? 그런 점에서 비전을 품지 못한 직원의 잘못은 최종적으로 리더의 몫입니다.

함께 일하고 싶지 않은 사람이 늘어날 때 이직을 하게 됩니다

이직의 주요 원인 중 하나인 '사람의 문제'에는 비전을 보여 주지 못하는 리더도 포함되겠지만, 그보다는 같은 부서의 상사와의 문제일 때가 많습니다. 회사가 작을 때는 리더와 직원 사이에 벽은 존재할 수 없습니다. 하루에도 수십 번 부딪히고 서로 일하는 모습을 지켜보면서 지낼 수 있기 때문입니다. 하지만 회사가 커지고 해야 할 일이 많아지면 조직이 늘어나고 계층도 늘게 됩니다. 리더와 직원 사이에 '관리자·중간 리더'로 불리는 사람들이 늘어나기 마련입니다. 과장, 부장 같은 직함을 가진 분들이 생겨나는 셈이지요.

아무리 멋진 리더가 이끄는 회사라도 현장에 있는 직원들에게 가장 중요한 사람은 바로 직속 상사입니다. 그 직속상사를 통해 회사의 비전도 느끼고 자신의 미래도 생각하며 조직과 함께 할 힘도 얻게 됩니다. 그런 중간 리더에 대한 신뢰가 떨어지고 나아가 함께 얼굴 보기조차 싫어진다면 아무리 훌륭한 직원이라도 떠날 수밖에 없습니다. 안타까운 건 그런 중간 리더가 때로는 조직에서 '훌륭한 관리자'로 비칠 수도 있다는 것입니다. 이런 경우라면 회사는 계속 직원을 잃게 되고, 결국 회사의 비전은 물론 성장 동력도 잃게 됩니다.

이런 경우를 막을 수 있는 가장 좋은 방법은 회사의 규모가 커지더라도 현장 직원들과 실무 직원들과 관계를 유지하는 것입니다. 회사의 규모가 커질수록 현실적으로 어려울 수도 있습니다. 하지만 꾸준하게 그런 노력을 지속한다면 최소한 리더와 말단 직원 사이, 경영층과 현장 직원들 사이가 마냥 벌어지는 경우는 막을 수 있습니다. 리더의 귀가 열려 있고, 자신들이 최고경영자와 소통할 수 있다는 사실만으로도 많은 문제점을 해결할 수 있다고 믿기 때문입니다. 요즘처럼 첨단 기술이 발달하는 시대에 소통은 도구의 문제가 될 수 없습니다. 늘 회사의 모든 사람을 품으려고 노력해야 합니다. 그런 노력이 가시화되면 중간 관리자들 역시 자신들의 한계를 넘으려고 노력할 것입니다.

급여와 복지는 현실적이어야 합니다

서울에서 한 가정(4인 가족)의 가장이 가족을 책임지기 위해선 얼마나 벌어야 할까요? 정답, 없습니다. 많으면 많을수록 좋은 것이지요. 더 좋은 것, 더 나은 것, 더 멋진 것을 향유할 수 있으니까요. 더 많은 기회를 얻을 수 있으니까요. 그런 점에서 대우는 현실적이어야 합니다. 비전만 바라보며 살아가는 데에는 한계가 있습니다. 항상 현실에서 꾸준한 경제적 성장이 이뤄질 때 비전 역시 현실이 되는 것입니다.

그럼에도 불구하고 직원에 대한 대우가 열악한 기업들이 있습니다. 다른 사람을 뽑으면 되긴 하지만 그 자체도 시간과 비용이 드는데다 경험 많은 직원이 그만둘 때 생겨나는 공백은 금방 메워지지 않는 경우가 많습니다. 게다가 회사의 노하우가 빠져나가는 것도 감안해야 합니다. 종이에, 컴퓨터에 들어 있는 정보의 유출에는 예민하면서도 정작 사람이 가지고 나가는 노하우 유출엔 둔감한 것도 문제입니다.

무조건 많은 급여만이 해답은 아닙니다. 그건 회사에도 부담이 될 수밖에 없고, 장기적으로 회사에 악영향을 끼칠 수도 있기 때문입니다. 다만 회사의 성장에 직원들이 이바지했다면 그에 대한 열매도 함께 나눌 수 있어야 좀 더 오래, 깊이 직원들과 함께 할 수 있습니다.

복지 부분에서 남들을 따라갈 필요는 없습니다. 다만 우리 회사에 꼭 필요한 복지라면 과감하게 도입할 필요가 있습니다. 지식을 다루다 보니 책을 많이 사보게 되는데, 직원들이 책값을 부담스러워한다면 어떻게 해야 할까요? 책값만큼은 무제한으로 쓰게 하면 안 될까요? 그 책을 회사가 보유하면 별 문제가 안 됩니다. 중요한 건 그런 복지 정책 하나 하나가 만들어질 때 리더와 직원 간에 유기적인 연대감이 높아진다는 것을 기억해야 합니다.

'보이지 않는 저축' 이 이루어지게 도와주세요

아무리 크고 훌륭한 기업이라 할지라도 모든 직원이 평생 그 회사에 몸담는 것은 아닙니다. 어느 정도 시간이 지나면 떠날 사람은 떠나게 되어 있습니다. 그때 지금까지 일한 경험이 앞으로 큰 도움이 되는 회사가 있고, 별로 도움이 되지 않는 회사가 있습니다. 과연 어느 회사를 선호할까요?

좋은 회사들의 특징은 배울 수 있는 게 많다는 것입니다. 많은 사람들을 사귈 수도 있고요. 그런 투자를 따로 하지 않아도 되는 회사라면 더 열심히 들어오려 하고, 좀 더 오래 머물려고 하지 않을까요? 떠날 때 떠나더라도 있을 때 최선을 다하는 직원이 회사의 성장에 보탬이 되는 법입니다.

물론 어느 정도의 회사 경험과 노하우가 유출될 것입니다. 하지만 그걸 악용하는 소수의 사람들을 제외하면 대부분의 사람들은 이전에 몸담고 있었던 회사에 피해가 가지 않도록 조심할 것입니다. 자기 나름대로 적절한 정도의 경험만 활용하도록 선을 스스로 긋는다면 얼마나 멋지겠습니까?

아무리 친한 친구도 헤어질 수 있습니다. 중요한 건 함께 있는 동안 어떤 관계를 맺는가가 아닐까요? 미래에 도움이 되는 회사에서 열심히 일하는 직원을 만나고 싶다면, 먼저 미래에 도움이 될 수 있는 회사를 만들고자 노력하면 어떨까요? 리더가 해 줄 수 있는 일이니까요.

⚓ Leader Coaching

회사 설립 초기에 만들고 싶었던 '멋진 회사'를 다시 한 번 떠올려 보십시오. 그런 준비가 없었거나 부족했다면, '가장 다니고 싶은 회사'를 검색해 보고, 그 회사의 어떤 점들이 구직자들의 마음을 사로잡는지 살펴보십시오.

미래를 상상한다는 것은 강력한 힘입니다. 특히 좋은 것들이 가득한 멋진 미래를 상상할 때 긍정적인 변화들이 많이 시작됩니다. 리더가 먼저 멋진 회사를 그려 보세요. 그리고 그런 회사를 만들 방법을 생각해 보세요. 리더의 진정한 역할이 시작될 것입니다.

PART

0 4

통제를 목적으로 하는 규칙보다는 칭찬과 격려를 목적으로 하는 규칙
이 훨씬 효과적입니다.

ORGANIZATION
CONTROL 조직관리

관리하지 않아도 되는 조직은
어떻게 탄생하는가?

1

전통을 지키면서 창조할 수는 없을까?

경영을 하면서 사례로 삼고 싶었던 기업들도 어느새 예전의 초심을 잃고 기업이 변질되는 경우를 자주 봅니다. 분명 좋았던 면이 있었고, 소비자에게 어필했던 기업인데, 나름 좋은 변화를 지속하다가 결국 무너지는 모습을 보면서 지킬 건 지키면서 변화를 꾀해야 한다는 생각을 하게 됩니다. 어떻게 해야 지킬 건 지키면서 변화할 수 있을까요?

세계적인 조직은 저마다 오랜 전통을 가지고 있습니다. 처음 시작할 때부터 지금까지 한결같이 유지되어 온 전통 덕분에 다른 조직과 차별화되면서도 우수한 조직으로 살아남을 수 있었습니다. 또한 전통 덕분에 고객들은 좋은 서비스를 받을 수 있게 되고, 주변 사회는 그 조직에게 좋은 평판으로 화답하게 됩니다. 그래서 전통은 잘 지키려고 노력해야 하며, 전통은 그 자체로 조직의 경쟁력이 됩니다.

그렇지만 전통을 지키려는 노력은 자칫 새로운 변화의 수용을 거부하게 하거나, 변화에 수동적으로 대처하는 결과를 낳기도 합니다. 그 어떤 조직보다 빠르다는 기업 조직조차 사회의 변화를 따라가기 힘든 시대에, 이런 잘못된 분위기가 조직을 지배한다면 오랜 전통을 계승하기는커녕 조직의 토대 자체가 흔들릴 수도 있습니다.

전통을 계승하는 것과 창조적 변화를 주도하는 것 사이의 아슬아슬한 줄타기에 성공하려면 어떻게 해야 할까요? 이제 그 실마리를 하나씩 풀어보겠습니다.

미래의 관점으로 바라보아야 합니다

전통은 과거의 것만은 아닙니다. 우리가 전통이라 부르는 것들은 대체로 현재의 관점에서 보았을 때에도 아름답거나 가치 있는 것들이 대부분입니다. 사실 우리는 과거의 많은 것들을 변화시켜 오거나 폐기시켜 왔습니다. 그런 점에서 볼 때 어떤 관점으로 보느냐는 매우 중요한 판단 기준이 됩니다.

전통이든 창조든 일단 미래적 관점에서 볼 때 아름답고 가치 있는 것들이어야 합니다. 현재의 관점으로는 존재가치가 충분해도 미래엔 그 가치가 현격하게 낮아질 수 있는 것들은 얼마든지 있습니다. 그런 점에서 미래에도 가치가 유지되는, 아니 미래에 가치가 더 높아질 수 있는 전통과 창조에 초점을 맞추어야 합니다. 쉬운 일은 아니지만, 조직의 여러 목표를 달성하려면 미래를 읽는 능력을 키우는 게 매우 중요한 만큼 소홀히 생각하지 말고 이런 역량을 꾸준히 훈련해서 키워야 합니다.

'정신'과 '제도'는 엄연히 다릅니다

우리가 전통이라고 부르는 것들의 대부분은 어떤 '형태'로 이어져 오게 됩니다. 그렇지 않으면 전통의 존재를 망각하기 쉽고, 전통을 계승하는 것도 어렵기 때문입니다. 그런데 그 형태가 과거에 만들어지다 보니 현재에도 적합한 제도나 형태이긴 매우 어렵습니다. 오히려 대부분의 제도와 형태는 시대에 따라 변화하지 않으면 오히려 그 시대의 여러 정신을 헤치는 데 쓰이기도 합니다.

'정신'과 '제도'는 엄연히 다릅니다. 좋은 전통이라고 부를 때 우리는 그 전통이 가진 정신과 철학을 높이 사는 것입니다. 다만 그 정신과 철학을 구현하는 과정에서 시대의 여러 흐름에 맞게 변화를 주는 게 필요합니다. 창조 역시 마찬가지입니다. 변화의 본질은 보다 더 나은 쪽으로 가기 위한 과정입니다. 따라서 좋은 정신은 살리되 그 정신을 구현하는 방법은 항상 변화한다고 보는 게 타당합니다.

그러려면 늘 고민하고 주의 깊게 형태를 결정해야 합니다. 좋은 전통을 살린다는 명분으로 현재의 관점에서조차 다수의 지지를 받지 못하는 형태로 결정이 나는 경우가 꽤 흔한 걸 보면 이 과정이 결코 만만치 않다는 것을 알 수 있습니다. 쉽지 않기 때문에 더 가치 있는 게 아닐까요? 이런 주의 깊은 태도는 대체로 좋은 결과를 가져다주는 만큼 세심하게 형태를 결정하는 지혜가 필요합니다.

고객 다수의 공감대를 얻는 게 중요합니다

1985년 코카콜라는 자신들의 콜라 맛이 펩시보다 못하다는 생각에 새로운 콜라 '뉴 코크(New Coke)'를 출시했습니다. 분명 블라인드 테스팅을 할 때는 맛있다는 평가였지만 사람들은 실제로 구매하지 않았고 오히려 항의를 하는 지경에 이르렀습니다. 결국 이전의 콜라를 다시 출시하면서야 일단락되었습니다. '더 맛있는 콜라'를 개발하겠다는 코카콜라 내부의 의지가 무의미하진 않았습니다만 다수의 소비자들은 결국 '새로운 맛'보다는 '전통의 맛'을 원했던 것입니다.

여기서 말하는 '다수'는 조직 내 다수를 의미하지 않습니다. 당연히 조직 내 다수의 공감을 얻는 것도 중요합니다. 그런데 '조직'이라는 게 만들어지다 보면 주위와는 다른 철학과 제도로 형성되는 경우가 많습니다. 다른 건 문제가 안 되는데, 옳지 못한 방향으로 갈 때는 많은 문제가 발생합니다. 따라서 조직 내의 다수보다 더 보편적인 가치를 공유할 수 있는 폭넓은 검증 대상을 가지는 게 좋습니다.

사실 많은 조직들은 '고객'이라는 좋은 '다수'를 가지고 있음에도 잘 활용하지 않는 편입니다. 이미 우리는 조직과 고객과의 사이에 '구매'라는 활동이 아닌 '관계'라는 관점이 더 중요하다는 것을 알고 있습니다. '우수' 고객들은 참여하길 바라고, 의견을 개진하길 희망합니다. 따라서 이런 다수의 '고객'들을 통해 '공감대'를 확보한다면, 전통과 창조는 오래도록 이어질 가능성이 높습니다. 비록 직원들만큼 일사분란하진 않겠지만, 매일 대화를 하는 건 아닌 만큼 조금의 노력으로 큰 성과를 얻을 수 있는 방법은 많이 있습니다.

생각해 보면 전통 역시 한때는 창조이자 변화였다는 것을 알 수 있습니다. 오랜 시간을 거치고, 많은 사람들의 공감을 얻어내면서 우리에게 '전통'이라는 것으로 이어져 온 것입니다. 따라서 전통과 창조는 이분법적 관점으로 다뤄서는 안 되는 개념인 셈입니다. 좋은 전통을 가진 조직의 자부심을 관찰해 보십시오. 아마 전통을 만들어 내고 유지하는 게 얼마나 보람된 일이고, 얼마나 큰 영향력을 발휘하는 일인지 알게 됩니다. 그렇다면 지금 우리의 입에서 떠나지 않는 '창조', '변화' 같은 단어들을 후세의 전통으로 물려준다는 생각으로 다룬다면 지금보다 훨씬 주의 깊게, 훨씬 신중하게 다루지 않을까 생각해 봅니다.

결국 좋은 전통을 가진 조직은 대체로 창조적이고 변화에도 능하게 되어 있습니다. 좋은 전통을 물려주는 조직은, 전통을 지키기만 하는 조직보다 더 오래 이어지고 더 강력한 힘을 갖게 됩니다. 오늘 내가 서 있는 자리에서, 나부터 전통의 옹호자이자 창조자라 생각하고 살아가야 할 것입니다. 전통을 만드는 것도, 물려주는 것도 결국 내가 해야 할 일입니다.

⚜ Leader Coaching

우리나라의 좋은 전통 중에서 사라진 전통을 찾아보십시오. 어떤 이유로 사라진 것인지, 만일 그 전통을 다시 되살리려면 얼마나 힘든지 고민해 보는 시간을 가져 보세요.

인간에게 변화는 사실 힘든 과정임에도 새로운 것에 대한 호기심 때문에 이전의 것들을 쉽게 버리는 경향이 큽니다. 좋은 전통을 잘 살려야 함에도 여러 가지이유로 – 나름 그 당시엔 타당한 – 그 전통을 폐기하거나 수정해 버립니다. 오랜 시간이 지난 후 과거의 것이 옳거나 좋은 것이었다는 것을 알았을 때 다시 돌아가는 비용, 시간은 엄청난 것이며 때로는 불가능할 때도 많습니다. 버리기 전에 신중해야 하고, 새로 시작하기 전에 신중할 필요가 있습니다.

2

불편한 변화를 받아들이게 하려면?

좋은 아이디어를 내놓아도 이전의 것을 고집하는 이들이 있습니다. 오랜 시간 검토하고, 확신을 얻는 방법임에도 불구하고 기존의 것을 수정해야 한다는 이유로 반발하기도 합니다. 조직이 성장하려면 좋은 것들은 받아들이고, 더 나은 쪽으로 변화해 가야 하는데 쉽지가 않습니다. 어떻게 하면 지금은 불편해도 앞으로는 분명히 나은 변화들을 수용하게 할 수 있을까요?

언젠가부터 변화경영이라는 단어가 등장했습니다. 꽤 오래전부터 들어온 이 개념은 오늘 이 순간에도 사람들의 입에서 입으로 회자되는 유명세를 타고 있습니다. 유명한 개념이기에 다루지 않을 수는 없지만, 사실 변화경영은 우리에게 꽤나 스트레스를 주는 단어이기도 합니다. 도대체 변화라는 걸 즐길 방법은 없는 걸까요? 즐거울 수 없는 변화를 어쩔 수 없이 받아들여야 한다면 어떤 방법이 있을까요? 여기서는 이 불편한 진실을 우리 삶 속에 받아들이는 방법을 논의해 보고자 합니다.

편안함의 대부분은 정체 혹은 후퇴입니다

불편한 게 좋을 리 만무합니다만 편한 게 마냥 좋기만 한 것도 아닙니다. 대부분의 편안함은 일시적인 즐거움을 주지만, 긴 안목으로 보면 정체된 상태이거나 후퇴하는 결과를 낳기도 합니다. 그래서 편안함은 추구의 대상이긴 해도 마냥 편안함을 추구할 수는 없는 목표인 셈입니다. 가끔 저도 별장을 가지면 좋겠다는 생각을 품어보지만, 온종일 별장에서 지내는 별장지기가 되고 싶은 마음을 가져보진 않았습니다. 게다가 불편함이 없다면 편안함이 좋다는 생각조차 할 수가 없습니다. 변화란 것도 그런 게 아닐까요? 변화가 있기에 변함없는 걸 좋아할 수 있고, 즐길 수 있다면 변화란 존재가 마냥 나쁘기만 한 건 아니라는 생각을 해볼 수 있을 것 같습니다.

오늘의 변화가 내일의 안정이 될 수도 있습니다

이 세상에 변화하지 않는 진실은 세상의 모든 게 변하는 것이라는 말이 있습니다. 그만큼 변화가 없는 세상이란 존재할 수 없다는 뜻이기도 합니다. 재미있는 것은 오늘 우리가 열심히 추구하는 이 변화가 어느 순간이 되면 정체된 상태 혹은 변함없는 상태인 것처럼 느껴질 수 있다는 것입니다.

사실 우리가 반복하는 많은 것들이 한때는 어떤 상태로부터 변화되는 과정을 거친 것이고 그 시기는 한정적입니다. 고통이 싫긴 해도 피할 수 없는 것이라면, 한정된 시간을 견딤으로써 그 열매를 취할 수 있다면 우리는 그 변화를 받아들일 수 있습니다. 익숙해지고 습관이 될 때까지만 변화에 적응하기 위해 노력한다면, 어느 날 그 변화가 익숙해지고 편안해질 수 있습니다. 그날이 언제인지 안다면 그 변화의 시기가 한정될 수 있다면 우리가 견뎌내는 힘이 커지게 되니까요. 편안함이 전혀 없는 변화의 상태를 인간은 견뎌낼 수 없습니다.

불편한 변화를 견디는 힘은 멋진 결실입니다

꿈, 비전, 희망 같은 단어들이 있습니다. 우리에겐 이러한 단어들이 필요하고 이러한 상태를 동경하기도 합니다. 불편한 변화이지만 묵묵히 견디는 이유는 바로 그 열매들이 주는 달콤함 때문입니다.

오늘날 우리가 부러워하는 기업, 개인들 모두 한때는 현재의 상태를 꿈으로, 비전으로 가지고 있던 존재들입니다. 그런 생각을 하지 않았다면 굳이 그 힘든 변화의 시기를 지내려 하지 않았을 터입니다. 멋진 몸매를 갖기 위해 먹는 즐거움을 포기하는 것이고, 외국인과 멋진 대화를 하기 위해 긴 외국어 학습 훈련의 시간을 우리는 견뎌 냅니다. 부자가 되려면 한 푼 두 푼 덜 쓰고, 덜 즐겨야 하는 것처럼 불편한 변화가 좋은 열매만 가져다준다면 우리는 그 변화를 좀 더 잘 견뎌 낼 수 있습니다.

가끔은 너무 열매가 멋져서 불편함조차 잊기도 합니다. 그게 우리 인간인 만큼 무엇을 위해 이 변화를 견뎌 내야 하는지 분명하게 알려 줄 필요가 있습니다. 안타까운 게 있다면 많은 조직에서 '변화'를 강조하기만 할 뿐 그 변화를 통해 어떤 '열매'를 얻을 수 있는지 잘 알려 주지 않습니다. 그런 상태에 오래 노출되면 우리 몸과 마음은 위축되고, 경직되며, 딱딱해집니다. 당연히 창의적일 수 없고, 당연히 미래지향적일 수도 없습니다. 지금이라도 무엇을 위해 우리가 변화해야 하는지 알려 준다면 좀 더 나은 삶이 만들어지지 않을까요?

변화를 선택할 수 있는 환경을 만들어 주어야 합니다

최고의 변화관리는 바로 변화를 스스로 '선택'하도록 하는 것입니다. 물론 말이 쉽지, 우리의 삶과 일터에서 변화를 선택하는 것은 만만한 일이 아닙니다. 아이들에게 '자기 주도 학습'을 강조하듯이 성인 역시 스스로, 자기 주도적으로 변화하는 게 가장 최선입니다.

어려운 변화를 스스로 선택하게 하려면 모든 주체들의 기본적인 역량이 높아져야 합니다. 자신의 현재와 미래의 삶을 헤아릴 줄 알아야 하고, 자신의 업무가 조직 전체에 어떤 영향을 끼치는지 헤아려야 하며, 나아가 리더의 생각과 행동까지도 읽어 내는 능력을 갖추어야 합니다. 보통일이 아닌 것은 분명하지만 불가능한 것도 아닙니다. 평생학습의 시대로 인하여 교육과 훈련이 이를 가능케 할 것입니다. 게다가 주도적인 선택은 여러 가지 면에서 생각한 것 이상의 힘을 발휘케 하는 것으로 알려져 있습니다. 주도적인 사람이 창조적으로 변하고, 열정적일 수 있으며, 도전적인 태도를 쉽게 갖습니다. 그렇다면 수동적 변화를 강조하기보다 충분히 알리고 훈련시켜서 더 나은 상태로 나가는 것을 '주도적으로 선택'하게 해보는 게 어떨까요?

지금 이 순간에도 어떤 변화로 인해 고생하고 있을 독자들이 있을 거라 생각합니다. 혹은 그런 변화를 어느 정도 강요해야 하는 위치에 계실지도 모르겠습니다. 어느 쪽이든 불편한 건 사실이니 받아들일 수밖에 없습니다. 하지만 불편한 변화도 항상 불편하기만 한 게 아닐 수 있다면, 이 변화를 좀 더 세련되게 다루면 좋겠습니다. 그런 시도들이 우리를 좀 더 나은 존재로 만들어 갈 테니까요.

무엇보다 서로 신뢰하는 관계가 선행되어야 합니다. 아무리 좋은 열매가 주어지더라도 한동안 불편해질 수밖에 없는 상태를 결정할 수밖에 없는 상황을 이해하는 팔로워, 그런 이해를 미리 구하고 추진하는 리더들 사이에 신뢰가 기반이 된다면 변화는 곧 멋진 결실로 다가올 것입니다.

⚓ Leader Coaching

무난하게 얻을 수 있는 것이 아닌, 특별한 노력을 기울여야만 얻을 수 있는 것 중에서 특별한 노력을 기울일 만한 목표를 찾아보십시오.

사실 우리가 노력하지 않는 것도 아니며, 변화하지 않는 것도 아닙니다. 어느 정도의 변화와 성장은 늘 하고 있다고 봐도 과언이 아닙니다. 문제는 미래의 어떤 열매들은 현재의 생활만으로도 충분히 달성할 수 있다 보니 굳이 지금의 생활에 변화를 줄 필요가 없다고 생각합니다. 특별한 목표를 지향할 때 우리 조직도 특별해질 수가 있습니다. 위대한 목표 앞에서 좋은 목표는 부족하고, 문제투성이며, 골칫거리일 뿐입니다.

3

어떻게 하면 불평불만이 살아 숨 쉬게 할까?

제일 좋은 변화는 스스로 더 나은 것을 향해 나아가는 변화라고 배웠습니다. 리더로서 가진 조직의 한계, 문제, 불편함 등에 대한 느낌을 조직 내 구성원들이 모두 가질 수 있다면, 굳이 바꾸자고 말하지 않아도 되지 않을까요? 어떻게 하면 현재에 대한 불평불만을 살아 숨 쉬게 할 수 있을까요?

비가 옵니다. 옷이 젖습니다. 활동하기가 무지 불편합니다. 그래서 생각합니다. 어떻게 하면 비가 올 때 옷을 젖지 않게 할 수 있을까? 그래서 사람들은 뭔가를 머리 위에 쓰고 다니기 시작했습니다. 우산은 그런 불만을 해결한 대표적인 상품이라 생각합니다. 그런데 어떤 사람들은 또 '불만'을 갖습니다. 우산을 쓰게 되면 한쪽 손을 사용할 수가 없기 때문입니다. 게다가 우산은 폈을 때 부피가 너무 큽니다. 그래서 고민합니다. '옷 자체를 안 젖게 할 수는 없을까?' 그래서 비옷을 만들게 되었습니다. 심지어 어떤 사람들은 과학기술을 활용해 아예 빗물은 튕겨내면서 땀은 배출하는 기능성 섬유를 개발하기에 이릅니다. 지금 이 순간에도 비 오는 날 사람들의 불만을 해결하기 위해 노력하는 사람들은 헤아릴 수 없을 만큼 많을 것입니다. 그래서 앞으로 점점 비 오는 날이 편해질 거라는 확신을 가질 수가 있습니다.

인간의 창의성은 정말 대단합니다. 놀라운 점은 그 창의성이 온통 불평불만에서 시작된다는 뜻입니다. 그런 점에서 여기서는 독특한 접근을 해보겠습니다. 칭찬과 희망과 만족을 전파하는 시대에 불평불만을 칭송하는 이야기를 해보려고 합니다.

칭찬보다 불평이 더 큰 변화를 일으킵니다

성공학과 자기계발을 강의하는 저에게 칭찬보다 더 중요한 게 있다고 말하는 건 결코 쉬운 일이 아닙니다. 하지만 정작 제 자신도 만족일 때보다는 불편할 때, 불만일 때 더 놀라운 변화를 시도해 왔습니다. 인정할 수밖에 없는 엄연한 사실은 불평불만이 대부분의 창조성의 근간이었다는 것입니다. 지금 제가 이 글을 쓰면서 사용하는 노트북도 컴퓨터를 들고 다닐 수 없는 것을 불만스럽게 여긴 누군가의 작품입니다. 문서 작성 프로그램도 컴퓨터로 문서를 만들기가 어렵다는 걸 불평한 어떤 프로그래머의 산물입니다. 어쩌면 이 세상 대부분의 놀라운 발명품은 우리가 그토록 멀리하려고 노력했던 불평불만의 산물입니다. 그렇기에 불평불만을 잘 해결한다면 또 다른 세계를 볼 수 있는 기회가 주어질 수 있습니다.

실제 변화를 연구해 보면, 무언가를 하겠다는 긍정적인 결심보다는 뭔가를 하지 않으면 안 되겠다는 생각을 할 때 더 강력한 변화가 이뤄지는 것을 알 수 있습니다. 건강해지기보다는 아프지 않겠다는 의지가 더 강하고, 부자가 되겠다는 의지보다는 가난해지지 않겠다는 생각이 우리를 더 적극적이고 강력하게 움직인다는 뜻입니다. 그런 점에서 부정성을 다루는 능력만 제대로 키운다면 우리는 더 멋진 성과를 거둘 여지가 많아집니다.

불평불만에도 종류가 있고, 격이 있습니다

사실 많은 사람들은 단 하루에도 자신도 모르는 불평불만을 엄청나게 쏟아내며 살아갑니다. 앞서 제기한 논리대로라면, 그런 불평불만이 세상을 아름답게 바꾸어야 하는데, 오히려 정반대의 상황이 많이 만들어집니다. 그런 점에서 볼 때 불평불만이 다 같은 건 아닌 듯합니다.

적어도 사람에 대한, 특히 특정인에 대한 불평불만은 대체로 좋지 못한 결과를 낳습니다. 대부분의 사람들은 자신의 삶의 통제권을 결코 누군가에게 넘기지 않기에, 다른 이의 불평을 접한다 하여 변화하지 않습니다. 누군가에 불만이 있다면, 차라리 그 불만을 느끼는 자신을 어떻게 관리할지 고민하는 게 훨씬 좋은 결과를 가져옵니다. 게다가 불평이 느껴지는 '그 사람'보다 대체로 나 자신에게 문제가 있는 경우가 훨씬 많은 게 현실이기도 합니다.

자신이 주인공이 되지 않는 불평불만도 피해야 합니다. 불평불만을 쏟아낸 뒤 정작 자신은 나 몰라라 한다면 그 불평불만은 조직에 남아서 돌고 돌아 골치 아픈 문젯거리가 될 수 있습니다. 심지어 의도하지 않은 부메랑이 되어 나 자신을 다치게 할지도 모릅니다. 따라서 해법이 없다면 불평불만의 감정을 한쪽으로 접어두는 것도 필요합니다. 나을 것입니다. 아니면 내가 불평을 꺼내놓아도 전혀 영향을 받지 않을 만한 장소나 사람에게 이야기하는 것이 스트레스를 풀 수 있는 방법이겠지요.

불평불만의 부정성을 피해가는 건 매우 중요합니다. 함께 살아가는 사회에서 불평불만은 대체로 해가 될 여지가 많기 때문입니다. 그래도 몇 가지를 잘 고려한다면, 불평불만이 긍정적인 작용을 할 수가 있습니다. 이제부터 다루려고 하는 내용이 바로 그런 긍정적 효과를 불러일으키기 위한 것입니다.

불평불만이 살아 숨 쉬게 하려면

살아오면서 삶의 불평과 불만이 언제 느껴졌는지 한 번 생각해 보기 바랍니다. 따지고 보면 더 나은 것에 대한 희망, 갈구 등이 있을 때 시작되었음을 알 수 있습니다. 즉 현실 자체에 대한 만족이 아니라, 더 나은 것이 있을 수 있다는 희망이 불평불만을 만들기 시작했다는 것입니다. 더 좋은 것을 갈구하는 마음이 없이는 불평불만이 살아 숨 쉴 수 없습니다. 그런 점에서 미래에 대한 희망, 조직에 대한 희망, 자신에 대한 희망이 꼭 필요합니다. 더 나아질 수 있다는 희망이 없다면 불평불만을 쏟아 낼 이유나 힘조차 찾지 못할 수 있기 때문입니다. 그런 점에서 희망을 꼭 가지셨으면 합니다.

불평불만을 가졌다면 서로가 모여 그것을 논의하고, 대안이 있는지 고민해 보는 시도가 필요합니다. 대안 없는 불만은 하지 말라는 말도 있지만, 실제 자신의 역량 때문에 대안을 내지 못할 수 있습니다. 여러 사람이 머리를 합한다면 개선의 여지는 분명 있기 마련입니다. 집단지성이라는 거창한 개념을 빌리지 않더라도, 크고 작은 불평불만은 여러 사람이 동시에 느끼기 마련이고, 어떤 사람들은 작은 실마리를 찾거나 만드는 데 성공할 수도 있습니다. 그런 상황이 모이고 공론화되면 아이디어는 커지고 변화의 힘은 강해져서 수많은 어려운 장벽을 넘어설 수 있게 됩니다.

무엇보다 불평불만을 쏟아 낼 수 있는 용기가 필요하고, 그 용기를 인정해 주는 문화가 필요합니다. 서로에 대한 신뢰, 지지가 없다면 불평과

불만을 쏟아내는 게 쉽지 않습니다. 충고라는 쓴 약을 주어야 할 때 상대에 대한 관심과 애정이 없다면 그냥 주지 않고 넘어가려 할 것입니다. 누군가가 전해 준 쓴 약을 내가 먹으려면 그 사람에 대한 신뢰와 애정이 있지 않으면 힘든 건 당연합니다. 그런 점에서 좋은 조직은 긍정적인 이야기만큼이나 불평불만을 손쉽게 주고받는 조직일 것입니다.

우리가 사는 세상이 많은 발전을 했다고 하지만 아직도 고칠 게 한두 가지가 아닙니다. 그런 점에서 긍정적인 에너지만큼이나 불평불만 에너지를 활용해 보면 어떨까요? 지금 여러분의 조직은 그 에너지가 얼마나 되는지 한 번 물어보고 싶습니다.

♆ Leader Coaching

누군가로부터 불평 어린 이야기를 들어본 적이 있을 것입니다. 그때 마음이 어떠했나요? 어떻게 하면 그런 불평불만을 들었을 때 심리적으로 동요하지 않고 그에 담긴 의미에 집중할 수 있을까요?

불평불만이 어린 이야기를 들을 때 대부분의 사람들은 심리적으로 저항하게 됩니다. 누군가에 대한 불평을 들을 때에는 모르다가도 자신이 그 대상이 될 때 강력한 저항을 하게 됩니다. 하지만 문제점을 지적하거나 받지 못하는 분위기에서는 발전할 수 없습니다. 그런 점에서 조직 내 긍정적인 불평불만을 잠재워 버리는 가장 강력한 요인은 리더가 그런 것들을 싫어한다는 것을 조직 구성원들이 알고 있을 때입니다. 아무런 불평불만이 없는 조직, 정말 건강한 조직일까요? 건강한 불평불만을 수용하는 것은 특별히 리더에게 가장 요구되는 역량임을 잊지 말아야 합니다.

4

개인의 목표와 조직의 목표는 공존할 수 있을까?

회사에는 회사의 존재 이유가 있는데도 어떤 직원들은 회사 일보다는 자신의 일에 더 집중하는 경향이 있습니다. 취미생활도 좋지만, 일할 때는 일에 집중을 해 줘야 하는데, 그렇지 못한 사람들을 종종 봅니다. 어떻게 하면 회사의 목표와 구성원의 목표를 일치하게 할 수 있을까요? 그렇게만 된다면 일하는 시간에도 열심히, 자신의 삶도 열심히 살지 않을까요?

새로운 사람을 채용할 때 흔히 기업은 '꿈을 이룰 수 있다.'라고 광고합니다. 실제로 학교에서, 채용 과정에서 이런 표현은 너무나 흔하게 만나볼 수가 있습니다. 하지만 직장을 다니는 대부분의 사람들은 이 얘기에 공감하지 않습니다. 오히려 직장생활이 자신의 꿈의 실현을 방해한다고 생각합니다. 어찌된 일일까요? 어떻게 해결할 수 있을까요? 비전을 일치시키는 건(VisionSync) 진정 불가능한 일일까요? 개인과 조직의 목표를 어떻게 함께 다룰 것인가에 대해 고민해 보겠습니다.

일단 서로 목표가 무엇인지 알아야 합니다

대체로 개인보다는 기업·조직이 더 분명한 목표를 갖고 있습니다. 왜냐하면 기업은 이를 달성해야 존재할 수 있는 집단이기 때문입니다. 그에 반해 대부분의 개인은 안타깝게도 자신의 삶의 목표가 분명하지 않습니다. 그냥 성공하고 싶다, 부자가 되고 싶다 정도지요. 이런 건 '의지'이지

'목표'가 아닙니다. 목표는 눈으로 보듯 선명해야만 합니다.

개인과 조직, 어느 한쪽의 목표가 선명하지 않으면 공유할 수도 없습니다. 서로 어떤 생각을 하는지, 어떤 방향을 바라보는지 알 수 없다면 오해가 쌓이기 쉽고, 좋은 방법을 찾을 수도 없습니다.

제일 먼저 해야 할 일은 자신의 목표를 분명하게 찾고, 적고, 공유하는 것입니다. 제일 먼저 가족들과 공유하고, 그 다음엔 직장 동료들과 공유해야 합니다. 공유가 안 되는 데 돕고 말고는 논의할 수가 없습니다. 가능하면 글자로 표현하는 게 좋습니다. 그 과정에서 스스로 목표 실현을 좀 더 구체적으로 만들 수 있는 계기도 만들어집니다.

목표 실현 후 나타날 결과를 상상해 보십시오

서로 다른 두 사람이, 심지어 그게 배우자라 할지라도 목표가 공유되는 건 참 힘이 듭니다. 살아온 환경이 다르고 삶의 가치관도 다른 사람들이, 오랜 시간 부부로 살았다 하더라도 맞추어가는 건 힘든 과정입니다. 그런 점에서 목표를 맞추는 것 자체에 초점을 두지 말고, 그 목표를 실현했을 때 나타나는 현상이나 결과를 떠올려보는 게 좋습니다. 목표를 실현한 후인 '멋진 나와 우리'를 상상하는 것은, 목표를 실천하고 싶다는 강력한 의지를 불러일으키기 때문입니다.

여기에 더한다면, 그 목표를 추구하는 이유도 공유하면 좋습니다. 저마다 목표가 다른 것은 다른 이유 때문입니다. 하지만 그 이유를 찬찬히 듣다 보면 같은 이유에서 출발하는 경우도 있습니다. 그럴 때는 공감대가 형성될 가능성이 생기고, 서로 목표가 다를 필요가 없다는 걸 느끼게 됩니다.

우리는 생각보다 세상을 보는 안목이 넓지 않고, 지식이 많지 않습니다. 그래서 허황된 목표도 잘 세우지만, 너무 소심하게 세우는 경우도 많고, 엉뚱한 목표로 나타나는 경우도 많습니다. 서로의 이유와 영향력을 공유함으로써 자신의 목표보다는 다른 사람의 목표에 집중하는 게 더 나을 때도 있고, 서로 목표를 통합해서 더 큰 성장을 도모하는 경우도 생길 수 있습니다. 그러기 위해 서로 목표를 자주 이야기하는 것이 필요합니다.

목표에 대해 함께 이야기하는 시간을 자주 가지세요

회의 시간에 아무 말 없다가도 자판기 앞에서는 이야기꽃을 피우는 게 우리입니다. 회의실 자체가 사실 편한 대화를 하기엔 무척 딱딱한 공간이기도 합니다. 그런 점에서 티타임을 갖는 건 목표를 공유하기에 참 좋은 방법입니다. 한 부서 사람들의 목표나 한 가족의 목표 정도라면 티타임 정도로도 충분합니다.

회사 전체적인 차원의 목표 공유는 워크숍 등을 활용하는 것도 좋습니다. 그런데 워크숍을 가보면 너무 교육만 채워 넣거나 술 먹고 노는 시간만 많이 갖는다면 목표 공유는 어림도 없습니다. 서로의 생각을 나누는 건 많은 시간이 걸리는 일입니다. 적어도 충분한 대화가 되기 전까지는 많은 시간을 투자하지 않으면 서로 이해할 수도, 공유할 수도 없게 됩니다.

입사 때부터 십여 년을 같은 부서에서 일해 서로의 가족들까지 친한 두 분을 만난 적이 있습니다. 그런데 그분들조차도 서로의 삶의 목표에 대해서는 정작 공유하지 않은 상태였습니다. 자주 만나 이야기를 해도, 정작 삶의 목표를 주제로 삼고 얘기를 해본 적이 없다는 것입니다.

목표가 공유되면 시너지가 만들어지게 됩니다. 시너지가 만들어지면 더 적은 인력으로, 더 적은 비용으로, 더 큰 효과를 얻을 수 있습니다. 더 빠른 결과를 얻을 수 있습니다. 하지만 목표를 공유하는 과정은 처음엔 시간만 많이 들고 효과는 높지 않은 것 같아 초조합니다. 리더의 확신이 없다면 지속되기 힘들다는 것입니다.

수많은 사람들이 같은 목표 하에 움직이는 모습은 생각만 해도 멋지지 않습니까? 그런 멋진 풍경을 원하신다면, 지금이라도 목표에 대한 이야기를 시작해 보십시오. 하던 일을 잠시 멈추고, 가족이나 동료와 차 한 잔을 청하는 그 순간이 목표 공유와 시너지의 출발이 될 수 있습니다.

⚓ Leader Coaching

오해가 쌓여 관계가 악화된 경험이 있으신가요? 그 오해를 풀기 위해 많은 시간을 들여야 했던 경험이 있으신가요? 그 오해가 사소한 대화로 시작되었던 적이 있지 않으신가요?

회사와 직원들 간에 오해가 쌓이는 상황, 생각만 해도 끔찍하지 않나요? 직원들끼리 오해를 하고 서로 반목하는 모습, 정말 상상하기 싫은 상황입니다. 오해는 소통의 부족에서 시작됩니다. 소통이 부재하다, 즉 아예 없는 조직은 없을 테지만 소통이 충분치 않은 조직이나 관계는 꽤 많습니다. 현재의 대화와 소통이 충분하다 생각하지 마시고, 더 많은 소통의 기회와 시간을 투자할 필요가 있습니다.

5

어떻게 규칙을 만들어야 잘 지킬까?

많은 문제들의 원인을 살펴보면, 별것 아닌 규칙을 어기는 데서 출발한 경우가 많습니다. 고생해서 제도와 규칙을 만들어도 잘 안 지키니 속상할 때가 한두 번이 아닙니다. 좋은 규칙이면 뭘 합니까? 잘 지키질 않는데……. 방법이 없을까요?

선진국이 되어간다는 것, 대기업이 되어 간다는 것은 수많은 규칙을 만들고, 지키고, 습관화한다는 말과 같습니다. 문제를 예방하고, 생산성을 유지하고 발전시키며, 나아가 경쟁자를 이기고, 시장에서 승리하는 규칙이라면 열심히 만들고 지켜야 합니다. 하지만 그런 규칙은 만들기도 힘들고, 지키는 건 더욱 힘이 듭니다. 실제로 많은 좋은 규칙들이 제대로 지켜지지 않아 사고가 발생하고, 큰 손해로 이어집니다. 어떻게 규칙을 만들면 좋을까요? 어떻게 해야 지키는 규칙이 될까요? 이제부터 '지키는 규칙을 만드는 법'을 이야기하겠습니다.

처음부터 지킬 만한 이유가 있어야 합니다

저도 사업을 오래하다 보니, 많은 기업들과 관계를 맺으면서 수많은 협약서와 계약서 등을 만들고 읽고 판단하게 됩니다. 당연히 지켜야 할 것들이지요. 보통은 이전에 맺었던 유사 자료를 약간 수정해서 만드는 게 많고, 인터넷에도 표준적인 내용들이 많이 공개되어 있어서 만드는 건 그리 어려움이 없습니다. 이럴 때의 제 고민은, 왜 저 규칙이 만들어졌고 필요한지 이유를 잘 모르겠다는 것입니다. 안타깝게도 그 최초와 과정은 함께 기록되지 않는 경우가 많습니다.

'왜(Why)'가 얼마나 중요한지 잘 아실 것입니다. 우리는 끊임없이 왜, 왜, 왜라는 질문을 통해 현상을 해석하고 본질에 접근합니다. 수많은 규칙들이 분명 필요한 건 인정하지만 왜 그 규칙이 만들어졌는지 알고, 그렇게 해야 하는 여러 이유들이 있다면 더 열심히 지키지 않을까요?

그런 점에서 좋은 규칙, 지키는 규칙이 되려면 왜 그 규칙이 필요한지 충분한 설명이 필요합니다. 보통은 규칙이 만들어질 초기이거나 민든 당사자들이 있는 경우엔 문제가 없는데, 그 규칙을 만든 시간이 흐르고 관계자들의 손을 떠나 적용되기 시작하면 최종 규칙만 남지 그 과정은 사라지기 마련입니다. 그런 점에서 규칙을 언제, 누가, 왜 만들었고, 어떻게 변해왔는지를 기록해 둔다면 의문을 갖고 규칙을 바라보는 경우는 많이 줄일 수 있습니다.

문제는 그런 내용을 다 기록할 경우, 규칙을 담은 파일이나 책자 자체가 두꺼워진다는 것입니다. 그런 점에서 현행의 규칙들처럼 최종 내용을 담은 걸로 일단 공유하고, 필요할 때 그 과정을 담은 내용에 접근할 수 있도록 열어 주는 게 필요합니다. 특히 요즘처럼 인터넷이 발달하고, 클라우드 문화가 활성화되고 있는 상황에서 이 부분은 크게 어려움이 없을 것입니다. 오히려 누군가가 그런 목적과 의지를 갖느냐가 더 중요할 것입니다.

통제를 목적으로 한 규칙보다 칭찬을 목적으로 한 규칙을 만드세요

출근 시간을 체크하여 지각하는 사람에게 무거운 벌금을 부과하는 회사를 본 적이 있습니다. 5분 이상 지각하면 1만 원, 10분 이상은 2만 원을 내야 하고, 지각 횟수가 3번 이상이 되면 10분씩 출근 시간을 앞당기는 것입니다. 그래서인지 이 회사 직원들은 거의 지각을 하지 않았습니다. 때문에 관리자는 이 규칙을 무척 만족스러워하고 있었습니다.

하지만 직원들의 생각은 달랐습니다. 상습적인 지각은 물론 나쁘지만, 모두 성인들인데 지나치게 강력하게 통제하는 것에 대해 불쾌감을 갖고 있었습니다. 핑계가 아니라 지하철이 연착하거나 차가 막혀서 늦을 때도 있는데 획일적인 규칙 적용으로 벌금을 부과하니 세금이나 다를 바 없다는 것입니다.

이 회사의 사례를 보며 안타까운 마음이 들었습니다. '지각하면 벌금'이라는 규칙보다, '상반기(또는 하반기)에 지각을 한 번도 하지 않은 사람에게 상금 얼마' 등으로 규칙을 정할 수는 없을까요? 규칙을 지켜야 하는 직원 입장에서는 대접 받는 기분도 들고 지키면서도 무척 유쾌할 것입니다.

회사를 비롯하여 우리 사회의 많은 규칙이 '지키지 않으면 벌금(또는 벌점)' 식으로 징벌에 해당하는 것이 많습니다. 이렇게 통제를 목적으로 하는 규칙보다는 칭찬과 격려를 목적으로 하는 규칙이 훨씬 효과적입니다. 똑같은 결과를 바라는 규칙인데도, 어떤 형태로 만드느냐에 따라 직원들의 기분을 달라지게 할 수 있음을 잊지 말아야 합니다.

함께 만들어야 합니다

대체로 규칙은 위에서 아래로, 전문부서에서 출발해서 확대되어 적용됩니다. 처음엔 큰 문제가 없는데 조직이 방대해지고 환경이 급변하고 다양해지며 고객군이 넓어지게 되면 현장에 전혀 쓸 수가 없는 규칙이 만들어지고, 강요됩니다. 그런 점에서 규칙은 현장 인력과 함께 고민하여 만들어야 합니다.

요즘 대부분의 기업들은 채팅, 메일, 온라인 게시판 등의 사용을 편안하게 생각합니다. 그런 점에서 공개 토론을 갖거나 공개 프로세스를 통해 규칙을 확정해 간다면 이런 문제를 상당 부분 해소할 수 있습니다. 물론 그 과정에서 현장과 내부의 이견차가 완전히 해소되지 않을 수도 있습니다. 그럴 때마다 리더가 나서서 해결한다면 앞으로 발생될 수많은 문제를 방지할 수 없습니다. 미군 내에는 조직에서는 이런 말이 있다고 합니다. 모든 작전계획은 전투 시작 후 수초 동안만 유효하다는 것이지요. 그만큼 수정하고 다듬어도 현장에 적합하게 만들기가 쉽지 않다는 뜻입니다. 규칙이 가진 영향력을 생각한다면, 처음부터 현장의 소리를 담을 수 있도록 프로세스를 정비하는 게 가장 좋습니다.

충분한 시간과 노력을 기울여야 합니다

모든 규칙의 가장 큰 문제는 변화를 필요로 한다는 것입니다. 좋고 나쁨의 문제가 아닙니다. 비만해지지 않기 위해 다이어트를 하고, 병에 걸리지 않기 위해 금연을 해야 한다는 걸 모르지 않음에도 실천하고 습관화하는 게 얼마나 어렵던가요? 모든 규칙은 습관이 될 때까지 강한 저항을 받게 됩니다. 좋고 나쁨의 문제가 아니라, 단지 변화 자체를 힘들어 하는 인간의 고유한 특성 때문입니다.

좋은 규칙이고 반드시 필요한 규칙이라면 의지를 갖고 완전히 정착할 때까지 노력에 노력을 기울여야 합니다. 한두 번 이야기하고, 메일로 전파한다고 지켜지는 게 절대 아닙니다. 우리가 국민의 4대 의무를 몰라서 안 지키는 게 아닙니다. 지켜야 할 이유도 몇 번 듣지 못했고, 평소엔 관심도 두지 않다가 꼭 지켜야 할 때가 되면 이야기하니 공감대도, 마음의 준비도, 몸의 준비도 될 수가 없는 것입니다.

규칙의 정착을 위해서는 리더의 의지와 세심한 관심이 필요합니다. 제일 먼저 리더가 솔선수범하고 지키는 걸 습관화해야 합니다. 모범을 보이는 것은 가장 강력한 커뮤니케이션이자 가장 강력한 리더십 기술입니다. 그런 리더를 보면서 직원들은 그 규칙을 받아들이고 따르게 됩니다.

앞으로도 많은 규칙이 만들어지고 폐기될 것입니다. 시스템이란 건 하루아침에 만들어지지도 않고, 쉽게 붕괴되지 않는 특성이 있습니다. 좋은 규칙을 기반으로 한 시스템이라면 회사의 지속적 성장을 약속할 것입니다. 그렇지 않다면 회사는 언제나 위기 앞에 흔들리는 등불이 되어 버립니다. 규칙을 만들고 지키는 과정이 힘들지라도, 더 좋은 결과를 위한 과정인 만큼 적극적으로 지켜나가길 힘쓴다면, 위기 때 더욱 강해지는 기업이 될 것입니다.

⚜ Leader Coaching

회사 사규(혹은 그에 준하는 여러 문서, 매뉴얼 등)를 꺼내 천천히 읽어 보는 시간을 가져 보십시오. 그 사규가 왜 생겼는지, 어떻게 적용되고 있는지 정기적으로 살펴보시기 바랍니다.

사문법(死文法)이란 쉽게 표현하면 조항이 있긴 하지만 실제로 적용되지 않는, 문서로만 존재하는 법을 말합니다. 현실과 전혀 맞지도 않고, 말도 안 될 것 같은데 엄연히 법 조항으로 남아 있습니다. 절차를 밟아 폐기해야 하는데, 아무도 관심을 쏟지 않아 적용은 하지 않되 폐기도 되지 않은 것입니다. 지금 우리 조직에 이런 것들이 얼마나 많을까요? 좋은 리더는 불필요한 사규를 과감하게 없앨 줄 아는 사람입니다.

6

오래 쓴다는 게 항상 좋은 걸까?

가끔 회사를 둘러보면 멀쩡해 보이는 도구들이 버려진 것을 보게 됩니다. 아직은 사용할 수 있을 것 같은 장비들을 폐기하려 할 때는 너무 아깝다는 생각도 듭니다. 불편하다는 이유로 교체하는 게 바람직한 건지 잘 모르겠습니다. 어떤 기준으로 유지하고 교체해야 할까요?

요즘 우리나라에 스마트폰을 안 쓰는 사람을 찾기 힘듭니다. 대한민국은 정말 놀라운 나라입니다. 고가의 첨단기기를 거의 대부분의 사람들의 소유하고 있으니 말입니다.

그런데 아무리 고가의 스마트폰이라 해도 구입 후 몇 개월이 지나면 구형처럼 느껴지곤 합니다. 과거에도 최신 컴퓨터, 노트북을 고민하다가 구입했는데 한두 달도 안 되어 최신 제품 출시를 보며 허탈했던 경험이 있었을 것입니다. 스마트폰에서 느끼는 감정도 이와 크게 다르진 않을 것 같습니다.

지금부터는 스마트폰을 통해 배우는 기업 업무 도구에 대한 이야기를 해보려고 합니다. 왜냐하면 생산성과 굉장히 중요하게 연결되어 있기 때문입니다.

리더가 꼭 알아야 하는 것 중 하나가 일하는 데 필요한 도구를 제대로 갖춰야 한다는 것입니다. 제가 이를 주제로 잡은 이유는, 무척 중요한 것이기 때문입니다. 출처는 기억이 안 나지만, 유럽 직장인들이 받는 정신과 상담을 받는 이유 중 2위가 오래된 컴퓨터 때문이라는 글을 읽은 적이 있습니다. 혹시 집이나 회사에 4~5년 이상 된 컴퓨터가 있으신가요? 부팅할 때나 사용할 때 어떻던가요? 바쁜 업무를 수행하는데 컴퓨터가 말썽을 부리면, 정말이지 정신적 테러 수준입니다. 이런 스트레스는 회사를 위해서도 바로 해결해 주어야 합니다.

제품 수명보다 업무 수명을 고려해 보세요

일반 기업에서 각종 기기들의 평균 수명은 약 3년 정도 됩니다. 끊임없이 생산성을 높이라고 압박 받는 현장에서 일하는 직원 입장에서 이런 난센스도 없습니다. 아무리 최신형 장비를 들이더라도 현장 직원 입장에서는 3개월도 채 되지 않아 익숙해지기 시작해서 2년이 채 되지 않아 그 장비가 갖고 있는 최대한의 성능을 모두 사용하게 됩니다.

저 역시 장비를 구입한 지 1년 정도면 장비의 성능을 거의 80~90% 수준으로 사용합니다. 업무 시간도 좀 긴 편이라 길어도 15개월 정도면 장비의 성능을 100% 정도로 모두 사용합니다. 처음에는 잘 돌아가던 기계가(보통 6개월에서 9개월 정도에서) 점점 성능이 떨어지기 시작합니다. 9개월에서 1년쯤 지나면 조금 더 떨어지고, 사용자는 점점 기기에 익숙해지면서 역전 현상이 벌어지게 됩니다. 저는 대부분의 업무 현장에서 18개월이면 역전이 된다고 봅니다. 따라서 기계 수명을 3년으로 관리하면, 3년차 때부터는 직원은 높아진 생산성을 점점 하락하는 기계에 맞춰서 후퇴해야 하는 상황에 직면한다는 것이지요.

멀쩡한 기계처럼 보여도 이미 생산성을 갉아먹는 기계라면, 이제 회사의 자신으로 볼 수 없지 않을까요? 게다가 일정 시간이 지나면 관리하느라 비용이 높아져 부품 A/S에도 비용 부담이 높아집니다. 고장빈도도 높아지지요. 그래서 저는 결론을 내렸습니다. 노트북의 경우 12~15개월 내에 중고로 처분하고 신형 제품을 사기로 한 것입니다. 보통은 12개월 정도에 중고로 처분하는데, 너무 오래된 중고는 처분조차 힘듭니다만 12개월 정도라면 중고로 처분하기도 어렵지 않아서, 진짜 오래된 제품을 중고 처분하는 것에 비하면 스트레스를 받는 일은 없습니다.(참고로 저는 중고 시세보다 5~10% 정도 싸게 팝니다. 여러모로 훨씬 이득입니다.) 매년 노트북을 신형으로 장만하니 일할 때 느낌도 새롭고 훨씬 강력한 성능 덕분에 일의 능률도 높게 유지할 수 있습니다. 지난 2년여 동안 이 실험을 해본 결과 확실한 결론을 얻었습니다. 이건 앞으로 절대 멈추지 말아야 할 좋은 생산성 유지 방안이라는 것입니다.

노후 컴퓨터로 근무하면 일의 속도도 느려집니다

정말 많은 회사들이 3년 이상 된 컴퓨터로 업무를 수행하고 있습니다. 심지어 5년 이상 된 컴퓨터의 잦은 고장을 계속 수리하면서 사용하는 경우도 보았습니다. 모니터의 크기가 커지면 업무 효율이 올라갈 수 있는 직종인데도 작은 모니터를 사용하는 곳들도 많았습니다. 비용 때문인데요. 운영비를 절감하기 위해 노후장비를 교체하지 않고 버티는 것입니다.

그렇게 했을 때 과연 운영비가 절감될까요? 물론 당장 장비를 구입하는 비용은 절약할 수 있을지 모릅니다. 그러나 잦은 고장으로 인해 잃어버리는 시간을 업무에 투입했을 때 얼마나 많은 생산성을 거둘 수 있는지를 생각한다면 회사의 절대적인 손해가 됩니다.

직원들이 원할 때마다 새로운 장비를 구입하는 건 어려운 일입니다.

하지만 업무를 수행하는 데 있어서의 핵심 장비는—이를테면 컴퓨터나 노트북—비교적 최신의 성능을 유지하는 게 좋습니다. 5년보다는 3년으로, 3년보다는 2년으로 장비의 기간을 관리하면 어떨까요? 이는 직원만을 위한 게 아니라 회사의 생산성을 좌우하는 일이기 때문입니다.

너무 비용 부담이 크다는 분들도 있을 듯하여 계산을 한 번 해봤습니다. 저는 매년 신형 노트북을 사는데, 연평균 70~80만원을 지출합니다. 신형을 사면서 중고로 파니 그 정도 되더군요. 비교적 근래의 것을 중고로 내놓으니 팔기도 쉽고 비교적 괜찮은 가격에 판매하게 됩니다. 1년 365일 정도로 계산하면, 하루 2천 원 정도입니다. 2만 원도 아니고 2천 원, 놀랍지 않습니까? 2천 원이면 매년 바꿀 수 있습니다. 매년 바꾸는 게 부담된다면 적어도 2~3년 단위로 하는 것을 추천합니다.

생산성이라는 건 의외로 단순합니다. 같은 투자라면 더 좋은 결과를 끌어내면 되고, 같은 결과라면 더 적게 투자하면 됩니다. 그러다 보면 눈에 보이는 비용에 집착해 자꾸 줄이거나 오래 쓰는 것만 생각하게 되는데, 시간의 가치를 놓고 본다면 장비는 절대 회사의 '자산'이 되어선 안 됩니다. 오히려 회사의 성장을 가로막는 걸림돌일 가능성이 높습니다.

장비의 종류에 따라 유지기간은 차이가 있을 것입니다. 더도 말고 덜도 말고 사무실 컴퓨터라도 그렇게 관리하면 어떨까요? 데스크탑 PC는 그만 사고 노트북으로 바꿔 주는 센스도 발휘해 보세요. 아마 1~2년 내에 놀라운 생산성이 측정될 것입니다.

ᛘ Leader Coaching

2년 전쯤에 산 컴퓨터와 최근에 산 컴퓨터를 나란히 놓은 후 부팅 시간을 측정해 보십시오. 용량이 좀 큰 파일을 똑같이 로딩한 후 시간을 측정해 보십시오. 그 차이를 하루 30회, 1년 120일로 계산해 보십시오. 거기에 직원들의 평균적인 시간당 급여를 계산해 보십시오.

시간의 가치는 직접 계산해 보는 게 가장 정확합니다. 위 방식대로 계산한 후, 직원 수를 곱해 보세요. 모든 계산이 끝나면 리더인 자신의 몸값을 기준으로 계산해 보시기 바랍니다. 어떤 결심이 생길 수밖에 없을 것입니다.

7

성과를 원하는 만큼 내지 못할 때

모든 직원들이 알아서 일을 잘해 주면 좋겠지만, 조직 전체를 생각하면 성과 관리는 중요할 수밖에 없습니다. 목표한 성과가 나오지 않을 때, 각자의 맡은 바 성과를 해내지 못한 구성원들을 그냥 지켜보는 것만으로 조직의 문제는 해결되지 않습니다. 차라리 일을 열심히 안 한 직원이라면 조치가 부담이 덜 되겠지만, 열심히 노력했음에도 성과가 나오지 않는 직원들은 어떻게 하면 좋을까요?

모든 조직은 목표가 있고, 목표를 수치로 만들어서 목표치를 관리합니다. 목표치를 시간 단위로 쪼개 연간 목표, 분기 목표, 월간 목표, 주간 목표 심지어 일일 목표에 시간 단위 목표까지 챙긴다고 하더군요. 다 좋습니다. 그렇게 해서 목표가 달성되기만 한다면 말이지요.

　하지만 어떤 조직도 최초에 목표한 모든 것을 달성하진 못합니다. 그 과정에서 목표 미달이 나타나고, 성과를 내지 못하거나 부족한 직원에 대한 조치를 취해야 할 때가 있습니다. 문제라면, 그 과정에서 조직의 현재와 미래에 치명타를 가할 수도 있는 많은 피해가 발생한다는 것입니다. 직원이 성과를 내지 못할 때 어떻게 하면 좋을까요?

대부분의 목표는 처음부터 불가능한 목표입니다

놀랍지 않나요? 처음부터 성과 미달을 전제로 시작한 목표였다는 것입니다. 당사자들만 몰랐던 거죠. 여러 조직을 다니다 보면 목표와 의지를 구분하지 못하는 분들을 너무 많이 만나게 됩니다. 목표는 반드시 현실성을 전제로 해야 합니다. 한 달 매출이 1억 원인 회사가 내년에 한 달 매출목표를 10억 원으로 세웠다고 가정한다면, 이게 정말 목표일까요? 아니면 의지일까요?

기업 컨설팅을 제대로 하는 전문가라면, 어떤 조직을 평가할 때 성장의 한계도 측정할 수 있게 됩니다. 아무리 노력해도 그 이상의 성장은 힘들고, 그 이상의 성장을 하려면 무언가 특별한 조치를 취해야 한다는 것을 제시하게 됩니다. 그런데 많은 기업의 리더들은, 안타깝게도 그런 역량이나 노하우를 갖고 있지 못하고 컨설턴트를 불러 조언을 받는 경우도 드뭅니다. 결국 막연하게 높은 목표를 설정하고 직원들을 압박하다가 상처만 남기고 끝나는 경우가 많습니다.

의지는 중요합니다. 하지만 목표는 더 중요합니다. 목표는 그 조직의 현재와 미래가 달려 있기 때문입니다. 10배, 100배 성장하려는 의지는 언제나 있어야 합니다만 조직의 역량이 뒷받침되지 않는 상태에서 과도한 목표는 세우질 말아야 합니다.

목표 달성은 성공적인 계획이 반드시 선행되어야 합니다

혹시 '프로젝트 매니지먼트'라는 분야를 아시나요? 시간관리와 큰 차이는 없지만, 더 전문적이고 복잡한 관리 기법을 담고 있습니다. 베테랑 프로젝트 매니저는 찾기도 힘들 정도로 매우 어려운 역량이자 노하우입니다. 문제는 우리의 모든 조직들은 그런 베테랑 프로젝트 매니저가 필요할 정도의 일을 언제나 하고 있다는 것입니다.

프로젝트를 설계한다는 것은 주어진 목표와 원하는 성과를 달성할 수 있는, 적어도 문서상의 합리적인 계획을 세운다는 뜻입니다. 따라서 이런 역량은 아주 중요하고, 프로젝트 리더라면 반드시 갖추어야 합니다. 작은 회사라면 리더가 곧 프로젝트 리더일 수밖에 없습니다. 혹시 본인이 베테랑 프로젝트 매니저라고 생각하시나요? 아마 제대로 배워 본 경험은 없을 것입니다. 대부분의 창업자들이나 리더들은 목표의식이 뚜렷하고 의지는 강해도 전문성이 부족한 경우가 많기 때문입니다.

시작하기 전에 될 만한 계획을 세워야 합니다. 그래도 끊임없이 수정하고 보완하겠지만, 그래도 계획서 상에서라도 가능성이 보여야 신뢰를 갖고 일할 수 있고, 수정을 해도 좋은 방향으로 수정할 수가 있습니다.

한 번에 끝내지 말고, 또 도전하면 어떨까요?

아이들이 걸음마를 배울 때도 수백, 수천 번 넘어집니다. 자전거를 타는 데에도 수십 번은 넘어져야 합니다. 하물며 어렵고 복잡한 회사의 목표를 달성하는 데 단 한 번에 성공한다는 건 무리이지 않을까요?

도전 정신의 다른 표현은 많은 실패에 대한 수용이기도 합니다. 실패하더라도 다시 시작하고, 또 시작하면서 새로운 대안도 찾다 보면 안 될 것 같은 일들이 되기 시작합니다. 좋은 목표를 세우셨나요? 계획도 나름 괜찮으셨나요? 그럼 다시 한 번 기회를 주시면 어떨까요? 실패를 당연시할 필요는 없겠지만, 실패를 허용하고 다시 도전하는 문화는 꼭 필요합니다. 그런 문화가 생겨날 때 더 높은 목표를 향해 도전하려 하고, 더 열정적으로 임할 수 있기 때문입니다. 그간의 경험이 누적되어 오히려 다음번에는 정말 쉽게 해낼지도 모릅니다.

선수생활을 하면서 단 한 번도 져본 적이 없는 금메달리스트를 본

적이 없습니다. 임진왜란 때 왜군과 맞서 싸워 단 한 번도 져본 적이 없다는 이순신 장군도 무과에 떨어진 경험이 있습니다. 성과 미달일 때 재도전의 기회는 더 큰 성과를 향해 나아가게 하는 지름길입니다.

실패 원인을 찾고 대안을 만드십시오

그래도 실패하게 된다면 이제는 점검을 할 때입니다. 실패에 대한 감정, 상황은 쓰라린 것입니다. 이걸 부정하게 되면 그나마 배울 수 있는 것들을 배우지 못하게 됩니다. 실패는 현실입니다. 그렇게 된 데에는 이유가 있을 것입니다. 그 이유, 원인을 찾아내야 합니다. 때로는 자신의 치부를 드러내야 하고, 때로는 조직의 가슴 아픈 부분을 건드려야 합니다. 그래도 그런 과정을 거쳐야 다시는 아프지 않고, 아프더라도 덜 아픕니다.

　　제일 중요한 건 리더입니다. 리더가 나서서 원인을 찾으려 하고 리더가 먼저 자신의 한계, 잘못, 실수를 드러낼 때 조직원들도 동참할 수가 있습니다. 과정을 보니 정말 리더가 잘못한 게 없을 수도 있을 것입니다. 그렇지만 리더로서 실패라는 상황 자체가 리더의 잘못임을 받아들이고 인정해야 합니다. 선택권은 결과에 대한 책임을 전제로 주어진 것이기 때문입니다. 성공했다면 가장 큰 보상을 받았을 사람도 바로 리더이지 않습니까. 먼저 인정하고, 받아들이고, 개선해 보십시오.

조금 낮은 목표를 정하고 성공 경험을 채워 보세요

상처가 생기면 아물 기회를 주어야 합니다. 사람을 하차시키는 건 가장 나중에, 최후에 하는 것입니다. 때로는 '불가피한 결과'라는 게 있습니다. 이 세상 모든 조건을 알지도 못하고, 이 세상의 모든 상황을 예측하지 못하는 데 어찌 성공을 당연시 할 수가 있겠습니까?

상처 입은 사람, 고통이 생긴 조직은 아물 기회를 가져야 합니다. 조금 쉬운 목표를 향해 달려가고, 작은 성공의 열매를 만끽하면서 그 여지를 만들어야 합니다. 상처가 아물면 그 피부는 더 단단해지고, 그 근육은 더 강해집니다. 운동을 통해 근육이 찢어지고 아물면서 더 강한 근육으로 변화하는 것처럼 조직은 난관을 헤쳐 나가면서 더 강인해지고, 더 큰 어려움도 견뎌내는 힘을 갖습니다. 회복의 시간을 허락하고 공유하면서 미래를 다시 꿈꾸면 좋겠습니다.

성과에 대한 열매의 달콤함은 많이들 강조해도, 성과를 내지 못했을 때의 아픔에 대해서는 소홀히 하는 경향이 있습니다. 그래서 위대한 리더들의 공통된 특징 중 하나가 위기의식을 끊임없이 불어넣는 게 아닌가 싶기도 합니다. 수십 년 성과를 지속한 기업은 자신들의 역량을 어느 순간 과신하게 됩니다. 이걸 막을 수 있는 게 위기의식인 셈이지요.

어려움이 예상되면 축소하지 마시고, 충분히 공유하십시오. 공포도 직면해야 넘어설 수 있으니까요. 성과가 부족할 때 생겨나는 여러 어려움에 대해 공유하십시오. 적은 인원이지만 똘똘 뭉칠 때 환상적인 성과를 낼 기회가 생겨납니다.

⚜ Leader Coaching

성과에 대한 보상과 실패에 대한 징계를 놓고 비교해 보십시오. 혹 어느 한 쪽만 강조되고 있지는 않은지, 충분하게 인식되고 있는지 살펴보십시오.

성과 달성의 장밋빛 모습만 강조하는 기업은 실패 상황일 때 우왕좌왕합니다. 성과 달성에 대해서는 미미하면서도 실패했을 때의 징계 등에 철저한 기업은, 도전 정신이 사라지게 됩니다. 무엇이든 균형이 필요합니다. 우리 조직은 어느 쪽으로 편중되어 있나요? 냉정한 시각으로 살펴볼 필요가 있습니다.

8

조직 개편, 어떻게 해야 할까?

여러 가지 이유로 조직에 변화를 주어야 할 때가 있습니다. 늘 일하던 동료와 떨어지고 늘 하던 일과는 다른 일을 하게 되면 많은 스트레스가 생기겠지만, 회사로서는 꼭 필요한 변화일 때가 많습니다. 조직 개편, 어떻게 하는 게 가장 좋을까요?

따져 보면 새로운 리더가 된다는 것도 다른 측면에서는 조직이 개편된 것입니다. 새로운 일을 시작하는 것도 따져보면 조직 개편이 된 셈입니다. 조직 개편은 우리 일상에서 꽤 흔하게 경험하는 것이지만, 매우 불안하게 만드는 요소이기도 하고 심리적 압박을 크게 주기도 합니다.

조직 개편은 긍정적인 결과를 내기 위한 과정입니다

'좌천된다.'는 표현을 쓸 때가 있습니다. 성과를 내지 못해 여건이 나쁜, 대우가 낮은 곳으로 가라는 지시를 받을 때 당사자로선 당혹스럽고 부끄럽고 속상할 것입니다. 저는 종종 경영을 전쟁에 비유합니다. 전쟁이야말로 경영과 가장 유사하다고 보기 때문입니다. 전쟁에서 진 장수의 결과를 혹 아시나요? 포로 아니면 죽음입니다. 양쪽 다 최악인 것이죠. 상상만 해도 끔찍합니다. 다행스러운 것은 조직의 경영은 최악에 '해체'가 될지언정 누가 죽거나 포로가 될 필요는 없는 것입니다. 그런 점에서 조직 개편은 당장은 고통스러워도 새로운 기회이고, 한 템포 쉬어갈 수 있는 좋은 방법이기도 합니다.

경영은 한정된 자원과 여건에서 최선의 결과를 내기 위해 존재합니다. 한정된 자원으로 좋은 결과를 내려면 최적의 조합을 찾아야 합니다. 그러려면 역량만 보는 게 아니라 많은 조합을 고민하고, 변수를 고려해야 합니다. 성과 부족이 단지 그 사업과 팀이 적합하지 않았기에 발생한 것이라면 조직 개편만으로도 더 좋은 성과를 낼 수 있습니다.

적어도 어떤 기업도 조직 개편을 기업 전체에 해가 되는 쪽으로 하지 않습니다. 다수의 이익이 나에게도 반드시 이익이라는 법은 없지만, 다수의 이익이 더 나아지는 쪽으로 가야 나에게도 이익이 될 가능성이 높아지는 점은 분명합니다. 리더는 이 점을 직원들에게 충분히 이해시킬 수 있어야 합니다.

만일 조직 개편이 더 나은 가능성이 아닌 페널티의 일환으로 이뤄진다면 – 그런 기업은 없기를 바라지만 – 그 당사자뿐 아니라 조직 전체에 치명적인 해를 끼칠 수 있습니다.

조직 개편은 대표적인 변화의 시각적 표현입니다

책상 위치나 책상 위 물건 위치만 바꿨을 뿐인데 새로운 느낌이 들기 시작합니다. 그럴진대 사람이 바뀌고 업무가 바뀌니 얼마나 큰 변화를 느끼겠습니까? 작은 조직 개편만으로도 변화에 대한 적극적인 대응을 할 수 있습니다. 새로운 사람, 새로운 업무가 주는 스트레스도 상당하겠지만, 일단 조직 개편이 되면 그 상황에 맞춰가는 과정에서 변화할 수밖에 없기 때문입니다.

조직 개편의 원칙이 바로서야 합니다

조직 개편은 더 나은 결과를 내기 위한 방법이어야 합니다. 모든 사람에게 만족스러울 수는 없더라도 납득은 되어야 합니다. 더 나은 결과를 내기 위한 방법으로 이뤄지고 지속된다면, 조직 개편으로 일시적인 피해를 입는다 할지라도 수용의 가능성이 높아집니다. 반면에 조직 개편의 원칙이 무너지게 되면, 리더와 팔로워 사이의 신뢰가 무너지게 되고, 이는 조직 전체에 큰 마이너스로 작용하게 됩니다.

일관성은 꽤 많은 노력과 시간이 필요합니다. 그리고 그 기준에 대해서는 어느 정도 공감대가 형성되어야 합니다. 앞서 언급한 소통이 중요한 이유도, 이런 어려움을 이기는 데 큰 힘이 되기 때문입니다. 일관성이 있고 충분한 공감대를 얻기 시작하면, 조직 개편도 어느 정도 예상되기 시작합니다. 그렇게 되면 사람들은 미리 대비한 덕분에 여러 가지 면에서 부담을 덜어낼 수 있습니다.

적재적소에 배치하려고 노력하십시오

사람은 자기 자신에 대해서 잘 모르는 법입니다. 회사 생활을 오래 하였다 하더라도 주변 사람들이 보는 평가가 그 사람에 최적이라는 보장은 없지만 자신에 대한 성찰, 주변의 여러 인식이 어우러질 때 자신이 어떤 사람이고, 어떤 일을 잘하고, 어떤 부분이 부족한지 객관적으로 보게 됩니다.

인간이 강한 이유는 서로 적절한 협력을 하기 때문입니다. 서로 잘하는 면을 밀어 주고, 부족한 부분을 보완하면서 조직은 여러 사람이 모인 집합체 정도에서 또 다른 차원의 객체로 거듭나게 됩니다. 이때부터 시너지가 발휘되고, 경쟁력도 제대로 나타나기 시작합니다.

그런 점에서 당사자와 주변 동료들과 충분히 논의하고 배치가 이뤄져야 합니다. 어떤 경우엔 당사자도 도저히 납득이 되지 않을지라도, 시간이 가면 갈수록 그 선택이 옳은 결과를 내기 시작하면, 초반의 부정적인 면은 강력한 신뢰로 변화하게 됩니다. 그런 점에서 조직 개편은 큰 틀에서 행할 수 있는 기업의 핵심 경쟁력이 될 수 있습니다.

조직 개편에 대해서만 연구하는 전문가들도 많습니다. 그런 기법들을 다 실을 수는 없지만, 적어도 앞서 언급한 원칙, 철학, 방향 등에 대해서는 끊임없이 강조를 하고 있습니다. 결국 사람들이 모여서 만들어가는 조직이고, 그 사람들의 특성이 고스란히 묻어나는 게 조직이라면, 그 변화도 사람에서 출발해서 사람으로 끝나야 할 것입니다. 리더가 중요한 이유는 바로 이런 부분들을 지켜나가야 하기 때문입니다.

🕹 Leader Coaching

객관적인 지표상으로 볼 때 성과가 낮은 팀을 찾아 그 원인을 살펴보십시오. 만일 조직의 변화를 준다면 어떤 역량과 어떤 성향을 가진 사람이 필요할지 생각해 보시고, 회사 내에서 그런 사람이 누구인지 살펴보십시오.

결과가 나왔다고 해서 바로 실행에 옮기진 마십시오. 그 사람이 빠져나간 조직은 오히려 문제가 시작될 수도 있습니다. 그래서 리더는 넓은 시각으로 최선의 결정을 내려야 합니다. 충분히 시뮬레이션해 본 후 숙고하고 나서 조직 개편에 나서기 바랍니다.

회사가 생각하는 미래와 자신의 미래를 맞출 수만 있다면 직원은 회사의 업무에 훨씬 더 책임감을 가지고 열정적으로 임할 것입니다.

INSTITUTIONAL CULTURE 제도 문화

출근이 기다려지는
회사는 어떻게 만들어지는가?

1

벽을 없애는 것만이 능사일까?

어떤 회사를 보면 유리로 된 벽으로 사무실을 꾸미거나 아예 벽을 없애 놓은 곳도 있습니다. 그런가 하면 어떤 회사는 여전히 화려하고 큰 리더실을 꾸미는 경우도 있고요. 모두 다 잘나가는, 본받을 만한 회사라면 어떤 경우가 더 나은 결과를 낳을지 고민이 됩니다. 소통을 위해 벽을 없애라는데 마냥 없애는 것만이 능사일까요?

소통의 시대입니다. 그러다 보니 기업 현장에서도 많은 변화가 일어나고 있습니다. 그중 하나가 '벽을 없애자.'는 운동인 것 같습니다. 당연히 좋은 취지입니다만 그렇다고 이 세상에 벽이란 게 무조건 쓸모없는 건 또 아닌 듯합니다. 늘 엉뚱한 생각, 특별한 관점을 즐기는 제가 오늘은 그것도 늘이고 싶은, 많았으면 하는 '벽'이 있다는 주장을 펼쳐 보려 합니다.

벽 전체가 칠판 같은 벽은 많았으면 좋겠습니다

구글, 애플은 세계에서 가장 창의적인 기업으로 둘째가라면 서러운 기업들입니다. 사실 두 기업이 이 분야에서 1, 2위를 다투고 있는 것 같습니다. 두 기업은 여러 가지 면에서도 공통점이 많은데, 제가 눈여겨본 것 중 하나가 바로 칠판 같은 벽의 존재입니다. 벽의 일부가 아니라 벽 전체가 아예 칠판처럼 되어 있는 것입니다. 복도도 그렇고, 사무실 벽도 그렇게 만들어져 있습니다. 그러다 보니 아이디어가 떠오르면 장소를 가리지 않고 바로 메모가 가능하고, 굳이 그걸 공유하려 들지 않아도 오가면서 자연스럽게 볼 수 있습니다. 당연히 그 아이디어에 추가적인 메모를 달 수도 있습니다.

이런 벽은 기존의 벽에 칠판 대용의 제품을 덧입히는 것만으로도 가능한 만큼 기존의 벽을 허무는 공사를 하지 않아도 더 나은 방향으로 개선할 수 있습니다. 기존의 많은 벽들이 이런 벽으로 대체되면 좋겠습니다.

복도와 달리 사무실의 벽에 설치를 한다면, 출입문과는 조금 떨어져 있는 것도 좋습니다. 메모를 들여다보며 골똘히 생각해야 하는데 출입구가 근처에 있으면 집중력을 떨어뜨릴 수 있으니까요.

책이나 최신 정보로 가득한 벽이 많았으면 좋겠습니다

강의를 다닐 때마다 집이나 회사의 벽 전체를 책으로 가득 채워두면 좋다는 이야기를 자주 합니다. 크기에 따라 차이는 있겠지만 수백 권에서 1천 권 정도는 꽂을 수 있지 않을까 생각합니다. 1천여 권의 책에서 주는 효과, 수많은 제목들이 어우러져 전달하는 아이디어는 정말이지 대단할 것입니다. 다만 책이 갖는 한계로 인해 최신 정보와는 조금 멀어질 수 있습니다. 투자가 가능한 기업이라면 한쪽 벽 전체를 평면 모니터로 구성하여 수많은 다양한 정보·채널을 동시에 보여 주는 것도 좋을 것 같습니다.

세계적인 리더들의 방에는 전 세계 수십 개국의 방송을 동시에 볼 수 있도록 되어 있다는 기사를 가끔 접합니다. 지구촌 전체를 그런 식으로 모니터링 한다면 글로벌 패턴을 익히는 것은 그리 어려운 일도 아닐 것입니다. 이 경우엔 정보의 연속성이나 깊이 면에서는 조금 떨어질 수도 있습니다. 하지만 요즘처럼 속도가 중요한 시대에서 이런 벽을 기업에서 하나쯤 갖는 것도 투자 대비 멋진 효과를 내지 않을까 생각해 봅니다.

책이 가득한 벽과 모니터로 가득한 벽은 효과 면에서 서로 다릅니다. 특성도 다른 만큼 두 벽은 거리를 충분히 두거나 위치를 아예 다르게 하는 것도 방법입니다.

벽은 벽이되 유리로 된 벽이 많았으면 좋겠습니다

방송 뉴스를 보다 보면 뒤편 사무실이 훤히 보이는 걸 볼 수가 있습니다. 그래서 사무실에서 일하는 직원들이 그대로 노출됩니다. 벽은 벽이되 훤히 들여다보이는 벽인만큼 사무실이 넓어 보이는 효과도 있고, 함께 일한다는 느낌도 굉장히 강해집니다. 물론 옆 사무실의 움직임이 보여 혼란스러울 수도 있지 않느냐고 반문할 수 있습니다. 하지만 대부분의 사무실엔 책상에 앉았을 때 칸막이로 인해 시선이 차단됩니다. 그런 걸 감안한다면 실제 근무 중에는 큰 문제가 없을 것입니다.

게다가 유리벽은 장점이 있습니다. 벽 전체를 유성 펜으로 쓸 수 있다는 것입니다. 당연히 잘 지워집니다. 간단한 메모나 팀 회의 같은 건 그 자리에서 바로 할 수 있습니다. 가끔 너무 투명해서 쓴 글이 안 보인다고 이야기합니다. 그럴 때는 유리 자체를 약간 불투명한 것으로 설치하면 됩니다. 정말 약간만 불투명한 유리라면 그 정도는 충분히 커버할 수 있습니다. 요즘은 전기적 장치를 써서 전원이 들어오면 투명해지고, 꺼지면 불투명해지는 제품도 있더군요. 단점은 가격이 비싸다는 것입니다. 하지만 모든 벽이 아니라 벽 한 켠 정도는 설치해도 괜찮지 않을까요?

중요한 건 효과에 대한 신뢰가 아닐까 합니다. 건물 외벽을 유리로 하는 건 보기에만 좋지 여러 면에서 불편한 게 많습니다. 글을 쓸 수 있는 것도 아니고요. 사무실 내부의 벽 일부를 유리로 대체하는 건 단열과 상관없으므로 문제될 것이 없습니다.

있어야 한다고 믿는 것을 없애고, 없어도 된다는 것을 설치해 보는 것. 이런 활동을 통해 우리는 새로운 경험을 할 수 있습니다. 벽은 분명 소통의 장애 요인입니다. 하지만 어떤 벽은 소통의 보조 도구로서 충분히 제 역할을 할 수 있습니다. 중요한 건 관점이며 도전입니다. 더 나은 조직, 더 나은 성과를 위해 지금까지 해왔던 행동들을 되짚어본다면 이런 벽을 설치하는 것쯤 문제도 아니지 않을까요?

앞선 기업들 모두가 창조를 외쳐댑니다. 창조를 명목으로 엄청난 예산을 지출하고 있습니다. 돈 안 들여서 제대로 되는 게 별로 없긴 하지만 돈을 들인다고 해도 별 효과 없는 경우도 부지기수입니다. 물론 그 과정에서 배우는 건 많을 것입니다. 다만 실질적인 효과 측면에서 좋은 방법은 언제나 요원할 수도 있습니다.

허울뿐인 구호나 방안보다는 눈에 보이는 시설 하나가 더 효과가 클 때가 많습니다. 소통을 도와주는 벽, 이런 벽이 많아질 때 목표를 함께 하는 이들에게 더 많은 메시지를 줄 수 있지 않을까요? 이런 벽으로 가득한 세상이라면, 더 열심히 살아보고 싶지 않을까 하는 생각도 해봅니다.

✝ Leader Coaching

정기적으로 파티션을 옮기거나 책상을 옮겨 보면 어떨까요? 복도에다 큰 메모판을 설치해서 누구나 무언가를 적거나 붙일 수 있도록 하면 어떨까요?

현재 우리가 사용하는 구조의 엘리베이터를 처음 만든 미국의 오티스(OTIS) 사는 엘리베이터가 이동하는 속도가 너무 느려 고민이었다고 합니다. 그런데 회사의 한 여성 청소부의 아이디어로, 엘리베이터 벽에 거울을 붙이게 되었습니다. 엘리베이터에 탑승한 승객들은 이동하는 동안 거울을 봄으로써 지루함을 느끼지 못하게 되었다고 합니다. 벽면 거울은 지루함을 없애줄 뿐 아니라 실내가 넓어 보이게 하고 주변 사람들과 공간을 파악하는 데에도 도움이 됩니다.

이처럼 벽이란 소통을 막기도 하지만 더 많은 소통을 끌어내는 장이기도 합니다. 지금 있는 벽에 변화를 주거나 활용할 수 있는 방법을 찾아보세요. 소통의 장이 넓어집니다.

2

독서경영이 정말 도움이 될까?

독서경영이 좋다고들 하는데, 정말 좋은지 잘 모르겠습니다. 책을 사보라고 지원금을 줘도 안 쓰는 직원들이 대부분이고, 책을 좀 읽는다는 직원들이 정말 업무 역량이 높아지는지도 잘 모르겠습니다. 독서경영, 해야 할까요, 말아야 할까요?

우리나라에 독서경영이란 단어가 유행한 지도 수년의 시간이 흘렀습니다. 많은 회사에서 다양한 방법으로 독서경영을 구현하고 있지요. 전 세계적으로 한국만큼 독서경영을 경영 전면에 내세우는 나라는 없다고 합니다. 저 역시 그 유행 덕분에 여러 기업들에게 독서경영을 이야기할 기회를 얻을 수 있었지만, 그런 만큼 아쉬움도 점점 커지고 있습니다. 정말 독서경영은 도움이 되는 것일까요, 도움이 된다면 어떻게 하는 게 좋은 것일까요?

모든 사람에게 감동적인 책은 존재하지 않습니다

사회적으로 이름이 알려진 어느 리더가 책을 읽고 감동받아 전 직원들에게 책을 선물했다는 기사가 실릴 때가 있습니다. 덕분에 출판사는 대박이 나기도 하지요. 그 리더가 크고 유명한 회사를 경영할수록 출판사로선 자신들이 만든 책을 소개하고자 하는 욕구는 점점 늘어날 수밖에 없습니다. 자신의 감동을 누군가에게 나눠 주는 건 참으로 아름다운 미덕입니다. 그런 점에서 책을 모든 직원들에게 나눠준 리더의 마음을 충분히 헤아릴 필요가 있을 것입니다. 하지만 그 자체를 무조건 좋다고 할 수 없는 점도 있습니다.

문제를 지적하자면, 책을 나눠 주는 것으로 그치지 않고 자신과 똑같은 감동을 받기를 원하는 데 있습니다. 조직의 생리상 최상위 리더의 소망은 곧 룰이 될 가능성이 굉장히 높습니다. 결국 그 책에 대한 독후감은 의무가 되고, 리더의 소망처럼 대부분의 직원들은 비슷한 감동과 비슷한 결론, 비슷한 행보를 취하기 시작합니다. 겉으로 보기엔 정말 훌륭한 독서경영의 결과이지만, 실제로는 슬프기 그지없는 모습일 뿐이지요. 심지어 책을 읽지도 않고 독후감을 쓰거나 유사한 결론을 주장해야 하는 직원들의 모습에서는 창조성 같은 결과는 결코 찾아볼 수 없을 것입니다.

모든 사람에게 감동적일 수 있는 책은 존재하지 않습니다. 지구상에서 가장 많이 팔린 책인 성경을 읽으면 모든 사람이 감동을 받을까요? 크리스천들조차 성경책에서 감동을 받지만 한편으로는 다 읽어야 한다는 부담감, 다 읽지 못했다는 압박감을 느끼기도 한다고 합니다. 지식경영, 창조경영의 출발로 독서경영을 꼽는 회사들이 많은데, 적어도 리더가 받은 감동을 모든 직원이 똑같이 받기를 바라는 마음으로 추진하지만 않는다면 더 좋은 효과가 나타날 것입니다.

다양한 종수의 1천 권이 똑같은 종류의 1천 권보다 가치 있습니다

직원들이 책을 적게 읽는 건 사실입니다. 적어도 경영하는 분들이 보기엔 읽은 티가 안 날만큼의 독서만 하는 것처럼 느껴지기도 할 것입니다. 그러나 통계로 볼 때 우리나라 직장인들은 대한민국 평균보다 2~4배에 이르는 독서를 하고 있다고 합니다. 일반 성인들보다 회사를 다니는 대부분의 직장인들은 생각보다 많은 책을 읽는 건 분명 사실입니다.

많은 리더들이 절대적인 시간부족에 시달리고 있지만 그에 비해 꽤 많은 책을 소화합니다. 개인적으로 쓸 수 있는 시간이 많지 않은 상태에서도 월 4~5권 정도의 책을 읽는 분들도 많습니다. 놀라울 따름입니다. 같은 시간을 투자했을 때 직원들이 그만큼의 책을 읽지 못하는 것 또한 사실입니다.

직원들의 독서량을 늘리기 위해서, 회사 내에 다수의 책을 보유하는 건 무척 도움이 될 것입니다. 다양한 분야의 책 1천 권 정도를 비치해 준다면 관심 있는 이들이 자연스럽게 접근할 수 있을 것입니다. 사실 웬만한 고급 교육을 받는 것보다 다양한 책을 접할 수 있는 환경을 만들어 주는 게 훨씬 효과적입니다. 독서경영은 교육비를 절감시키면서도 교육효과를 늘이는 매우 효과적인 방법론임에는 틀림없습니다.

사람들은 많은 책에 둘러싸여 있을 때, 책을 읽을지 말지 고민하지 않습니다. 그냥 어떤 책을 읽을까 고민할 뿐입니다. 그러니 회사의 규모가 어느 정도 된다면 좋은 도서관 하나 만들어 두는 게 직원들의 수준을 손쉽게 올리는 가장 좋은 방법입니다. 1년에 2,000만 원어치 정도 책을 사면, 웬만한 주요 서적들은 모두 구비할 수 있습니다. 직원 수가 100명이라면 1인당 연 20만 원 수준이고, 1,000명 정도의 회사라면 연 2만 원 수준입니다. 직원 수가 대여섯 명 밖에 되지 않는 제 회사도 연 1,000만 원어치 책을 사고 있습니다. 기왕이면 다양한 책을 많이 사서 비치해 두면 놀라운 독서경영 효과를 거둘 수 있습니다.

도서관 하나쯤은 멋지게 만드세요

누가 뭐래도 사람은 시각적인 존재입니다. 눈으로 보는 것에서 가장 많은 영향을 받다 보니 책 한 권을 읽는 것으로도 사람의 생각은 확연히 바뀔 수 있습니다. 문제는 그 책 한 권 펼치기가 쉽지 않다는 데 있습니다. 애당초 책을 읽고 싶은 마음 자체가 없는 것도 문제이구요. 그래서 책을 읽게 만드는 데에만 성공해도 독서경영을 절반쯤 성공했다고 생각할 수 있습니다.

책을 읽게 만드는 데 많은 방법이 존재하지만 제가 아는 가장 좋은 방법은 눈에 띄는 곳에 멋진 서재를 만드는 것입니다. 사실 사무실이 좁다 해도 안 쓰는 방, 덜 쓰는 공간은 분명히 존재합니다. 쓸데없는 회의를 많이 하는 것 같은 회의실은 가장 쓰임이 적은 공간 중 하나입니다. 그런 공간에 벽 한 쪽을 책으로 가득 꽂아 둔다면 회의실을 드나들 때마다 책을 읽고 싶은 마음이 들 수밖에 없을 것입니다.

책값에 비하면 책장의 가격은 무시해도 좋을 정도로 저렴한 편이라 특별한 인테리어를 하는 것보다 훨씬 더 적은 비용으로 분위기를 낼 수 있습니다. 그러니 멋진 도서관 흉내를 한 번 내보면 어떨까요? 진한 커피 향까지 가득하면 금상첨화일 것입니다.

독서경영은 한국만의 고유한 경영 문화라고 합니다. 한국이 이만큼 발전한 것도 기업 차원에서 책읽기를 중요시한 덕분인지도 모르겠습니다. 이 고유한 문화를 잘 살려서 세계 최고의 지식경영, 창조경영의 사례를 만들 수 있기를 기대해 보는 것은 무리일까요? 저는 해볼 만한 도전이 아닐까 생각합니다.

⚜ Leader Coaching

사내 북카페 프로젝트를 추진해 보세요.

너무 거창하게 생각할 필요는 없습니다. 휴게실이 있다면 휴게실에 책을 비치해도 좋고, 없다면 회의실을 북카페로 만들어도 가능합니다. 기왕이면 좋은 커피 머신도 비치하고, 커피도 무제한으로 가득 제공하면 멋지겠지요?

3

965에서 탈출하면 안 될까?

아침 출근길의 교통 정체는 하루의 에너지를 거의 바닥으로 만들어 버리는 것 같습니다. 퇴근길도 마찬가지입니다. 휴가 기간도 겹치게 되면, 휴가가 되레 더 많은 스트레스를 쌓게 만드는 것 같습니다. 이런 틀에서 벗어날 수는 없는 것일까요?

965는 '아침 9시부터 오후 6시까지, 주5일 근무'라는 뜻입니다. 시간 관리를 연구하는 저에게도 가장 기본적인 시간 운영 시스템이고 가장 많은 사람들이 자신에게 적용하는- 혹은 적용 받는- 시스템이기도 합니다. 저는 이 시스템에 의문을 제기하려고 합니다. 그리고 조심스럽게 대안도 한번 고민해 볼까 합니다.

9시 출근, 6시 퇴근의 의미

오전 9시부터 오후 6시(근무 시간 8시간, 식사 시간을 포함하면 정확히 9시간)로 하루 근무시간을 잡은 제도가 정착된 건 현대가 아니라 '근대'로 봐야 합니다. 아직은 공장 시스템이 다수인 시절, 경영 시스템이 전체를 보고 적용되던 시절의 이야기라는 뜻입니다. 꽤 오랫동안 효과를 본 시스템이었습니다. 사람들은 대체로 비슷한 커리어를 가졌고, 비슷한 장소에서, 비슷한 일을 했습니다. 비슷한 시기에 결혼하고, 비슷한 곳에서 비슷한 집을 짓고 살았습니다. 당시에는 큰 문제가 없었는데 지금은 그렇지가 않습니다.

현대의 우리는 거주지와 회사의 거리가 무척 멀기도 하고, 일의 특성에 따라 오전에 바쁜 일도 있고 오후에 바쁜 일도 있습니다. 업종과 업무에 따라서 일의 형태가 무척 다양해졌습니다. 개인의 라이프스타일도 달라져서 결혼과 임신·출산·육아 형태도 많이 변화하였습니다. 회사 직원관리도 이러한 점들에 영향을 받고 있습니다.

전반적인 생활이 많이 달라졌기 때문에 이에 따라 근무형태를 개선하는 시도는 필요하다고 생각합니다. 수십 년간 자리 잡힌 체계를 버리는 게 쉽지는 않지만, 개인과 회사 모두를 위해 꼭 시도해야 할 것입니다.

재택근무로 가자는 과격한 제안은 지양하겠습니다. 실제로 재택근무는 제한적인 효과만 검증된 모델이기 때문입니다. 하지만 유연 근무제(탄력 근무제) 등의 도입은 여러 가지 면에서 의미가 있습니다. 중요한 건 함께 모여서 회의할 시간을 반드시 정해야 하고, 상당 시간을 동시에 근무함으로써 커뮤니케이션의 효과를 늘여야 한다는 것입니다.

가령 오전 10시 회의는 반드시 전원 참석하고, 출퇴근 시간을 기존 기준에서 앞뒤로 1~2시간씩 변동 폭을 두는 것입니다. 어떤 날은 6시간만 일하고 퇴근할 수도 있고, 어떤 날은 12시간 일하고 퇴근할 수도 있도록 한다면 더 좋습니다. 출퇴근 시간을 유연하게 가져감으로써 직원 개개인의 시간 운영 효과는 놀랍게 증가할 수 있습니다.

주 5일 근무제의 의미 그리고 월-금 체제의 의미

언제부터인가 일요일은 빨간 날이 되었습니다. 일요일이 쉬는 날이라는 개념이 정립된 건 천 년이 넘는 역사를 가졌습니다. 여기서 그 설명은 빼겠습니다. 중요한 건 사람들에게 일요일은 정말 쉬는 날인가 하는 것입니다. 냉정하게 한 번 바라보면 일요일에 움직이는 자동차, 일요일에 더 바쁜 상점들, 식당들, 휴양지 등 이미 일요일은 상당히 노동 강도가 강한 요일이 되었습니다.

사실 토·일은 하나로 묶여진 상태이고, 직장인들은 평일에 바쁜 탓에 토·일요일에 몰아서 개인적인 일을 처리합니다. 상황에 따라서 평일에 처리해야만 하는 일(예를 들어 은행이나 자동차수리 등)이 있는데 할 수 없는 것이지요. 다 같이 한꺼번에 토·일요일에 쉬는 탓입니다. 일의 특성상 평일이 맞는 것이 있고 주말·휴일이 더 적합한 일이 있는데 일괄적으로 일하고 쉬는 시스템이다 보니 불편할 때가 많습니다. 그런 점에서 월요일부터 일요일까지를 같이 볼 수 있는 관점이 필요한 시대가 되었습니다.

일주일에 5일 일하는 게 중요하지, 반드시 월요일부터 금요일까지 일하는 것으로 정할 필요는 없지 않을까 하는 생각이 듭니다. 화요일부터 토요일까지 일할 수도 있고, 수요일부터 일요일까지 일할 수도 있지 않을까요? 우리의 갇힌 생각을 바꾸기 시작하면 다양한 서비스가 가능해지기 시작합니다. 그런 점에서 월요일부터 금요일까지라는 강한 패러다임도 손을 대보면 좋겠습니다.

반드시 월요일부터 금요일까지라는 기준을 내려놓았으면 합니다. 화-토 혹은 수-일 체제도 얼마든지 가능하고, 어떤 이들은 이틀 일하고 하루 쉬고, 삼일 일하고 하루 쉬는 게 더 나을 수도 있습니다. 여기에 월차 등을 적용하면 화수 혹은 수목으로 쉬는 것도 가능한 시스템이 됩니다.

물론 매일 안정적으로 근무가 필요한 회사나 그런 업무를 하는 부서에서는 어려울 수 있습니다. 모든 회사, 모든 직원들에게 똑같이 적용할 수는 없을 것입니다. 그렇지만 자신이 원할 때 일하고 싶다는 이유로 수많은 이들이 1인 기업을 선택하고, 프리랜서를 선택하는 현실을 좌시하지 말아야 합니다. 급여가 아니라 좀 더 유연한 근무 형태─사실 프리랜서나 1인 기업들은 오히려 회사를 다닐 때보다 일을 더할 때도 많습니다─를 위해 안정적(?)이라는 직장을 버리는 현실은 기업들이 더 변해야 한다는 의식을 가질 이유입니다.

주5일이 아니라 주4일 근무도 가능할 것 같습니다. 하루 12시간씩 근무할 경우, 충분히 주4일 근무 체제가 정착될 수 있습니다. 실제로 상당수 직장인들이 야근을 당연시하고 있습니다. 그렇게 야근을 이어가면 2~3일 내 집중력 저하 현상이 나타납니다. 몸은 회사에 있지만, 생산성은 현저히 떨어지는 셈이지요. 그럴 바엔 이틀 일하고 하루 쉬는 게 더 낫지 않을까요?

보편적인 예는 아니겠지만 저는 매주 4일을 핵심 근무일로 정해놓고 일합니다. 그중 2~3일은 12시간 이상 업무를 보지만, 특별히 어려움을 느끼진 않습니다. 오히려 온종일 쉴 수 있거나 개인적인 일을 할 수 있는 날 자체가 늘어나는 게 더 행복한 편입니다.

기업 경영에서 근무 제도를 바꾸는 게 쉬운 일이 아니라는 것은 압니다. 그러나 '혁신', '창조' 같은 개념을 개척하고 가장 먼저 실행해 온 게 기업이라는 점을 생각한다면, 이제는 진지하게 고민해 볼 필요가 있습니다. 근무 제도를 바꾼다고 일하는 시간이 줄어드는 것도, 생산성이 떨어지는 게 아니라면 진지한 고민을 통해 도전해 보는 건 어떨까요? 언제나 말씀드렸다시피 리더의 결심은 많은 것들을 가능하게 합니다. 새로운 제도가 더 나은 생산성과 더불어 더 높은 만족감을 준다면 인재들이 알아서 몰려들 수도 있지 않을까요?

느린 출근, 빠른 점심 등 약간의 탄력 근무제로도 효과가 있습니다

아침 일찍 출근한답시고 한 시간쯤 일찍 집을 나서 봅니다. 다른 도시는 어떨지 모르겠지만, 서울은 그럼에도 불구하고 차가 막힙니다. 사람들이 얼마나 부지런한지 깜짝 놀라게 됩니다. 월요일 아침에 가장 차가 막히는데, 출근 두 시간 전임에도 막히는 도로는 계속 막힙니다. 그러다가 한 시간쯤 늦게 출근하는 날이 생겼습니다. 병목 지역에 이르렀는데 불과 한 시간 전만 해도 꽉 막혀 있던 도로가 시원하게 뚫리는 게 아닙니까?

만약 출근 시간을 한 시간 늦출 수 있다면 훨씬 더 여유롭고 덜 피곤하게 출근할 수 있을 것입니다. 아침에 출근 준비가 훨씬 여유롭고 자녀들과 눈 한 번 더 맞추고 집을 나설 수 있습니다. 콩나물시루 같은 지하철이나 버스에 시달리지 않고 책을 읽을 수도 있습니다. 아침시간을 활용해 운동을 하거나 학원에 갈 수도 있습니다. 하루의 시작이 참 스마트해지는 것입니다.

12시가 되면 많은 직장인들은 점심식사를 하기 시작합니다. 식당은 사람들로 넘쳐나 제2의 러시아워가 시작됩니다. 늘 똑같은 시간에 점심을 먹기 때문인데요. 만약 10분 정도 앞당기면 어떨까요? 10분만으로도 식당에 자리를 잡기가 훨씬 수월해집니다. 특히 아침을 잘 먹지 않고 다니는 직장인들도 많기 때문에 식사시간을 살짝만 앞당겨도 도움이 될 것입니다. 여유롭게 밥을 먹고 산책하는 맛도 일품이구요.

더 적게 일한다면?

만약 하루에 해야 하는 일의 양이 유지된 상태에서 근무 시간을 한 시간 적게 일하면 어떤 일이 벌어질까요? 단언컨대 놀라운 현상을 보게 될 것입니다. 한 시간 적게 일함에도 불구하고 생산성의 차이가 없을 테니까요. 혹여나 평소 직원들이 느슨하게 일한 건 아닐까 생각할 수도 있겠지만, 좋게 본다면 생산성을 단번에 12.5% 높이는 기법을 찾아낸 셈입니다. 이게 왜 좋으냐고요? 혹여나 많은 일이 닥쳐 추가 근무를 하더라도, 같은 시간이 아니라 12.5% 적은 시간만으로 그 일을 해낼 테니 장기적으로는 비용을 12.5% 줄이는 효과가 나타나는 셈이니까요.

많은 리더들이 근무시간 길이에 연연합니다. 하지만 시간이 길어진다고 일을 많이, 잘하는 것은 결코 아닙니다. 오히려 근무 중에 집중하여 일을 하고 퇴근을 빨리 할 수 있도록 조정하는 것이 능률이나 성과 면에서 바람직합니다. 만약 퇴근시간을 한 시간 앞당긴다고 하면 직원들은 자율적으로 근무시간에 놀라운 집중력을 발휘할 것입니다. 중요한 것은 시간이 아니라 집중력, 몰입의 정도입니다.

조직을 경영하다 보면 '효율성'이라는 측면을 간과할 수가 없습니다. 그래서 수많은 경영자들은 어떤 제도를 도입해야 가장 최적일까를 고민합니다. 정답이 없는 것 같습니다. 대체로 빠른 게 정답인 것 같지만, 때로는 느린 게 정답일 때도 있습니다. 그래서 우리는 끊임없이 새로운 제도를 연구하고, 실험하고, 결과를 측정해 보아야 합니다. 모두가 빨리 갈 때, 나는 오히려 느리게 가는 것도 성공을 향한 지름길이 아닌가 싶습니다.

ⵣ Leader Coaching

현재 회사가 적용하고 있는 근무시간과 업무의 특징을 연결해서 바람직한 근무시간을 설정해 보십시오.

오전 9시부터 6시까지 일하는 것이 일반적입니다. 어떤 회사는 퇴근시간은 그대로 둔 채 8시 반으로 출근시간을 앞당기거나, 출근시간은 그대로 둔 채 퇴근시간을 30분 늦추는 회사도 있습니다. 어떻게 해서든 근무시간을 길게 연장하고 싶은 마음 때문입니다.

회사의 업무 특성, 직원들의 생산성을 고려했을 때 과연 30분에서 1시간 정도의 근무시간 연장이 얼마나 실질적인 성과를 내는지 생각해 보아야 합니다. 어떤 회사는 유럽과 비즈니스를 해서 시차 때문에 오전에는 거의 할 일이 없고, 오후 3~4시 이후로 바빠지는데 그럼에도 불구하고 출근시간은 9시로 못박아 두더군요. 퇴근은 늘 늦는데 말입니다. 직원들의 피로가 쌓이면 능률이 높아질까요? 눈에 보이는 것으로 생산성을 판단해서는 안 됩니다. 책상 앞에 앉아 있다고 우등생이 아닌 것처럼 근무시간이 길다고 능률이 높아지는 게 아니라는 사실을 아셔야 합니다.

4

모든 구성원들이 조직의 미래에 대한 책임을 느끼게 하려면?

리더와 직원들의 가장 큰 차이는 책임감이 아닌가 싶습니다. 리더가 늘 훌륭하게 의사결정을 하는 건 아니지만 그래도 직원들보다 나은 것은, 모든 일에 대한 최종 책임을 지기 때문입니다. 각종 업무를 수행하면서 발생하는 크고 작은 책임을 회피하려는 직원들을 보면 답답하고 한숨이 나올 때가 많습니다. 어떻게 하면 직원들이 책임감을 갖게 할 수 있을까요?

최근에 저는 한 권의 책에 푹 빠졌습니다. 전 세계 유명 IT 기업들의 경쟁을 세세하게 수집, 분석하여 정리한 책입니다. 그 책 속에는 유명한 기업들의 이야기가 많이 나옵니다. 그리고 짧은 시간에 놀라운 성과를 창출한 기업들의 핵심 요인 등에 대해서도 저자 나름의 관점으로 제시를 하고 있습니다. 그 책을 읽으면서 저는 하나의 요인에 집중을 하게 되었습니다. 과거- 그렇다고 해서 수십 년 전이 아닌, 불과 수년 전 이야기입니다- 에도 읽은 적이 있었던 내용, 바로 '시간투자'에 대한 이야기입니다.

기업에겐 미래지만, 직원에겐 언제나 현재입니다

미래에 대한 투자를 하지 않는 기업을 그리 많지 않을 것입니다. 특히 세계적인 기업들은 저마다의 기준에 맞춰 미래에 대한 투자를 집행하고 있습니다. 많은 예산을 투입하고, 많은 인력을 투입합니다. 직원 개인은 모를지 모르지만 한 직원, 한 부서, 한 사업부 전체가 회사에겐 미래에 대한 투자가 될 수 있는 셈입니다.

그렇지만 일하고 있는 사람 입장에서 그 회사의 '미래'는 직원의 '현실'일 뿐입니다. 본인의 입장에서 최선을 다하지만 자신이 생각하는 미래가 아닌, 회사가 생각하고 제시한 미래에 자신의 현실을 투자하는 게 전부입니다. 회사가 생각하는 미래와 자신의 미래를 맞출 수만 있다면 직원은 회사의 업무에 훨씬 더 책임감을 가지고 열정적으로 임할 것입니다. 그런 점에서 몇몇 회사의 제도는 시사하는 바가 큽니다.

3M과 구글

두 회사 모두 제가 몸담아 본 적이 없어서 체험담이라고 할 수는 없지만, 여러 책에서 같은 이야기를 읽었기에 여기에 소개하겠습니다. 3M은 오래전부터 직원들에게 15%의 시간을 자신만의 아이디어에 사용하라는 제도를 시행하고 있습니다. 원래 3M은 산업용 제품을 생산하는 기업이었지만, 신제품으로 개발하던 접착제가 사실상 실패로 돌아갔음에도 두 명의 직원들이 그 제품에 주목, 개인들을 위한 제품 개발에 활용하게 됩니다. 이름하여 포스트잇! 3M을 세계적인 개인용 물품 개발 회사로 거듭나게 한 대표적인 제품입니다.

중요한 건 기존의 목표에는 미달되거나 사실상 실패한 결과물을 다른 곳에 활용함으로써 성공한 제품이라는 것입니다. 어떤 기업이든 연구과제 중 대부분을 실패합니다. 최초의 목표를 달성하지 못했으니 '실패'로 규정지을 수 있지만, 최초의 분야가 아닌 다른 곳에서는 오히려 놀라운 성과일 수도 있다는 걸 우리는 많은 사례를 통해 배워왔습니다. 피터 드러커가 지적한 것처럼 초기의 결과물이 어떤 분야에서 혁신으로 비춰질 수 있을 것인가에 대한 조사·실험의 여지가 있다면, 지금까지의 많은 실패는 오히려 놀라운 성과로 이어질 수 있지 않을까 생각해 봅니다.

그런 점에서 구글 역시 직원들에게 10%의 시간을 원하는 과제에 투자하도록 한다는 점도 눈여겨볼 만합니다. 구글은 수백 가지의 '비밀 프로젝트'를 연구하고 있는 것으로 알려져 있는데, 무인 자동차라든가 카메라가 달린 안경 등은 머지않아 우리의 삶을 놀랍도록 바꿔 줄 비장의 무기로 일컬어집니다. 구글스럽지 않은 제품 같지만 그 이면에는 새로운 기술, 아이디어에 대한 지원을 아끼지 않는 구글스러움이 자리 잡고 있다고 봐도 과언이 아닙니다.

참여의 기회를 수시로 열고, 보장해 보세요

공유의 시대, 모든 게 공개되는 시대에 가장 폐쇄적인 조직이 어쩌면 기업인지도 모릅니다. 오히려 가장 앞선 조직이라는 착각에 빠져 지금 이루어지고 있는 수많은 것들을 합리화하고, 당연시하고 있는지도 모릅니다. 하지만 기업이 가장 혁신적인 조직이 되어 왔던 이유는, 이런 당연함에 의문을 갖고 도전했기 때문입니다.

리더가 의사 결정을 내리고 책임을 지는 것을 모르는 이는 없습니다. 문제는 리더 혼자 모든 정보를 놓고 고민하는 게 쉬운 게 아니라는 것입니다. CFO보다 재정적인 상황을 잘 알지 못하지만 CFO의 판단을 믿고 리더는 결정을 내려야 합니다. 이런 일이 어디 한두 번이겠습니까? 게다가 경영진은 대체로 현장의 상황을 잘 알지 못합니다. 경영진은 고객의 구매 이유를 명확하게 알지 못합니다. 고객은 너무나 잘 아는 사실을, 경영진은 놓치거나 오판하는 경우가 아주 흔합니다.

이런 문제들을 막으려면 결국 수많은 조직 내 구성원들이 리더의 의사 결정 과정에 참여할 기회를 가져야 합니다. 참여의 기회를 열었을 때 모든 구성원들이 참여하지 않을 수도 있습니다. 하지만 참여할 기회가 있는데 참여하지 않는 것과 아예 참여할 기회조차 갖지 못하는 것은 전혀 다른 상황입니다. 부도 직전인 회사를 살리기 위해 모든 기업 정보를 공개하고 그 정보들을 읽는 법까지 교육을 시키자 모든 직원들이 경영자처럼 생각하고 회사의 문제를 찾아내 해결하고 미래의 목표를 고민하는 능동적인 조직이 되어 건강하게 탈바꿈하였다는 이야기도 심심찮게 들려옵니다.

참여의 기회를 열고 보장해 보십시오. 그래야 내 일처럼, 내 회사처럼 여기고 함께 고민하기 시작할 것입니다.

10%의 시간과 10%의 경비를 지원한다면?

10%의 시간을 투자하는 제도는 정말이지 놀라운 제도입니다. 하지만 우리가 후발주자라는 사실을 인식한다면 10%의 시간 투자는 후발 주자로서 선발 주자를 앞서기엔 부족할지도 모르겠습니다. 여기에 한 가지 안을 더해보고자 합니다. 기업 예산의 10%를 모든 직원들에게 나눠서 사용할 수 있도록 하면 어떨까요? R&D 예산의 10%도 괜찮습니다. 중요한 건 시간과 자금은 따로 떨어져 있을 때에도 강력한 자원이지만, 결합되면 엄청난 자원으로 변한다는 사실입니다. 진정한 시너지가 창출되는 셈입니다. 그런 점에서 모든 직원들에게 10%의 시간과 10%의 자금을 지원해서 자신만의 아이디어, 회사를 키우는 아이디어에 투자한다면 어떤 결과가 창출될까요? 생각만 해도 흥분되는 일입니다.

권한을 나눠 줄 때가 왔습니다

경영 환경에서 임파워먼트는 최고의 화두가 되어가고 있습니다. 최고경영자가 한 직원보다 반드시 모든 면에서 뛰어날 수 없고, 최고경영자가 회사의 모든 일을 알 수도 없는 상황에 이르렀습니다. 중요한 것은 현장에서 중요한 의사 결정을 할 수 있도록 임파워먼트해 주는 것입니다.

그렇다면 직원들에게 미래를 위해 투자할 수 있는 기회를 주는 건 어떨까요? 미래를 위한 예산을 편성하고 미래를 위한 부서를 만드는 것도 중요하지만 모든 직원들이 일정 시간과 비용을 새로운 것에 투자할 수 있는 제도를 만들면 어떤 성과가 나타날까요?

놀라운 것은 대부분의 기업들이 모든 직원에게 10%의 시간을 부여하는 게 전혀 어렵지 않다는 것입니다. 더욱 놀라운 것은 그 정도의 시간을 새로운 분야에 투자한다고 해서 성과가 10% 떨어지는 것도 아니라는 사실입니다.

제도는 매우 딱딱한 용어입니다. 하지만 제도는 한 기업이, 한 조직이 최소한의 성장과 혁신을 할 수 있도록 도와주는 든든한 받침대입니다. 게다가 보일 듯 말 듯한 작은 제도의 변화가 엄청난 성과로 돌아올 수 있다는 것을 생각한다면, 작은 제도의 변화는 이제 필수적으로 자리 잡도록 해야 하지 않을까요?

오늘 당장 제도를 변화시켜 적용하는 건 힘들 수도 있습니다. 하지만 올해 안에는 가능하지 않을까요? 미루기보다는 '오늘 당장' 10%의 시간을 투자하도록 하는 제도의 정착을 고민해 보는 건 어떨까요? 이런 결정이야말로 진정한 리더다운 활동이 아닐까요?

⚜ Leader Coaching

회의가 없을 때면 사무실의 방문을 열어 두십시오. 직원들의 명단을 꺼
내 한 명 한 명과 티타임을 가져 보십시오. 가끔은 메신저로 먼저 안부를
묻고, 친해지려고 노력해 보십시오.

내 회사라고 여길 수 있는 가장 좋은 방법은, 결국 그 조직에 있는 구성원들이 내
가 아는 사람이 되고, 친한 사람이 되는 것입니다. 그래야 관심이 갈 테니까요.
주주도 아닌데 회사의 주인의식을 갖는 게 어디 쉽겠습니까? 하지만 그래야 회사
가 발전한다면, 회사를 수많은 친구, 선배, 후배들과 어울려 있는 조직이라고 생
각하고, 그 유기적인 연결을 자신도 책임지고 있음을 느끼게 할 필요가 있습니
다. 기장 정보를 낳이 갖고 있는 리더가 앞장서서 만나고 대화하고 다가간다면
자신의 현재만이 아닌, 조직의 미래까지 고민하는 구성원들이 늘어날 것입니다.

5

경쟁하는 문화가 도움이 될까?

저 자신도 치열한 경쟁을 통해 지금의 자리에 올랐고, 저희 회사 역시 치열한 경쟁 속에서 현재의 경쟁력을 얻게 되었습니다. 경쟁하고 싶지 않아도 피할 수 있는 것도 아니니 경쟁을 당연하게 여기긴 합니다. 하지만 사회 여러 부분에서 경쟁의 폐해를 보게 되고, 회사 내외부에서도 경쟁으로 인한 상처가 없지 않습니다. 경쟁하지 않을 수 없지만, 마냥 당연시하는 게 맞는지 고민이 됩니다.

여러 기관과 단체를 돌아다니면서 강의하다 보면 많은 모습을 보게 됩니다. 여기서는 지나칠 정도로 경쟁을 좋아하는 한 리더를 보면서 느낀 생각을 이야기해 보려 합니다. 경쟁에 대한 조금은 특별한 생각으로 생각해 보면 어떨까 싶습니다.

경쟁이 유행하는 사회

MBC 예능프로그램 '나는 가수다'의 열풍은 대단한 것이었습니다. 각기 자신만의 개성으로 살아오고 인식되어 온 가수들을 동일한 무대에서 평가를 한다는 것. 도발적이면서도 파격적인 시도였고, 정말 많은 사람들에게 사랑을 받았습니다.

누군가를 이긴다는 것은 굉장히 짜릿한 경험입니다. 그간의 노력을 보상 받고, 나아가 내가 최고가 되었다는 감정은 인간으로서 끊기 힘든 마력이라고도 할 수 있습니다. 우리가 좋아하는 것들의 대부분은 늘 소수이거나 한정되어 있습니다. 자리도 한정되어 있고, 상금도 한정되어 있습니다. 그걸 쟁탈하기 위한, 수천 년 전부터 이어온 인간의 경쟁 심리는 지금의 치열한 경쟁 사회를 너무나 당연하게 느끼도록 만들었는지 모릅니다.

문제는 대다수가 경쟁을 한다고 해서 그 경쟁이 마냥 좋은 것은 아니라는 것입니다. 극소수의 승자 곁에는 다수의 패자가 존재하고, 그들은 지난날의 보상을 받지 못하고 되레 패배감과 자괴감으로 인해 남은 시간을 힘들어 할 수 있기 때문입니다. 게다가 상처가 너무 키져 버리면 다음의 도전을 아예 포기하게 만드는 역효과도 존재합니다. 그런 점에서 '경쟁'은 필요한 도구이긴 하지만 무턱대고 권장하거나 사용하기엔 문제가 될 수도 있다는 점을 분명히 해두고 싶습니다.

대부분의 내부 경쟁은 폐해를 가져옵니다

경쟁 자체가 워낙 매력적인 효과를 갖다 보니 많은 리더들은 경쟁을 지향하고 권장합니다. 경쟁의 좋은 면은, 사람들은 자신이 평소에 도달하기 힘든 몰입과 노력으로 멋진 성과를 낼 수 있다는 것입니다. 그런 성과들이 모이면 기업은 탁월한 성장을 할 수 있습니다. 그래서 개인끼리, 팀끼리 경쟁을 부추깁니다. 그런 경쟁 효과 덕분에 많은 기업들이 우리가 상상하는 것 이상의 성장을 경험했습니다.

문제는 내부 경쟁의 과정에서 '더 잘하는' 쪽으로 가지 않고 '상대방보다 더 나은' 정도로 멈추는 데 있습니다. 게다가 그런 평가들이 제한적으로 이루어지지 않고 매 순간 끊임없이 진행될 경우, 팀 내 자원이 비효율적으로 사용되거나 극심한 스트레스가 팀워크를 해치고, 조직이 갖고 있는 긍정성을 소멸하는 등의 부작용이 나타납니다. 심지어 경쟁에서 이기기 위해 같은 조직 내 다른 팀을 방해하거나 후퇴하도록 만들기도 합니다.

대체로 외부 경쟁자는 그 조직에 영향력을 끼치기 힘든 반면, 내부 경쟁자의 경우 같은 조직, 같은 환경, 같은 인프라에서 움직이다 보니 상대를 방해하는 게 수월한 편입니다. 그런 점에서 내부 경쟁은 끊임없이 권고되기보다는 한시적, 한정적으로 사용되는 게 좋습니다. 경쟁의 긍정적 효과만을 누리고자 한다면, 내부적으로는 경쟁을 가능한 지양하도록 하는 게 바람직합니다. 이럴 경우 이런 고민을 할 수가 있습니다. 내부적으로 경쟁을 지양한다면, 경쟁이 갖는 긍정적 효과를 어떻게 활용할 수 있는가 하고요. 그 점에서 저는 이런 권고를 드립니다. 경쟁의 초점을 내부가 아닌 외부로 돌리라는 것입니다.

외부와 경쟁하기 위해 내부 협력을 강화한다면?

사실 경쟁자는 곳곳에 산재합니다. 그것도 더 크고, 더 강한 경쟁자들이 즐비합니다. 더는 경쟁자를 찾을 수 없어서, 나중엔 스스로를 경쟁자로 삼고 경쟁하기까지 합니다. 적어도 경쟁은 이제 우리 유전자 코드처럼, 본능처럼 되었습니다. 그렇다면 이제 내부에서만큼은 경쟁을 지양해야 하지 않을까요? 알아서 경쟁을 하고, 그냥 둬도 경쟁이 되는 시대라면 그 경쟁에서 이기기 위해 내부 경쟁보다는 내부 협력을 강화하는 게 답이 아닐까 생각합니다. 사실 0.0000001% 정도의 기업을 빼고 나면 전부 1등보다 작고, 약하고, 부족하고, 부실합니다. 그래서 내부 경쟁이 생길 때마다 분열이 생기고, 부족한 자원이 더 부족해지며, 심지어 자원의 낭비도 심해집니다. 당연히 일은 더 안 풀리고, 스트레스는 더 극심해지고, 결국 자신을 망치고, 조직을 망치는 결과를 가져옵니다.

내부 협력은 그냥 이뤄지지 않습니다. "알아서 협력하세요."라고 해서 거의 이뤄지지 않습니다. 협력이란 건 인간이니까 당연히 알아서 하는, 그런 본능적인 것이 아니기 때문입니다. 사람들은 다수 속에서 자신만 특별해지길 좋아하기에 무언가를 위해 협력하게 하려면 강한 동기도 필요하지만 여러 가지 제도도 필요합니다. 참 재미있는 것은, 외부에서 공동의 적을 발견하게 되면 흩어져 있을 것 같은 사람들이 의외로 쉽게 뭉친다는 것입니다. 그런 점에서 외부의 강력한 경쟁자를 찾는 데 성공한다면, 오히려 내부의 협력을 강화할 수 있는 계기가 마련되는 셈입니다.

경쟁의 상처를 미리 고민해 보고, 대비한다면?

피할 수 없는 경쟁, 즐기라는 말이 있지요. 사실 경쟁을 해보면 마냥 부정적인 스트레스만 가득한 건 아닙니다. 단순히 취미로 여기는 스포츠에서 간단한 시합을 해봐도 긴장감과 더불어 이기겠다는 열정과 흥분을 느끼는 게 사실입니다. 한계를 뛰어넘고 싶다는 열정, 분명 긍정적인 에너지입니다. 스포츠에서 경쟁을 즐길 수 있는 이유는 몇 가지 장치가 걸려 있기 때문인데요. 이것을 기업에 대입해 본다면 경쟁을 즐길 수 있는 조직을 만드는 데 참고할 수 있습니다.

우선 처음부터 서로가 정해 놓은 기준이 있습니다. 보통은 '룰'이라고 부르는 스포츠의 기준을 의미하는데, 서로가 공정한 경쟁을 할 수 있도록 돕는 아주 중요한 장치입니다. 룰이 잘 지켜지는지 '감독자·심판'이 존재하고, 이들은 혹시나 모를 분쟁을 조정하고 결정하는 역할을 합니다.

사업상 경쟁이 스포츠와 똑같진 않지만, 법이라는 테두리에서 여러 기관들이 나름의 심판자 역할을 하고 있다는 점은 비슷합니다.

또 거론할 수 있는 게 스포츠맨십입니다. 경기에 임한 선수는 근본적으로 스포츠의 기본적인 철학과 윤리를 지키겠다고 선언한 것과 마찬가지입니다. 이처럼 기업경영에도 윤리가 존재합니다. 기업가로서, 기업으로서의 윤리가 있습니다. 함께 일하는 사람들과 기업의 윤리를 작성하고 공표하는 것도 아주 중요하고 의미심장한 일이 될 수 있습니다.

그리고 '관객'이 존재한다는 점도 감안해야 합니다. 스포츠가 관객을 위한 것이라고 단정하긴 힘듭니다. 관객이 거의 없는 경기도 있으니까요. 하지만 관객이 많아질수록 선수들은 더 고민에 빠질 수도 있습니다. 경기에만 집중하는 게 아니라, 그 경기가 관객들을 재미있게 하느냐까지 고민해야 하니까요. 많은 관객들이 몰려 있는 스포츠들을 살펴보면, 선수 한 명 한 명이 감독도 구단주도 아니면서도 관객의 숫자와 반응에 영향을 받는 모습을 보게 됩니다. 선수들이 이름 모를 관객까지 고민하는 것처럼, 직원들이 고객의 반응과 확산에 관심을 갖는다면 발전할 수밖에 없지 않을까요?

외부의 강력한 경쟁자를 찾고 그를 공동의 적으로 간주하게 하고 그를 물리치기 위해 내부 협력을 끌어내는 것. 어쩌면 새로운 형태의 리더십의 정의가 될 수도 있겠다는 생각이 듭니다. 이런 과정을 잘해 나가다 보면 어느 날 외부 경쟁자가 없어서 이제 자신의 과거와 현재와 싸우는 날이 올 것입니다. 이미 많은 결실을 맺었고 많은 것들을 갖고 있고 힘은 강력해진 상태일 겁니다. 스스로와 싸운다는 것 역시 쉬운 일은 아닙니다만 여러 가지 면에서 볼 때 스스로 싸워도 되는, 스스로와 싸우는 것만이 남은 상태가 그렇지 않은 상태보다 훨씬 낫습니다.

내부 경쟁? 아직 때가 아니라면 굳이 권장하지 않으셨으면 합니다. 지금 필요한 건 '멋진(?)' 외부 경쟁자를 찾아내 '멋진(!)' 협력을 끌어낼 때입니다. 그러면 어느 날 멋지게 성장한 자신과 조직의 모습을 볼 수 있지 않을까요?

♻ Leader Coaching
지금 처해 있는 상황을 하나의 경기라고 인식하고 누가 심판이고, 누가 관객이며, 누가 경쟁자이며 어떤 룰에 따라 시합을 하고 있는지 한 번 그려 보시기 바랍니다.

열심히 뛰다 보면 내가 어떤 경기장에서 어떤 경기를 하고 있는지 잊어버릴 때가 있습니다. 그때 우리는 이성이 아닌, 습관과 본능으로 경기를 치르게 됩니다. 가끔은 이런 상황이 도움이 될 때가 있습니다만 복잡하고 수시로 변하는 기업 환경에서는 위험하기 그지없는 상황이 될 수 있습니다. 현재 우리가 어떤 경기에서 어떤 룰로 누구랑 경쟁하는지 함께 머리를 맞대고 객관화 시켜볼 필요가 있습니다. 더 나은 경기를 할 수 있는 방법이 나타날 테니까요.

6

달콤한 게 언제나 달콤할 수 있을까?

다른 회사들과 비교해 봐도 그럴 듯한 규모와 경쟁력을 갖추었음에도 왠지 회사가 제대로 굴러가지 못한다는 느낌이 들 때가 있습니다. 막상 큰 문제가 있는 것도 아니고 시장 상황이나 향후 전망이 불투명한 것도 아닌데, 느낌이 그렇다는 것입니다. 그냥 일시적인 것인지, 무언가 알지 못한 문제를 알려 주는 징조인지, 어떻게 하면 구분할 수 있을까요?

대한민국에 카페 열풍이 불어 닥쳤습니다. 잘된다 싶으면 너도 나도 따라 하는 게 우리 나라 문화라지만, 지금까지 그 어떤 종류의 가게보다도 더 많이 생겨나고 있습니다. 커피·카페 열풍은 쉬이 그칠 기미가 보이지 않습니다.

이 문화의 핵심에는 커피라는 핵심적인 상품이 있습니다. 스타벅스 커피라고 설명해야 더 잘 이해가 될지도 모르지만, 아랍에서 시작되었다고 알려진 커피가 유럽을 거쳐 미국으로 전파되었고, 스타벅스를 통해 전 세계로 확산되었습니다. 앞으로 수백 년이 될지 수천 년이 될지 모르지만, 커피는 지금까지처럼 크게 변하지 않고 살아남을 상품이 되지 않을까 싶습니다.

커피는 쓴 맛이 무척 강합니다. 물론 고급 커피를 음미하는 분들은 신맛, 단맛, 초콜릿 맛이 난다고도 하지만 커피의 기본적인 맛은 고유한 쓴맛을 빼고 설명할 수 없습니다. 그러다 보니 이 쓴맛을 없애기 위해 물을 타기도 하고 시럽이나 크림을 넣어서 단맛으로 보완하기도 합니다. 한때 가장 많이 팔린 음료가 크림과 시럽이 가득 들어간 커피였다는 말도 있으니 쓴맛에 대한 저항감이 생각보다 컸음을 알 수 있습니다.

회사의 고유한 문화가 언제나 달콤하진 않습니다

높은 압력에서 커피를 추출한 '에스프레소'는 커피가 가진 여러 가지 맛을 가장 직접적으로 맛볼 수가 있습니다. 웬만큼 커피에 익숙하지 않고서는 에스프레소를 즐기기가 굉장히 힘들 정도로 강한 맛이 나는데, 대부분의 메뉴는 여기에 물이나 우유, 시럽, 크림 등을 넣어서 만들다 보니 고유한 맛이 상당 부분 희석될 수밖에 없습니다.

수많은 회사를 다녀 보면 회사마다 독특한 문화가 있기 마련인데, 그 문화의 고유함은 참 멋지지만 그 고유함이 언제나 모든 사람에게 좋게 보이긴 힘듭니다. 그 조직을 오랫동안 경험한 이들에게는 고유함이 차별화의 핵심일 수 있지만, 처음 접하거나 짧게 접한 사람들에겐 굉장히 곤혹스러울 수 있는 셈이지요.

삼합이라고 불리는 전라도 지역 음식 중에 '홍어'는 타 지역 사람들이 받아들이기엔 굉장히 힘든 맛과 향을 가지고 있습니다. 발효와 부패의 가장 절묘한 지점에 있다고도 표현되는 이 맛을 제대로 즐기지 못하면 전라도 사람이 아니라고 주장하는 분들도 많습니다. 경상도 출신인 저로선 십여 년 가까이 멀리해 온 음식이기도 했습니다. 처가가 전라도인 덕분에 탐구정신으로 다양한 전라도 음식을 알게 되면서 조금씩 받아들이게 되었지만 말입니다.

쉽게 접근하다가 어느 순간에 이르면……

다행히도 홍어회가 모두 강한 맛을 지닌 건 아닙니다. 처음엔 가벼운 수준에서 시작해서 점점 강한 맛을 찾게 되었는데, 김치나 돼지고기 등과 어울리니 먹을 만한 음식이 되기 시작했습니다. 커피의 본래 맛이 쓰다 하여 처음부터 쓴맛부터 볼 필요는 없습니다. 설탕과 프림이 들어 있는 커피에서 시작해서 조금씩 커피 본연의 맛을 찾아가는 게 바람직한 순서일 수 있습니다.

이처럼 주변 사람들이나 고객들에게 회사의 독특한 문화를 처음부터 알리기보다는 차근차근 순서를 정해서 알리는 것들은 매우 적절한 접근입니다. 주의할 점은 그 과정에서 본연의 고유함을 전혀 느끼지 못할 수준으로까지 가게 되어서인데요. 화이트 초콜릿 모카라는 메뉴에서 커피 본연의 맛을 거의 느끼지 못하는 것처럼 말입니다. 그냥 커피 맛이 나는 음료 정도가 되어 버립니다. 그 커피를 즐기면서 커피의 여러 문화를 제대로 이해했다고 말한다면 정확한 판단은 아닌 것이지요.

조직 문화도 이와 비슷하지 않을까요? 이런저런 양보와 타협을 하다 보면 어느 회사, 어느 조직과 비교해도 '다르지 않은' 문화로 전락해 버리는 경우를 많이 봅니다. 처음부터 의도한 거라면 모르지만, 독특한 문화를 잃어버렸을 때 나타나는 조직의 여러 병폐들을 생각한다면 양보와 타협도 어느 정도에서 멈춰 주어야 하지 않을까 생각을 해봅니다.

문화는 궁극적으로 조직 전체의 책임이자 리더가 최종 책임을 져야 합니다

스마트폰을 살 때 세상 모든 사람들이 '아이폰'을 선택하지 않습니다. 애플이 제품을 잘 만든다고 해서 삼성이 아이폰을 모방해서 거의 똑같은 제품을 내놓는다면 사람들은 과연 삼성의 제품을 사려 할까요? 오히려 기존의 삼성 제품을 좋아하던 사람들만 잃어버릴 것입니다. 세상이 스마트폰으로 도배되는 것 같지만 여전히 세계 최대 판매 제품은 기존의 휴대폰이고, 스마트폰은 이제 그 시장을 조금씩 가져가는 것뿐입니다. 상대방의 제품과 문화를 배우는 건 좋은 일이지만 도를 지나쳐 자신의 고유성을 잃게 된다면, 고객들에게는 짝퉁 제품으로만 기억될 뿐입니다.

좋은 기업을 만들어 가는 것도 마찬가지입니다. 우리보다 더 나은 회사를 끊임없이 배워가는 태도는 참 좋지만, 끊임없는 모방으로 이어진다면 결국 남아 있는 차별성과 경쟁력마저 잃게 되는 경우가 허다합니다. 이 세상의 많은 성공이 모방의 결과처럼 보일지는 모르지만, 모방은 과정이지 결과가 될 수 없습니다. 자신의 생각과 문화에 맞춰서 배워가지 않는다면, 지금의 많은 학습은 수많은 성공사례가 아닌 실패 사례를 양성해 낼 뿐입니다.

화이트 초콜릿 모카도 하나의 좋은 상품이지만, 어떤 카페에도 이 상품이 대표 상품이거나 메인 상품이진 않습니다. 이 상품보다 가격이 더 낮고 인기 없는 에스프레소가 기본이지요. 단가도 낮고 생각보다 많이 팔리진 않지만 결국 그 카페의 커피 맛을 좌우하기 때문입니다.

치열한 경쟁 속에 살아남아야 하는 우리가 취할 수 있는 방법이 많진 않지만, 그럴수록 창의적인 모방이 더욱 절실하지 않을까 생각합니다. 오늘도 몇 군데 카페에서 몇 잔의 커피를 마시겠지만 좋아하는 그 커피 맛이 세상 모든 카페에서 똑같이 구현되는 건 절대 바라지 않는 것처럼 회사들마다 제품들마다 저마다의 고유성은 잃지 않기를 바랍니다.

✛ Leader Coaching

회사에 대해 어느 정도 잘 알고 관심이 있는 외부 인사 중에서 신뢰할 만한 분들을 두세 분 정하십시오. 그리고 그분들과 일대일로 식사 시간을 가져 보십시오. 그리고 질문해 보십시오. 회사의 모습이 어떻게 보이는지, 앞으로 어떻게 될 것 같은지 말입니다.

회사 조직에 대해 가장 잘 아는 사람은 리더일 것입니다. 하지만 조직 안에 있다 보면 어느새 객관적인 시각을 잃어버리게 되고, 전체를 보는 감각도 약해집니다. 이런 단점을 보완하기 위해 큰 기업들은 사외이사 제도 등을 활용해서 외부 인사의 이야기를 듣습니다. 그분들이 정답을 주진 못하더라도 리더에게 도움이 될 수 있는 '시각' 은 제공할 수 있습니다.

PART
0 6

성과의 이면에 수많은 문제점들이 숨어 있다면 반쪽짜리 성공이 아닐까요? 건강한 성공, 풍요로운 성공을 지향한다면 이제는 휴식도 계획을 해야 한다고 믿습니다

SELE MANAGEMENT 자기관리 셀프 리더십

나의 행복을 위해 얼마나
노력하고 있는가?

1

리더에게 맞는 독서법은 없을까?

책을 많이 읽고 싶지만, 시간이 나질 않습니다. 만나야 할 사람도 많고, 해야 할 일도 많고 신경 쓸 일까지 많으니 막상 책을 잡아도 내용이 눈에 들어오지 않을 때가 많습니다. 저 같은 CEO · 리더들에게 적합한 독서법 같은 건 없을까요?

독서법을 자주 강의하는 강사로서 사람들이 책을 얼마나 읽는지에 대해 관심이 많습니다. 2013년 통계는 저를 우울하게 했는데, 18세 이상 남녀 2천 명을 대상으로 조사한 결과 연간 독서량이 9.2권 정도로 나왔더군요. 2011년의 9.9권보다 0.7권이나 줄어든 것입니다. 참 안타까운 일이었는데, 조사 결과*를 보고 나서는 조금 위로가 되었습니다. 현재 대기업 직장인들이 연 40~50권 정도의 독서를 하고 있고, 리더들도 매주 한 권 정도의 독서를 꾸준히 하고 있다는 결과가 나왔기 때문입니다. 바쁜 업무 와중에도 독서를 꾸준히 하는 리더들을 보면 존경하지 않을 수 없습니다. 더욱 놀라운 것은 그럼에도 늘 독서량이 부족하다며 더 읽기를 바란다는 것입니다. 여러 가지 독서법이 있지만 '활용'이라는 측면에서 리더들에게 꼭 필요한 CEO 독서법을 소개해 드리고자 합니다.

---

* 그리움의 책 읽는 나무 www.seri.org · forum · ilovebooks. 2003년 4월 30일에 만들어진 독서 관련 포럼으로서 Cyber SERI(삼성경제연구소 온라인 사이트) 내 독서 관련 포럼 중 최대 규모를 자랑합니다. 포럼 운영 중 몇 차례의 설문조사를 실시하였고, 통계청에서는 알 수 없는, 대기업 직장인들의 독서량 등을 조사하고, 이를 토대로 포럼 내 독서 문화 형성 등에 반영한 바 있습니다.

Creativity, 창조적인 내용을 찾아라

창조경영의 시대이니 당연히 창조적인 내용을 찾는 건 빠뜨릴 수가 없습니다. 다만 이런 이야기는 해보고 싶습니다. 과연 '창조적인 것'은 어떤 걸의미할까요? 일단 저는 크게 두 가지 조건을 꼽습니다. 첫째는 '새로운것'이고, 둘째는 '효과적인 것'입니다.

새로운 것이라 함은 이전과는 뭔가 다른 모든 것을 지칭합니다. 개념이 새로워도 좋고, 과정이 새로워도 좋습니다. 다양한 도전은 창조성의토대가 됩니다. 당연히 실패가 많아지겠지요. 그렇지만 도전의 관점에서는 실패를 따져서는 안 됩니다. 실패가 두려워지거나 문제가 되면, 도전은 자연스럽게 줄어들 수밖에 없기 때문입니다.

그렇다고 모든 도전과 새로움을 '창조적'이라고 부를 수는 없습니다. 그래서 두 번째 조건이 중요합니다. 바로 '효과적인' 것만이 창조적일 수있다는 것입니다. 새로운 제품인 건 좋은데 팔리지 않는다면 창조적일수 없습니다. 애플의 아이폰이 사람들에게 창조적일지는 모르지만, 과거에 만들었던 애플 뉴튼(Apple Newton, 세계 최초의 PDA)은 창조적이지 못했습니다. 잘 팔리지 않았기 때문입니다. 아무리 새로운 과정이라 하더라도 더 많은 비용이 발생하거나 더 오랜 시간이 걸린다면 창조적일 수 없습니다. 세계 최초, 세계 최고라고 불리는 발명이 많지만, 대부분의 발명이 사장되는 것도 두 번째 조건을 충족시키지 못하기 때문입니다.

Execution, 실행 가능 여부를 따져라

예산은 1억밖에 없는데 10억 짜리 광고를 할 수는 없습니다. 시장이 100만 개 정도인데 1천만 개를 생산할 수도 없습니다. 창조적인 생각이라 할지라도 막상 시장에서 성공하려면 따져야 할 게 굉장히 많습니다. 너무 좋은 생각이라도 우리 조직이 해낼 수 없을 경우도 있습니다.

이런저런 것들을 따지다 보면 창조적인 생각 중 남는 것은 많지 않습니다. 그렇지만 실행 가능 여부는 굉장히 중요한 포인트입니다. 유사 제품이라 해도 각 기업의 특성은 굉장히 차이가 있습니다. 소비자들은 알지 못하지만 리더들은 자신의 조직 특성을 잘 알고 있어야 합니다. 그렇지 않으면 좋은 생각이라는 이유로 모방하다가 조직의 문화를 오히려 붕괴시킬 수도 있기 때문입니다.

실행력에 대해서는 리더 외엔 결정할 사람이 없다고 해도 과언이 아닙니다. 리더는 늘 자신의 조직 역량을 감안해서 선택해야 합니다. 지금 당장은 해낼 수 없는 일이지만 언젠가는 해야 하는 일이 있다면 리더로서 조직의 역량을 키우기 시작해야 합니다. 리더십 측면에서 볼 때 너무나 당연한 말이지만, 생각보다 많은 리더들이 할 수 없는 일을 해내려고 노력하는 모습을 보게 됩니다.

리더로서 항상 조직의 한계를 점검해야 합니다. 특히 인적, 재정적 자원의 수준이 어느 정도인지, 기업 내 지식의 수준이 어느 정도인지는 바로 판단할 수 있을 만큼 꿰뚫고 있어야 합니다. 언제나 정확할 수는 없겠지만, 그런 노력이 뒷받침될 때 '실행 가능한 창조적 생각'을 추진할 수 있습니다.

Only One, 하나만 공략하라

책을 읽다 보면 가끔 아이디어가 쏟아지는 것을 느낄 때가 있습니다. 좋은 책을 잘 만났을 때인데, 문제는 그 모든 아이디어를 실행하려고 든다는 것입니다. 조직의 역량이 된다고 해도 리더의 결정과 생각대로 구현되리라는 보장이 없습니다. 리더의 말 한 마디, 행동 하나는 수많은 확대 재생산을 낳게 되고, 아래로 내려갈수록 복잡한 양상을 띠게 됩니다. 따라서 아무리 좋은 생각이라도 하나씩 구현하는 게 굉장히 중요합니다. 책속의 수많은 아이디어 중 하나만 고르십시오. 하나를 고르기가 힘들다면 여러 아이디어들을 모아 꾸준히 정리하십시오. 그래야만 설명하기도 쉽고, 이해하기도 쉬워집니다.

현대 경영의 문제점 중 하나가 너무 '많은' 정보 속에 놓여 있다는 것입니다. 흘러다니는 정보도 많은데 하물며 리더의 생각조차 많다면 따르는 사람 입장에서 갈팡질팡할 수밖에 없습니다. 어디 그뿐입니까? 한정된 인력, 한정된 자본 등을 분산하게 되면 아무런 결과가 나오지 않을 수도 있습니다. 집중이라는 측면에서 볼 때, 오직 하나의 결론을 내는 것이 대단히 중요합니다. 최근 리더십에서 인문학이 넘치는 것도 생각을 버리고, 정리하고, 더 높은 관점에서 사고하는 게 중요하다는 반증일 수도 있습니다.

책읽기를 즐겨하는 리더 중에 독서경영의 중요성을 간과하는 리더는 없습니다. 앞서 독서경영에 대해서도 이야기를 드렸지만, 리더의 수준을 뛰어넘는 문화란 존재할 수 없기에 끊임없이 읽고 생각하고 스스로를 발전시켜 나갈 필요가 있습니다. 이런 말이 있습니다. '사람이 책을 만들고, 책이 사람을 만든다.' 저는 이렇게 말하고 싶습니다. '리더가 책을 선택하고, 책이 회사를 만든다.'라고요.

책은 여러 정보 제공 수단 중에서 꽤 호흡이 긴 수단입니다. 그래서 깊이 몰두할 수 있고 많은 내용을 체계적으로 정리할 수 있습니다. 독서를 경영의 주요 수단으로 삼는 것은 매우 훌륭한 결정이라고 생각합니다. 앞으로 더 높은 독서 능력을 가진 리더가 되기 위해 'CEO 독서법'이 도움이 될 수 있기를 소망합니다.

Leader Coaching

세계적인 리더들은 독서법이 남달랐다고 합니다. 더는 미루지 말고 독서법을 한 번 제대로 배워 보시기 바랍니다.

시간과 돈을 조금만 투자히면 독서법을 배울 수 있습니다. 독서법은 나무를 베기 위해 도끼의 날을 가는 것과 같습니다. 평생 할 독서라면, 제대로 독서법을 배워 평생 써먹는 것도 좋지 않을까요?

2

리더는 어떤 책을 읽어야 할까?

막상 읽을 책을 사려고 모처럼 서점에 가보면 정말이지 책이 너무 많습니다. 베스트셀러도 한두 권이 아니고, 추천하는 책도 한두 권이 아닙니다. 아직 책읽기에 익숙하지 않다면 어떤 책을 읽으면 도움이 될까요? 기왕이면 회사나 사업에 도움이 되면 더욱 좋겠습니다.

하루에도 책이 수백 종이 나오는 시대입니다. 인터넷이나 신문, 방송을 통해 전해지는 양도 어마어마합니다. 메일도 수십, 수백 통씩 받고, 카카오톡이니 페이스북이니 하는 SNS도 우리의 눈과 귀를 어지럽힙니다. 수많은 정보 매체가 있지만, 최고로 꼽히는 것은 역시 책입니다.

훌륭한 리더들은 언제나 독서를 매우 중요하게 여기고, 좋은 책을 읽으려고 노력해 왔습니다. 독서는 리더에게 많은 영감을 불러일으킵니다. 그런데 아무 책이나 읽는다고 그런 영감이 떠오르고, 지혜가 생겨나는 건 아닙니다. 지금부터 '어떤 책을 읽어야 할까?'에 대해 풀어보고자 합니다.

역사책을 읽어 보세요

수많은 인문 계열 책 중에서 역사책만큼 실용적인 책은 없을 거라 생각합니다. 크게 두 가지 이유가 있는데, 역사는 우리의 삶으로는 도저히 볼수도, 느낄 수도 없는 시간의 단위를 다룰 수 있게 해줍니다. 현대 의학이 아무리 발달해도 120세를 사는 게 힘듭니다. 1~20년의 경험도 가치가 있지만, 우리네 삶을 돌아보면 수십 년의 인생 단위로도 풀어내기 힘든 것들이 산적할 때가 많습니다. 그럴 때 우리는 수백 년, 수천 년의 시간을 담고 있는 역사책을 통해 경험만으로 누릴 수 없는 무언가를 발견하게 됩니다.

또한 역사책은 '사람'의 이야기이기도 합니다. 지금까지 살아온 모든 사람들의 이야기는 아니지만, 우리가 기억할 만한 위인, 악인들의 이야기가 기록되어 있습니다. 그 사람들이 어떻게 살았고 어떤 환경에서 일했고 어떤 결정을 왜 내렸는지에 대해 배우면서 현대 사회를 살아가는 데 필요한 통찰을 얻게 됩니다. 사실 다루는 도구가 달라지고 하는 일이 좀 달라졌지만 인간이 생각하고 고민하는 키워드가 과거에 비해 크게 달라지지 않은 것 같습니다. 사람과 사람의 관계, 진로, 결혼 문제 등 과거나 지금이나 우리가 알고 싶은 주제는 비슷합니다. 그런 이야기들이 역사책에 정말 많이, 잘 기록되어 있습니다. 역사책이야말로 내 삶의 미래를 볼 수 있게 해 주는 귀중한 책입니다.

위인전을 읽어 보세요

존경하는 인물이 있습니까? 그렇다면 그 사람의 인생을 담고 있는 위인전을 읽어 보세요. 자서전이 있다면 자서전을, 다른 사람이 쓴 일대기가 있다면 그것까지 포함해서 읽어 보면 좋습니다. 우리가 이순신 장군의 이야기를 모르는 건 아니지만, 사실 그분의 인생 전체에 대한 이야기에는 별로 관심이 없습니다. 그냥 임진왜란 때의 활약상 하나만 보고 열광하는 경우가 대부분입니다. 하지만 그분도 누군가의 아들이었고, 결혼을

했고, 자녀를 키웠고, 때로는 실패도 하고, 다치기도 하고, 무명의 설움을 겪기도 합니다. 그러다가 좋은 사람을 만나 특진을 하고, 좀 늦었다 싶었던 암흑기를 일순간에 날리면서 임진왜란을 준비하게 된 것입니다.

한 사람의 일대기를 살펴본다는 것은, 그 사람의 유명한 부분만 골라 읽는 것과는 또 다른 느낌을 가져다줍니다. 저도 힘든 시기가 있었는데, 링컨 대통령의 인생 전체를 다룬 위인전을 보고 영감을 얻은 적이 있습니다. 남북전쟁 때보다 그분이 어릴 때 너무나 가난했음에도 책을 열심히 읽었다는 이야기에 감동을 받았습니다. 그 이야기를 몰랐다면, 아마저는 하루 세 끼 밥 먹기도 힘든 상황에서 한 끼 식사와 책을 바꾸지 않았을 것입니다.

많은 사람들이 위인전은 어릴 때 읽는 거라고 생각합니다. 어린이가 보는 위인전은 그의 인생 전체를 골고루 쓴 게 아니라, 가장 활약상이 좋았던 시절에 맞춰 편집되는 경우가 대부분입니다. 게다가 삶이라는 게 그만큼 살아봐야 느끼는 것인데, 아이들의 지식과 경험으로 얼마나 느끼고 배우겠습니까. 위인전으로 진짜 감동을 받을 수 있는 사람은 성인일 것입니다. 인생이 불혹의 나이에 접어들거나 근접했다면, 진지하게 몇 백 페이지에 달하는 위인전을 하나 골라 시간을 보내는 것도 참 소중한 경험이 될 것입니다.

전문잡지를 읽어 보세요

월간지도 괜찮습니다. 자신의 분야, 관심이 있는 분야, 연관 분야에 대한 전문 잡지를 통해 업계의 소식을 정확하게 얻을 필요가 있습니다. 물론 신문도 좋은 소재이지만, 다루는 시간대가 너무 짧다 보니 흐름을 해석하는 데에는 어려움이 따릅니다. 그런 점에서 전문 월간지를 통한 흐름 분석은 신문과는 비교도 안 될 놀라운 통찰을 가져다줍니다.

또한 자신의 전공이 아니지만 관심이 있는 분야의 월간지 구독은 그 분야에 대한 나의 부족함을 덮어 주는 좋은 도구입니다. 리더가 모든 분야를 잘 알 수 없지만, 골고루 여러 분야에 대해 알아야 하기 때문입니다. 그런 점에서 전문 잡지는 부족한 안목을 넓혀 주고 전체를 바라보는 눈을 한 단계 성장시켜 줍니다.

특별히 예술·문화 분야와 국방 분야에 대한 잡지 구독을 권합니다. 예술·문화는 사람들의 감성을 읽어내는 도구이고, 국방은 대한민국의 특수성을 감안한 통찰을 가져다줍니다. 국방 예산 규모를 살펴보면 웬만한 분야의 시장을 합친 것보다 더 클 것입니다. 그만큼 관련 업계에 끼치는 영향도 엄청나겠지요? 그런 부분들을 읽어내면 좋은 사업의 기회를 얻을 수 있기에 저는 가까운 분들에게 국방과 문화·예술 분야의 잡지 구독을 적극적으로 권합니다.

트렌드·미래 관련 서적도 읽어 보세요

조금은 뜬금없이 느껴질 때가 있습니다. 혹자는 미래는 예측하는 게 아니라 만드는 것이라고 하기도 하구요. 그런 이야기를 듣다 보면, 미래학이니 전망이니 하는 책들이 불필요하게 느껴질 수도 있습니다.

경영학을 만들고 키운 경영학의 대가, 피터 드러커 박사가 생전에 이런 이야기를 한 적이 있습니다. 인구 통계에 기반한 전망은 그 어떤 것보다도 명확하다고요. 명확한 데이터를 기반으로 한, 자연스러운 흐름 속의 전망은 생각보다 잘 맞아떨어진다는 뜻입니다. 2~3년도 버티지 못하고 사라지는 기업들이 대부분인 시대에, 20~30년 후 전망이 마음에 들지 않을 수도 있지만, 20~30년 이어지는 회사를 경영하고 싶다면 지금부터 미래학·전망 책을 가까이 하길 권합니다. 특히 세계적인 전문가들이 발표하는 미래 전망서들은 깊은 통찰 속에서 쓰였기에 많은 생각과 교훈을 줄 수 있습니다. 큰 그림을 그리고 싶다면, 회사의 미래를 상상해 보고 싶으시다면, 꾸준히 정기적으로 읽어 보시는 게 큰 도움이 될 것입니다.

리더들은 경제경영서와 자기관리 분야를 선호하기에 이에 대한 이야기는 굳이 하지 않았습니다. 이미 투자하고 있는 분야에 위의 분야들을 더하려면 시간의 고민에 빠질 것 같습니다. 그렇지만 앞서도 계속 언급했던 생각의 시간, 결정의 중요성을 감안한다면 시간을 투자할 만한 가치가 충분합니다. 좀 더 시간을 투자하여 평소 넓히지 못한 영역으로 안목을 넓혀 좋은 성장의 기회를 찾았으면 합니다.

✚ Leader Coaching

지금 당장 자리에서 일어나 서점에 한 번 들러보면 어떨까요? 바로 일어나지 못한다면, 일단 인터넷 서점이라도 방문하고, 꼭 시간을 내어 서점을 방문해 보십시오. 특히 주기적으로 서점을 방문하는 것이 매우 중요합니다.

놀랍게도 많은 독서 전문가들은 서점에 주기적으로 방문하는 것만으로도 독서의 욕을 높이고, 문제를 해결하며, 나아가 새로운 생각까지 얻을 수 있다고 조언합니다. 서점 방문을 미루지 말고 더 훌륭한 경영 역량을 쌓기 위한 수업이라 생각하고 꾸준하게, 정기적으로 방문해 보길 권합니다.

3

진정한 휴식이란 무엇일까?

매일 정신없이 하루를 보내다 보면, 주말이나 휴일에 온종일 잠만 자는 경우가 많습니다. 운동도 하고 싶고, 여유도 갖고 싶은데 생각보다 쉽지 않습니다. 게다가 잠을 많이 자도 피로가 쉽게 풀리는 것 같지도 않고요. 몸과 마음이 지쳐가는데, 제대로 쉬는 방법은 없을까요?

강연을 하는 직업을 겸하다 보니 전국 방방곡곡으로 다녀야 할 때가 많습니다. 회사 운영도 만만치 않지만, 제게 강연은 사명인지라 웬만하면 가려고 노력합니다. 그 결과 굉장한 거리를 짧은 시간에 오가게 되는데요. 장시간 운전 때문에 목, 허리, 어깨 심지어 무릎과 발목까지 상하는 것 같습니다. 틈틈이 스트레칭을 하고 아픈 부위를 손으로 열심히 주무르지만 쉬이 개선되지는 않습니다. 쉴 없이 혹사했으니 몸이 그에 걸맞은 반응을 하는 것이지만, 통증이 수반되기에 그냥 두고 볼 수도 없는 노릇입니다.

잠이 보약이라면 보약다운 대접을 해야 합니다

1주일은 모두 168시간입니다. 주 40시간 근무라는 제도를 적용하면 128시간이 남습니다. 오가는 시간, 밥 먹는 시간 등 하루 3시간씩 15시간 정도를 빼면 113시간 정도의 시간이 남게 됩니다. 우리는 이 시간의 일부를 잠을 자는 데 사용합니다. 문제는 평소에는 잠을 얼마 못 자다가 주말이 되어서야 몰아서 자는 데 있습니다. 잠은 몰아서 자는 게 아닙니다. 비슷한 시간으로 규칙적으로 자는 것이 건강에 좋습니다.

저는 주 50시간 정도를 잠자는 데 쓰려고 노력합니다. 그 이유는 현대인의 가장 골칫거리인 스트레스를 해소하는 데 잠자는 것 이상의 좋은 방법이 없기 때문입니다. 스트레스로 인해 잠이 안 올 수도 있지만, 잠자는 데에만 성공하면 웬만한 스트레스는 아침에 일어날 때 오간데 없이 사라지거나 스트레스를 야기했던 문제도 별것 아닌 것처럼 보일 때가 많습니다. 잠을 많이 자면 신체의 많은 부분들이 회복될 뿐더러 두뇌의 창의적 활동에도 도움이 됩니다. 창의성이 요구되는 현대 사회에서는 잠은 정말 보약 중의 보약인 셈입니다. 문제는 잠잘 시간이 정말 부족하다는 것입니다.

잠이 보약이라면 보약다운 대접을 해야 합니다. 비싼 돈 주고 산 보약이 아까워서 제때 먹으려고 노력하고 좋은 효과를 위해 음식도 삼가면서, 정작 가장 효과가 좋은 명약인 잠을 잘 자기 위해서는 어떤 노력을 하고 있나요? 제때 잠을 자려고 노력하고, 잠을 방해하는 것들은 피하려고 노력하며, 최대한 잠자는 시간을 중요하게 여기는 태도가 절실히 필요합니다.

휴식 시간을 먼저 계획해 보세요

시간관리 코칭을 하다 보면 불평불만을 많이 접합니다. 잠이 소중한 건 아는데, 잠잘 시간이 부족하다고 아우성입니다. 대부분의 불평에 대한 처방은 간단합니다. 일주일 스케줄 중에서 잠자는 시간을 제일 먼저 잡는 것입니다.

저의 일주일 스케줄의 시작은 하루 7시간(토요일, 일요일은 8시간)씩 잠자는 시간을 정하는 데서부터 시작합니다. 쉬워 보이지만, 저녁 강의가 있는 날과 없는 날은 집에 들어오는 시간 자체가 다르고 그에 따라 아침에 일어나는 시간도 다르기 때문에 어려움이 많습니다. 일부러라도 수면 시간을 먼저 잡아두면, 지키려고 노력하기 때문에 잠잘 시간이 부족해서 못 잔다는 불평은 많이 줄게 됩니다. 가장 소중한 것부터 시간 계획에 배정하는 것은, 그 일을 가장 소중하게 여기는 태도가 있지 않고서는 불가능합니다.

휴식에는 잠만 있는 게 아닙니다. 산책을 다닐 수도 있고 - 운동 효과도 좋습니다 - 여행을 떠날 수도 있습니다. 산책의 경우, 30분 정도의 시간을 사용하되 주3회 이상 하면 좋다고 합니다. 역시 그런 시간을 먼저 배정해 두어야 합니다.

산책은 휴식뿐 아니라 많은 생각을 정리하는 데에도 탁월한 효과가 있습니다. 등산을 가거나 여행을 떠나는 것도 좋은 방법입니다. 다만 평상시 가볍게 소화하기 힘든 것들을 할 때에는 준비도 만만찮거니와 후유증이 있을 수도 있으니 주의할 필요가 있습니다. 중요한 건 시간 계획을 짤 때 휴식을 먼저 계획하는 것입니다. 그래야 휴식을 제대로 즐길 수 있고, 휴식의 효과도 제대로 누릴 수 있습니다.

나만의 휴식 방법을 만들어 보세요

저는 여유가 생기면 서점을 자주 방문합니다. 꼭 책을 사거나 읽기 위해서라기보다는 서점에 들러 이런저런 책들이 나온 것들도 살피고, 이전 방문 때와 뭐가 달라졌나 비교하면서 트렌드를 읽으려고 합니다. 무엇보다 서점에 있는 수많은 책들이 저에게 주는 연상효과가 상당합니다. 책 한 권이 가진 제목이 그동안의 경험과 지식과 어우러지면서 수많은 생각으로 이어지는 경우가 많습니다.

최근 들어서는 저 혼자 걸어다니는 경우도 많습니다. 반나절쯤 시간을 비운 후 회사 주변을, 혹은 출장지의 번화가 여기저기를 기웃거리곤 합니다. 매연이 심한 날은 좀 괴롭지만, 번화가들이 주는 생동감도 전달받을 수 있고, 많은 사람들을 바라보면서 제가 놓친 흐름이 있는지를 살피는 계기도 됩니다. 무엇보다 수많은 사람들 속에 '그냥' 걷는 것만으로도 색다른 느낌의 시간을 보낼 수 있습니다.

제가 만나는 여러 리더들은 저마다의 휴식 방법을 갖고 있습니다. 와인을 즐기는 분, 학창 시절 배워둔 악기를 연주하는 분도 있습니다. 그러고 보면 프로 클래식 팀을 운영하는 저 역시 학창 시절 클래식을 즐긴 덕분이 아닌가 합니다.

앞서 가야만 하는 리더들이 많은 스트레스를 받는 건 정말 당연합니다. 수년 전에 리더들을 대상으로 설문조사를 해보니, 리더들은 높은 스트레스를 피하기보다는 즐기려고 노력한다는 사실을 알게 되었습니다. 방법까지 조사하진 못했지만, 스트레스를 받는 이유가 탁월한 성과를 향한 자신들의 의지와 열정 때문임을 알고 있었고, 이에 대한 나름의 행동을 취한다는 게 설문의 결과였습니다. 여러 가지 휴식 방법을 배워두고 실천해가면서 나만의 휴식방법을 찾는다면 스트레스를 해소하는 데 큰 도움이 됩니다. 나만의 방법을 찾는 건 그리 어렵지 않습니다.

적극적인 휴식 방법, 운동 즐기기

잠을 자는 것만으로 피로가 다 풀리지 않는 경우가 많습니다. 체내에 쌓인 노폐물은 단순히 잠을 자는 정도로 풀리지 않고, 물도 많이 마시고 운동을 해서 땀으로 배출해야만 제대로 해소됩니다.

건강에 대한 욕구가 커져서 과거에 비해 바쁜 와중에도 운동을 즐기는 분들이 많습니다. 저도 얼마 전 헬스클럽에 가입했는데, 틈틈이 운동하는 분들이 많은 걸 보고 놀라곤 합니다.

운동의 최대 효과는 몸을 따뜻하게 하고, 땀을 흘리는 게 아닌가 합니다. 사무실에서 일을 하다 보면 땀 흘릴 상황이 별로 없습니다. 그런 점에서 짧지만 효율적인 운동은 땀을 나게 해 노폐물을 배출시켜 주고 몸을 따뜻하게 해서 뭉친 근육을 풀고 혈액순환을 좋게 합니다.

주의할 점은 전문가의 조언 없이 장시간 무리한 운동을 하는 건 피하는 게 좋다는 것입니다. 무엇이든 적정선이 있는 듯합니다. 무리하게 마라톤에 나가다가 발과 무릎이 망가진 분들의 이야기도 종종 듣습니다. 어떤 운동이 맞다는 생각이 들면, 그 분야의 전문가의 조언을 들으며 운동량을 늘리거나 아니면 가벼운 운동을 자주 하는 게 건강에 도움이 된다고 합니다.

중요한 건 휴식에 대한 태도입니다. 우리의 마음속에 '휴식'은 부정적인 것이며, 실패를 조장하는 것으로 각인된 경우가 많습니다. 성공에 대한 신화가 무조건 열심히 일하는 것으로 인식하고 있는 분들도 여전히 상당합니다. 그 결과가 높은 성과로 이어지긴 하지만 성과의 이면에 수많은 문제점들이 숨어 있다면 반쪽짜리 성공이 아닐까요? 건강한 성공, 풍요로운 성공을 지향한다면 이제는 휴식도 계획을 해야 한다고 믿습니다.

휴식을 먼저 계획하고 이를 위해 일한다면 일하는 시간이 정말 행복하지 않을까요?

특별한 운동? 골프에 대한 이야기

흔히 골프는 인생에 비유됩니다. 참 멋진 운동임에 틀림없습니다.(운동이 아니고, 운동도 안 된다고 얘기하시는 분들의 입장도 이해는 됩니다.) 리더라면 의례히 골프 정도는 해야 한다고 얘기하는 분들이 많은 것도, 제 친구처럼 골프는 하루라도 빨리 배워야 한다고 얘기하는 분들의 마음도 충분히 이해합니다.

골프를 전혀 해본 적이 없는 저로선 일찍 골프를 배운 분들이 부럽기도 합니다. 골프 연습장도 한두 번 가본 게 전부고, 골프가 과연 운동이 될까 의심하는 제가 언제 골프를 배울지는 모르지만, 주변 분들을 통해 골프 할 줄 아느냐는 질문을 워낙 많이 받습니다. 언젠가는 배우겠죠? 지금부터 하는 골프 이야기는, 골프 그 자체보다는 골프를 즐기는 리더들에 대한 이야기입니다.

골프는 몸과 마음을 동시에 다루는 운동입니다

골프는 운동이긴 하지만 운동량의 측면에서는 그렇게 효율적이진 않습니다. 육체적인 운동 측면에서만 본다면, 오히려 헬스클럽에서 전문가의 조언 하에 운동을 하는 게 훨씬 효과적입니다. 그럼에도 제가 골프를 좋게 보는 이유 중 하나는 '적절한' 신체 운동과 더불어 '정신 운동' 측면이 크기 때문입니다.

비록 골프를 하진 않지만, 가끔 골프장엘 들를 일이 있습니다. 일단 전망이 대체로 좋고, 여유로운 게 그냥 거기 있는 것만으로도 힐링이 되는 것 같습니다. 그런 점에서 몸과 마음을 적당히 릴렉스한다는 측면에서 골프의 효과를 무시할 수는 없을 듯합니다. 게다가 평균 서너 시간 이상 이어지기 때문에 상당히 지속적인 생각, 대화 등을 할 수가 있습니다. 평소에 그 정도로 연속적인 여유를 누리기 힘든 리더들에게 골프는 생각보다 괜찮은 운동인 셈입니다.

여유 있는 골프는 비용을 줄일 수 있습니다

골프는 평일 낮에 해야 제맛이라고 합니다. 좀 다르게 표현하면, 주말과 휴일에 골프는 자제하자는 이야기가 됩니다. 한 마디로 남들이 잘 안 칠 때 치자는 게 제 철학입니다. 그렇게 생각하는 첫 번째 이유가 골프에 들어가는 비용입니다.

골프를 하려면 크게 두 가지 투자가 이뤄져야 합니다. 첫 번째는 회원권으로 표현되는 자금이고, 또 하나는 시간입니다. 골프는 거의 반나절에서 하루 정도는 투자해야만 제대로 즐길 수 있는 운동입니다. 물론 필드에 나가기까지 걸리는 시간도 엄청나죠. 거기에 회원권 확보하고, 이런저런 골프 장비 투자하려면 부담스러운 면이 있습니다.

일단 평일 낮에 해야 기다리는 시간을 줄일 수 있습니다. 리더들이 일반 직장인보다 경제적으로는 조금 더 여유로운 편이니 돈 문제는 빼고 싶습니다. 문제는 직장인들보다 더 바쁜 리더들이 골프를 하기 위해 기다리는 데 많은 시간을 쓴다면 골프는 결코 괜찮은 운동이 될 수 없습니다.

골프를 하면서 생각을 정리하고, 골프를 하면서 이런저런 이야기를 하는 것도 다 필드 위에서 이뤄지는 것이지, 대기장에서 이뤄지는 게 아닙니다. 게다가 골프장으로 가는 길은 막히기 시작하면 대책이 없는 곳들이 많습니다.

남들 갈 때 가서는 안 될 가장 큰 이유가 바로 너무 많은 시간을 낭비할 수 있기 때문입니다. 정말 즐기고 싶으시다면 평일 낮에 즐겨 보세요. 남들이 가지 않을 때, 골프장이 한가할 때 갈 수 있어야 제대로 시간을 쓰는 것입니다.

여유 있는 골프는 진정 여유 있는 생각을 갖게 합니다

생각은 언제든 할 수 있습니다만 언제든 아무 생각이나 할 수 있는 것은 아닙니다. 우리는 환경에 영향을 받고, 시간대에 영향을 받습니다. 그래서 언제, 어디서 생각하느냐에 따라 생각의 종류도 달라지고, 생각의 질도 달라집니다.

바쁜 일과를 끝내고 한 주 혹은 모처럼 골프를 하러 가는 경우라면 일 생각 따위는 잊고 싶을 것입니다. 그런데 참 재미있는 것은, 제 주변에 골프를 즐기는 분들 중에서 골프를 사업과 무관하게 느끼는 분들을 단 한 번도 본 적이 없다는 것입니다.

어쩌면 제가 진정한 부자들을 만나보지 못해서인지도 모르지만, 대부분 골프를 인생과 사업에 아주 밀접한 것으로 이해하고 즐기고 있었습니다. 그러려면 그런 생각과 연계가 충분한 시간대에 하는 게 필수일 것입니다.

일할 때 일하고, 공부할 때 공부하고, 잠잘 때 자라는 말이 있습니다. 일할 때 쉬기 위한 골프를 해서 안 되는 거라면, 골프가 일과 유관할 때에는 일하는 시간에 골프를 하는 게 바람직합니다. 그래야 일 이야기도 하고, 업무 흐름 속에서 골프의 여러 장점들을 활용할 수가 있습니다.

골프가 가진 최고의 장점은 탁 트인 공간에서, 소수의 사람들과 꽤 긴 대화를 긴 호흡으로 할 수 있다는 것입니다. 복잡한 주말이나 지치고 짧은 저녁 시간대에 골프를 하기보다는 평일 낮 시간대에 하는 게 골프가 가진 여러 가치를 활용하는 방법 아닐까요?

여유롭게 골프를 하는 사람들이 진정 강한 경영자들입니다

아직 우리 사회에서 골프는 사치스러운 운동으로 인식되고 있습니다. 박세리 선수의 LPGA 우승으로 전 국민이 골프에 관심을 갖고, 박세리 키드들의 출현으로 LPGA 상위권을 한국 선수들이 휩쓸었지만 이 분위기는 쉽게 바뀌지 않습니다. 그래서인지 정치인, 공직자들이 골프를 잘못 했다가 구설수에 오를 때가 많습니다. 군인들도 예외는 아닙니다.

한 조직의 리더가 왜 골프를 할까요? 골프 자체가 가진 매력도 있겠지만, 골프를 통해 만나고 나누는 무언가가 사업에 도움이 되기 때문일 것입니다. 리더들이 소주보다 와인을 즐기는 것도 그런 이유 때문 아니겠습니까? 그런 점에서 업무의 연장으로 생각하고 더 적극적으로 나설 필요가 있어 보입니다.

부담 없이 골프를 남들과 다른 때 즐길 수 있는 이들이 진정 강한 사람들일 것입니다. 사실 리더는 책상에 오래 앉아 있으면 안 됩니다. 리더는 오히려 현장에서 이야기하고, 듣고, 보고, 느껴야 합니다. 제대로 된 의사 결정을 하려면 현장에 있어야 하는데, 오히려 책상에서 보고된 자료만으로 판단하면 오판할 수밖에 없습니다.

또한 리더가 아니면 업계가 돌아가는 정보를 빠르게 체크하기도 힘들고, 미래에 가치가 있을 무언가를 알아내거나 그런 사람들을 만나는 것도 쉽지 않습니다. 이런 일들은 오직 리더만이 가능한 행동입니다. 그런 점에서 굳이 즐기신다면, 평일 낮에 당당하게 즐기려고 노력해 보면 어떨까요?

저는 가끔 이런 상상을 해봅니다. 직원들이 책상에 앉아 있는 사장님에게 이야기하는 것입니다,

"사장님 이렇게 앉아 계시면 어떡합니까? 나가서 골프도 좀 하시고, 사람들도 좀 만나십시오. 지금 하는 일은 저희가 알아서 할 테니, 나가셔서 미래와 기회에 대해 고민 좀 해 주십시오."

직원의 복지에 대해 관심이 점점 많아지고 있습니다. 하지만 리더의 복지에 대해서는 그냥 알아서 하는 것 이상으로는 진척이 없다는 게 아쉽습니다. 회사가 무너지면 실업수당도 받지 못하는 게 경영자들이니 만큼 일하면서 좀 더 유연한 관점으로 바라볼 수 있는 방법을 늘 고민합니다. 이 글에서 골프에 대한 이야기를 너무 곧이곧대로 해석하진 않았으면 합니다. 어떤 부분들은 골프에 '빗대어' 말씀드린 것입니다. 당당하게, 자신 있게 그리고 제대로 골프를 즐기려고 노력한다면 일은 일대로 자연스럽게 잘 되어 나가지 않을까 하는 기대를 해봅니다.

♆ Leader Coaching

일정을 짤 때 '휴식 시간'을 먼저 잡아 보세요. 매일 잠자는 시간, 중간 쉬는 시간, 휴가 기간 등을 먼저 잡은 후에 다른 일정을 넣어보면 어떨까요?

오랜 시간 동안 시간관리를 연구하면서 제가 주장하는 독특한(?) 노하우입니다. 보통 잠자는 시간, 쉬는 시간, 휴가 등을 나중에 잡는 경우가 많은데, 먼저 잡은 후에 일을 배치하면 좀 더 쉴 수 있는 기회가 만들어지고, 삶의 균형이란 측면에서 더 큰 도움이 됩니다.

4

시간관리는 어떻게 해야 할까?

똑같은 24시간을 두고 서로 경쟁해본들 더 많은 일을 하는 건 아닌 것 같습니다. 그럼에도 계속 늘어나는 일을 보고 있노라면 뭔가 특별한 시간관리 노하우가 필요할 것 같습니다. 쉽게 적용할 수 있는 노하우가 있을까요?

하루는 24시간입니다. 1주일은 168시간입니다. 저에게도 그렇고, 이 글을 읽는 여러분에게도, 전 세계인들에게도 똑같이 적용됩니다. 재미있는 건 시간을 사용한 결과는 언제나 다르다는 것입니다. 백퍼센트 완벽한 이유를 말씀드리긴 힘들지만, 시간관리를 특별하게 하는 사람들은 그렇지 않은 사람들보다 더 나은 결과를 내는 건 분명합니다.

'시간관리'라는 게 그렇게 특별한 것일까요? 사실 개인 차원에서의 시간관리와 기업, 조직 차원의 시간관리는 차이가 있습니다. 시간관리의 효과를 보장하는 요인이 전자는 '의지'이고, 후자는 '제도'이기 때문입니다. 이 글을 읽는 분들은 아마 개인 차원보다는 조직 차원의 시간관리를 더 고민하시겠지요? 그런 점에서 아주 재미있고 의미 있는 시간관리 팁을 알려 드리고자 합니다.

시간관리는 이벤트 관리입니다

시간관리의 최고 맹점은 자꾸 시간관리를 시간 그 자체로 보게 만든다는 것입니다. 애당초 용어부터가 잘못된 셈입니다. 우리가 시간관리를 한다는 것은 어떤 '목적'을 위해 시간관리라는 '수단'을 사용하는 것입니다. 결국 그 목적에 부합되고 목표를 달성한다면, 그렇지 못한 경우보다 시간관리를 잘한 것입니다.

리더들의 특징은 목표 달성 능력이 뛰어나다는 것입니다. 적어도 본인이 원하는 만큼을 달성하지 못하는 경우는 흔하지만 남들보다 못한 결과를 내는 경우는 흔치 않습니다. 이미 몸으로 효과적인 시간관리 노하우를 체득하고 있는 셈이지요.

현재 하고 있는 시간관리의 가치를 일단 인정하고, 어떤 부분들을 그만두고 어떤 것들을 새롭게 넣을지를 고민해 보십시오. 자신의 시간관리가 잘못되었다거나 무가치하다고 느끼기보다는 좀 더 나은, 효과적인 시간관리를 위해 '무엇을 하고 무엇을 놓을까?'를 고민하는 것, 그게 시간관리입니다.

고민은 충분히, 결정은 신속히, 결과는 인내로

시간은 생각보다 많은 요소들과 연결되어 있습니다. 일단 돈과 연결되어 있고, 수많은 사람과 연결되어 있습니다. 특히 리더와 연결된 모든 사람들은 리더의 시간관리에 많고 적은 영향력을 받게 됩니다. 따라서 시간관리적 변화를 쉽게 시도하는 건 위험합니다. 고민을 충분히 해서 그 사람들이 받는 영향력이 어떤 것인지 숙고해 보아야 합니다. 그래서 어떤 결정이 나면 신속하게 전파하고, 본인을 포함한 모든 사람들이 거기에 맞춰 움직일 수 있도록 노력해야 합니다.

이때 대부분의 사람들은 리더의 결정권을 따르는 것 같아도 그 변화에 저항하게 되어 있습니다. 왜냐하면 본래 사람의 심리가 그렇기 때문입니다. 리더가 고민해 온 시간 동안 그들은 고민을 하지 않았기 때문에 받아들이는 속도도 늦습니다. 따라서 결정은 신속히 하고, 소기의 성과가 나올 때까지 인내로 기다려야 합니다.

속도는 언제나 상대적입니다

아인슈타인의 상대성 원리는 아주 유명한 물리학 이론입니다. 한 마디로 얘기하면 시간과 속도도 상대적인 개념으로 이해될 수 있다는 것입니다. 두 개의 물체가 서로 반대 방향으로 이동할 경우 속도가 더 빨라 보인다는 것이지요. 우주에서는 시간이 느리게 갈 수 있습니다. 속도가 높아지면 가능한 이야기지요. 세계적인 석학 앨빈 토플러 역시 '속도'를 아주 중요한 개념으로 지적합니다. 21세기 부를 결정하는 요소로 '더 빨리 가는 것'을 말합니다.

그래서일까요? 우리는 시간과 속도를 얘기할 때 '더 빨리' 외에는 방법이 없는 것처럼 느끼는 것 같습니다. 출근도 빨리 해야 하고, 밥도 빨리 먹어야 하고. 저도 한때는 그런 줄 알았습니다. 서울이라는 도시가 지방에서 올라온 사람들을 가장 기죽게 하는 부분도 바로 '빠른 속도'입니다.

그런데 저는 지하철을 이용하거나 밥을 먹으면서 놀라운 개념을 깨달았습니다. 이 글의 주제이기도 한, 마법의 10분 시간관리의 노하우를 배웠거든요. 나름 대단한 기법이어서 소개를 잠시 주저하기도 했지만, 독자들의 소중한 삶을 위해 공개하기로 마음먹었습니다. 이제 시작해 보겠습니다.

특별한 10분 시간관리 노하우

- 10분 늦게 목적지에 도착하기

대부분의 리더들은 철저하게 시간계획을 세워 둡니다. 오랜 기간 회사 업무를 해온 터라 대체로 그 계획들은 잘 맞아떨어지지요. 그래도 일부는 여전히 오류가 납니다. 갑자기 일이 밀리는 경우, 취소되는 경우 그리고 빨리 끝나 버리는 경우도 있습니다.

그럴 때 다음 일정에 10분 정도 더해 보는 것입니다. 이동할 때 적용하면 유용한데, 일부러 10분 정도 돌아가 보면 어떨까요? 네비게이션을 이용할 때도 더 느린 길로 돌아가 보면, 평소와는 완전히 다른 건물들, 간판들, 분위기를 느끼게 됩니다. 그렇게 새로운 무언가를 머릿속에 입력하고 나면, 새로운 생각들이 하나 둘 떠오릅니다. 새로운 시도를 하고 나서 얻는 즐거움도 큽니다.

게다가 새로운 길이 더 빠른 길이 될 때도 있다는 사실, 아시나요? 그렇게 해서 나만의 길 찾기 노하우도 생기고, 의외의 길을 찾으면서 멋진 느낌도 가질 수 있답니다.

- 10분간 멍하니 있기

2014년 가을 서울시청 광장에서 '멍 때리기 대회'가 열렸습니다. 별 행사가 아니었지만 언론에서도 다루고, 많은 사람들이 관심을 가졌습니다. 행사의 취지는 뇌 휴식의 중요성을 알리기 위한 것이었습니다. 1등은 9세 여자 어린이가 차지했습니다. 재미있는 사실은 원래 어린아이들이 가장 창의적이라는 것입니다. 아이들은 어떤 주제에 몰두하고 즐기다가도 순식간에 멍해지다가 새로운 생각에 다시 몰두할 수 있습니다. 아이들의 뇌는 성인들처럼 정형화 되어 있지 않아 다양한 영역을 넘나드는 것 같습니다.

우리가 아무것도 안 하고 멍하니 있다고 해서 진짜 '아무것도 안 하는 것'이 아닙니다. 정말 중요한 휴식을 취하는 것이지요. 사람의 뇌도 휴식 시간이 필요합니다. 가끔 아무것도 하지 않고 멍하니 있는 시간을 가지십시오. 그동안 놓쳤던 아이들과의 약속이 떠오를 수도 있고, 읽으려고 사둔 채 손대지도 못한 책이 보이기도 하고, 언제부터 있었는지 모르지만 특별한 가구나 도구들이 눈에 들어오기도 합니다. 10분간 뇌의 휴식을 취한 후 다시 일상으로 복귀하는 겁니다. 그렇게 하면 우리의 뇌는 새로운 일을 하는 것처럼 열심히 일할 수 있게 됩니다. 10분 멍하니 있다고 해서 회사와 업무에 큰 문제가 생길까요? 그 답은 이미 알고 있을 것입니다. 별·일·없·습·니·다!

🪧 Leader Coaching

먼저 자신의 상세 스케줄을 작성하고, 시간관리 전문가를 청해 그 스케줄을 보여 주고 의견을 들어 보십시오.

안에서 보면 안 보이던 것들이 밖에서 보면 정말 잘 보이는 경우가 많습니다. 자신의 시간이기에 절대 고치지 못하는 영역, 절대 자신하지 못했던 영역들이 다른 이의 눈으로 보면 이상하게 여겨지거나 너무나 당연하게 여겨지기도 합니다. 기왕이면 그 '다른 이'가 전문가라면 더 좋지 않을까요? 작은 변화의 시작이 회사와 사업에 얼마나 큰 영향을 끼칠까요?

5

어느 날 외로워질 때가 있다면?

회사 경영이 어려워도 급여일은 지켜야 한다는 걸 알고 있습니다. 월급 받을 때는 몰랐는데, 막상 경영자가 되고 보니 급여가 나가고 거래 업체와 지불할 때가 되면 숨이 턱턱 막혀 옵니다. 회사가 정상적으로 돌아갈 때야 부담이 별로 없지만, 매출이 잘나지 않거나 수금이 제대로 되지 않을 때는 많이 힘듭니다. 그런데 그런 고민과 스트레스를 누구한테 이야기하기도 힘들고, 고비를 넘기고 나면 외로워지기도 합니다. 이런 외로움, 어떻게 풀어야 하나요?

많은 리더들이 '외롭다'는 이야기를 많이 합니다. 매일 쏟아지는 정보를 이해하고, 알려지지 않은 변수들을 고려해서 판단을 내리고, 그에 대한 전적인 책임을 지는 자리가 리더이니 외롭지 않을 수 없을 것입니다. 대체로 리더는 한 조직에 오직 한 분뿐이니까요. 그래서 그 외로움을 달래기 위해 리더들은 많은 노력을 합니다. 그러다가 자칫 하지 말아야 할 일(?)을 하기도 하구요.

리더들의 외로움은 본인에게나 회사에게나 좋은 일이 아닙니다. '외로움'이라는 감정이 자칫 리더가 쌓아놓은 명성을 무너뜨릴 수도 있고, 바쁜 일정으로 인해 아슬아슬 지내온 삶을 망가뜨리기도 하고, 자신이 속한 조직까지 큰 타격을 입힐 수 있는 요소인지라 그냥 넘어가기에는 정말 중요한 요소입니다.

제 주변에는 그런 '외로운' 리더들을 위해 독특한 사업을 하는 분들도 있는데요. 그런 분들이 더 늘어난다면 리더들이 외롭지 않을 것인가에 대해서는 부정적입니다. 아마도 리더의 외로움을 오히려 더 조장하는 건 아닌지 모르겠네요. 이 책의 마지막 이야기로 리더들이 겪는 '외로움'을 다뤄보고자 합니다.

먼저 언제 외로워지는지 한 번 생각해 보십시오

외로움은 언제나 느껴지는 감정이 아닙니다.(대체로는) 특히나 바쁜 리더들은 외로움은커녕 감정 자체를 느낄 여유가 없을 가능성이 높습니다. 그래서 외로움의 지속 시간은 다른 사람들이 느끼는 시간보다는 짧을 것이라 생각합니다.

그런데도 그분들이 외로움을 느끼면 쉽게 흔들리는 이유는 외로움이란 감정에 훈련되지 않고, 외로움을 느낄 때와 그렇지 않을 때의 차이가 워낙 커서일 것입니다. 외로움은 위기를 불러올 수 있지만, 모든 문제가 그러하듯이 원인을 분명히 파악한다면 절반은 해결할 수 있습니다. 외로움의 원인, 시기 등을 정확하게 짚어낸다면 확실히 해결될 가능성은 높아집니다.

대체로 리더의 외로움은 바쁜 일정이 끝나고 한숨 돌릴 때 나타납니다. 시기적으로 볼 때 혼자 있을 때 나타나는 경우가 많습니다. 외로움이라는 개념 자체가 혼자 있다는 개념을 포함하고 있기도 합니다. 하루 중 아침보다는 저녁, 저녁보다는 밤에 외로움을 느낄 때가 많습니다.

저도 외로움을 많이 느끼는 편인데요. 어느 정도 일과가 끝나고 난 밤 – 보통은 11시에서 12시 – 에 그런 경험을 많이 했습니다. 이때는 다음 날을 위해 잠을 자거나, 가족 모두가 있어서 깊은 대화가 잘 되지 않을 시간입니다. 새벽보다는 밤에 감성적인 부분이 활성화되는 데다 새벽엔 그날 해야 할 일들로 인해 머릿속이 복잡해서 외로움을 느끼기 힘들기도 합니다.

그런데 혼자 있지 않더라도 외로워지는 경우도 있습니다. 함께 있어도 마치 자신이 혼자 있는 것처럼 느껴지는 경우인데, 대화를 하고 있는데도 상대방과 교감이 되지 않거나, 함께 무언가를 하고 있어도 자신의 역할이 없거나, 그 모임에서 본인이 어울리지 않는 경우에 발생합니다.

저도 그런 경험을 했었는데요. 주로 직원 회식 때 많이 그랬습니다. 대학생 벤처로 좀 일찍 사업을 시작하다 보니 직원들과 나이 차이가 거의 없음에도 회식 후 당연히 빠져달라는 관리부장의 말에 상처 입은 마음을 달랬던 기억이 납니다. 나이를 떠나서 사장이란 역할, 리더라는 직함이 직원들에게 무지 불편한 게 분명합니다.

또 집에 들어가도 마음이 편치 않은 경우도 있습니다. 집에서 보낸 시간이 적다는 건 그만큼 가족들과 유대관계를 쌓을 시간이 많지 않다는 뜻이니까요. 이쯤 되면 아주 심각한 고민을 해보아야 합니다. 리더 본인에게도 문제지만, 가족 전체에게 불행한 일이 아닐 수 없으니까요.

함께 있는 공간 속 사람들에게 다가가려고 노력해 보세요

그렇다면 이런 외로움은 어떻게 해결해야 할까요? 가장 먼저 권하고 싶은 건, 밤에 사무실에 있지 말라는 것입니다. 직원들이 모두 떠난 사무실에 혼자 불 켜고 일하는 것은 외로움을 느끼기에 딱 좋은 환경일 뿐더러, 건강상으로도 전혀 좋은 일이 아닙니다. 특히 새벽부터 시작해서 밤늦게까지 일하는 건 피해야 하는 게 당연합니다. 물론 열심히 일해야 하지만 그것이 마음과 몸을 망칠 정도라면 지나친 것이라 볼 수 있습니다.

회사 일에 빠져 있다 보니 집에 들어가면 불편함을 느끼는 건 당연한 일입니다. 사람은 자신이 오래 머무른 공간에 익숙해집니다. 오랜 시간 맺은 관계가 익숙하고, 자주 만난 사람과 친해집니다. 그런데 집이, 가족이 그런 공간이자 대상이 될 수 없다면 서로에게 불행한 일입니다. 한 번 그런 악순환이 시작되면 쉽게 끊어낼 수 없습니다. 뭐든 고착되면 바꾸기가 쉽지가 않지요.

그런 점에서 사무실에서 보내는 시간을 줄이고, 집에서 보내는 시간을 늘리는 것부터 시작해 보십시오. 집에서 일을 하는 것이 사무실에서 혼자 남아 일하는 것보다는 훨씬 낫습니다.

그리고 공간 속 함께 있는 사람들과 보내는 시간을 늘려야 합니다. 이때 조심할 것은 리더는 늘 결정을 자신이 내리다 보니 그 시간을 보내는 방식도 본인이 결정하려 한다는 것입니다. 결코 좋은 방법이 아닙니다. 배우자와 보내는 시간이라면, 배우자에게 선택권을 맡겨 보시고, 자녀들과 보내는 시간이라면 자녀들에게 선택권을 주는 게 필요합니다. 물론 불편할 겁니다. 저도 마찬가지니까요. 하지만 불편함을 넘어서지 못하면 외로움에서 결코 탈출하지 못합니다.

외로움이 자칫 불행한 결과로 이어지면 인생 전체에 있어서 너무 심각한 고통이 됩니다. 일단 작은 것부터 시작해 보세요. 처음부터 오랜 시간, 복잡한 방법, 다양한 주제를 다룰 수는 없습니다. 반복해서 하나씩 진행해 보길 권합니다.

외로움은 감성을 자극해 좋은 결과를 낳기도 합니다

외로움은 감성적인 감정입니다. 표현이 좀 복잡하죠? 리더에게 참 약한 게 감성이고 감정입니다. 경영을 위해 감정을 배제하는 훈련을 거친 리더들은 무미건조한, 이성적인 감정에 익숙합니다. 그렇기에 '견딜 수 없는 외로움'은 리더의 감성을 자극할 좋은 도구가 됩니다.

외로움 같은 감성은 창의적 사고, 창조적 성과의 출발이 됩니다. 창의·창조란 단어만 나와도 눈이 반짝반짝 빛나는 분들이 있습니다. 감성을 이렇게 받아들이는 게 가장 좋은 방법은 아니지만, 좋은 단계로 나아갈 수 있다면 적극적으로 해보라고 권하고 싶습니다.

외로움을 달랠 수 있는 가장 좋은 방법은 누군가를 만나는 것입니다. 이때 누구를, 어디서 만나는지가 무척 중요합니다. 장소보다는 사람에 초점을 맞추는 게 좋습니다. 그리고 그 사람이 '감성'을 자극할 수 있는 예술인이나 문학인이면 더 좋습니다. 쉽게 시작할 수 있는 것은 예술을 느낄 수 있는 모임에 나가는 것입니다. 처음부터 공연장에 가는 건 쉽지 않습니다. 아직 마음의 준비도 안 되어 있는데, 혼자 공연장에 가는 건 불가능에 가깝지요.

그런 점에서 대한민국의 SNS는 참 좋은 도구입니다. 틈날 때 '검색'을 해 보세요. 카페에서, 클럽에서, 포럼이나 그룹에서 열리는 수많은 예술 공유 행사에 나가보세요. 리더는 리더끼리 만나야 한다고요? 똑같이 외로움을 느끼는 사람들이 만나면 위로만 되지 성장하긴 힘들지 않겠습니까? 이끌어 주는 사람이 있는, 아티스트로는 부족함이 없는 사람이 수장(首長)으로 있는 모임이 좋을 것입니다.

두 번째로, 작은 경험을 시도해 보라고 권하겠습니다. 저처럼 클래식을 좋아하는 사람도 클래식 공연장에 가는 건 참 어려운 일입니다. 시간적, 재정적, 감정적으로도 다 어렵습니다. 리더니까 경제적 여유가 있을 텐데 티켓 값이 무슨 부담이냐고 생각할 수 있지만, 자신이 잘 알지 못하고 충분히 즐기지 못하는 분야에 나가는 돈은 다 아깝고 비싸답니다.

저의 경우는 영화나 음악 CD·DVD를 삽니다. 스마트폰으로 다운로드해서도 보기도 합니다. 가볍게 즐기기엔 그보다 좋은 게 없습니다. 그러다가 영화·공연·음악이 친숙하게 느껴진다 싶으면 공연장에 가는 것입니다.

음식과 가벼운 주류를 즐기는 것도 해볼 만합니다. 문화·공연·예술에 좋은 음식과 좋은 술, 좋은 사람이 어우러지면 금상첨화입니다. 목표를 달성하고 돈을 벌고 끊임없이 성취를 하며 살다가, 계산되지 않는 감성의 향연은 정말이지 새로운 세계로 나아가는 안목을 제공합니다. 완전히 다른 대화 주제와 다른 분위기, 다른 사람들 속에서 창의·창조가 나오는 건 너무나 당연하겠죠? 그런 시간들이 더해지다 보면 사랑하는 가족과 함께 즐기고 싶어지고, 그 자리에 배우자가 함께 하기 시작한다면 좋은 미래가 펼쳐지게 되는 것입니다.

이성과 감성은 하나입니다. 우리는 이성만으로도, 감성만으로도 구성되어 있지 않습니다. 리더의 외로움을 피하기만 할 게 아니라 잘 활용해서 멋진 신세계로 나아갈 수 있습니다. 그렇기에 무조건 피하기만 할 감정도 아닙니다.

위의 노력들을 하다 보면 외로움의 부정적인 영향력에서는 확실히 벗어날 수 있을 것입니다. 시작하고 멈추지 않는다면, 정말 멋진 리더가 될 것입니다.

⚕ Leader Coaching

외로움이 마냥 나쁜 것일까요? 즐거움은 영원한 것일까요? 우리가 평소에 자주 느끼는 여러 감정들에 대해 편안하게 이야기 해보길 권합니다.

당장 힘든 감정이라고 해서 무익한 것만은 아닙니다. 지금 좋은 감정이라고 해서 유익하기만 한 건 아닙니다. 감정이 없는 사람이 좋은 사람도 아니고, 감정의 기복이 심한 사람을 훌륭하다고 보지도 않습니다. 누구나 감정을 느낍니다. 누구나 외로워하고, 누구나 슬퍼하며, 누구나 화를 냅니다. 상황이 다르고 조건이 다를 뿐입니다. 그런 감정들을 직시하고 그 감정에 대해 공개적으로 다루기 시작하면, 점점 쉽게 다루게 될 것입니다.

Leader Coaching

제1장 리더십

〔1-1〕 존경하는 리더가 있으시다면, 그 리더의 전기를 한 번 읽어 보면 어떨까요?

이 세상에 누군가의 영향을 받지 않은 리더는 단 한 명도 없습니다. 존경하는 리더의 삶을 제대로 읽어 보면서 나의 삶과 비교해 본다면 분명 많은 영감을 얻을 수 있을 것입니다.

〔1-2〕 여러분의 회사가 특별히 존재해야 하는 이유는 무엇입니까?

우리 회사가 없어진다면 고객들은 어떻게 느낄까요? 우리 회사가 존재함으로 고객들과 협력사들은 어떤 영향력을 받을지 생각해 보면 어떨까요?

〔1-3〕 결정 일기를 따로 한 번 써보시면 어떨까요?

그날그날 내린 결정들을 따로 적어 놓은 일기장이 있으면 어떨까요? 그렇게 결정들을 모아 두었다가 시간이 날 때 과거의 결정 일기를 들쳐보면 어떨까요? 그 과정에서 자신의 결정들이 어떻게 변화해왔는지, 변화해야 하는지 배울 수 있지 않을까요?

〔1-4〕 누군가가 나의 리더가 된다면 어떤 리더이길 바라시나요? 그 조건에 대해 한 번 생각해 볼까요?

태어날 때부터 리더인 이도 없고, 처음부터 리더로 출발하는 사람도 없습니다. 리더가 아니고 리더가 아니었을 때 어떤 CEO·리더들에게 꿈꾸고 기대했었나요? 그리고 지금 자신과 비교할 때 어떤 차이가 있나요?

〔1-5〕 내가 리더십을 연구하고 책을 쓰는 전문가라면, 어떤 리더십 모델이 최고라고 쓰게 될까요? 지금까지 현장에서 만난 수많은 리더들, 그중에서도 탁월한 성과를 낸 리더들은 한결같이 똑같은 모습이었나요?

리더십도 결국 리더로부터 출발합니다. 세상의 수많은 위인들을 놓고 비교해 보세요. 공통점도 있지만, 차이점도 많을 것입니다. 공통점에만 집중하느냐, 차이점에만 집중하느냐, 둘 다 보느냐는 결국 선택이지 않을까요?

제2장 경영전략

〔2-1〕 생산성 향상 아이디어 공모전을 열어 보세요. 이때 중요한 건 아주 적은 금액, 간단한 아이디어 위주로 진행해 보십시오.

제한 사항이 많기 때문에 우리는 기존의 생각에서 벗어날 수밖에 없습니다. 물론 너무 제한이 많으면 의욕도 떨어지기 마련입니다. 그래서 제한은 걸되 상금을 두둑하게 하거나, 상품을 멋지게 장만하는 것도 좋습니다. 한 사람에게는 작은 아이디어일지 몰라도, 회사 전체에 적용하여 지속적으로 활용하는 측면에서는 작은 아이디어가 결코 작지 않기 때문입니다.

〔2-2〕〈블루오션 전략〉을 천천히 읽어 보십시오.

좋은 책은 처음에만 좋게 느껴지는 게 아닙니다. 두고두고 읽을 때마다 많은 영감을 불러일으킵니다. 〈블루오션 전략〉이 나온 지도 꽤 됐습니다. 먼지가 쌓인 채 책장 어딘가에서 조금씩 낡고 있을지도 모릅니다. 먼지를 털어내고 다시 한 번 읽어보는 의지를 가져 보십시오. 그간의 시간과 경험들이 블루오션 전략에 대한 더 깊은 통찰의 세계로 이끌어 줄 것입니다.

〔2-3〕오늘 당장 한 번도 해본 적이 없는 주제의 동호회에 가입하고, 최대한 빠른 시간 내에 그 동호회의 모임에 참여해 보십시오.

이는 무척 힘든 경험일 것입니다. 원래 사람들은 익숙한 환경, 익숙한 사람들에게 더 편안함을 느낍니다. 그러니 낯선 주제, 낯선 사람들의 모임에 처음 가면 힘들지 않을 리가 없지요. 하지만 지금 익숙해하던 것들도 언젠가 처음이었고, 낯설지 않았을까요? 오히려 시간이 흐르면서 그런 익숙함에 젖어 버린 건 아닐까요?

〔2-4〕지금의 회사를 창업하게 된 시점으로 돌아가 어떤 마음으로 시작했는지, 어떤 기업을 만들고 싶었는지 다시 생각해 보시기 바랍니다.

현재보다 나은 성장을 쉽게 하는 방법은 '베끼는' 것입니다. 남들이 해서 잘된 방법, 다른 기업이 해서 성공한 분야에 유사한 방식으로 뛰어드는 것입니다. 양심상 완전히 똑같게 하지는 않더라도 소비자들은 압니다. 유사 제품을 좀 더 싸게, 좀 더 크게 내놓은 것뿐임을. 그래도 가격 경쟁력이 있고, 나름 제품·서비스가 쓸 만하면 기업은 성장합니다. 하지만 그러다 보면 경쟁회사나 우리나 비슷해질 수밖에 없습니다. 초심으로 돌아가라는 말이 나올 만하지요. 처음 회사를 창업했을 때로 돌아가 그때의 관점으로 자신을, 회사를, 시장을 바라보시기 바랍니다. 무언가 수정·변경된 것들이 보일 것입니다. 바로잡는다기보다 다시 초심으로 돌아가기 바랍니다. 그것만으로도 지금의 회사는 변화가 시작되는 것입니다.

〔2-5〕우리 주변에서 오래도록 이어져 온 것들 중 가치 있는 것들이 무엇인지 찾아보십시오. 또 오래도록 이어져 온 것들 중에서 바꾸거나 변화시키는 게 맞다고 여겨지는 것들이 무엇인지 찾아보십시오.

어떤 것들을 지켜야 할지, 어떤 것들을 변화시켜야 할지 결정하는 건 쉬운 일이 아닙니다. 수학공식처럼 명확한 기준을 제시하고 싶지만, 이 역시 어렵기는 마찬가지입니다. 이럴 때는 다양한 사례를 통해 배우는 게 가장 적합합니다. 내 주변에서 지켜서 좋은 것들, 이제는 바꿔야 할 것들을 살펴보고, 그 이면에 흐르는 기준을 살펴보시기 바랍니다.

[2-6] 경계선을 뛰어넘는 훈련하기

1. 매일, 매주, 매달 새로운 것을 시도해 보십시오. 오래 지속할 필요는 없습니다. 하지만 일정한 시도를 통해 새로운 것에 대한 두려움을 던질 수 있도록 노력해야 합니다.

2. 정기적으로 새로운 사람을 만나십시오. 특히 새로운 분야의 전문가를 만나 깊이 대화하는 시간을 가지십시오. 모임을 열거나 모임에 참여하는 것도 좋은 방법입니다.

3. 호기심이 가는 주제를 적어놓고, 그 주제와 관련된 책을 3권 정도 읽어 보십시오. 10권을 읽으면 이해가 되기 시작하고, 30권을 읽으면 아는 체할 수 있으며, 50권이 넘어서면 전문가라 해도 부족함이 없습니다.

4. 틈틈이 목적 없는 웹 서핑을 해보시기 바랍니다. 인터넷으로 연결되는 세상의 여러 부작용에도 불구하고, 인터넷은 가장 편한 방법으로 가장 넓은 세계를 가장 짧은 시간 안에 만나게 해줍니다.

[2-7] 회사가 문 닫을까 봐 두려우세요? 그렇다면 작은 실패에 대해서 적극적이으로 임하세요. 작은 실패를 두려워하지 않는 기업, 끊임없이 새로운 도전을 멈추지 않는 기업이야말로 영원히 존재할 가능성이 있는 기업이니까요.

모든 리더들은 자신의 어떤 결정이 회사에 심각한 피해를 끼치지 않을까 두려워합니다. 실제로 잘못된 결정으로 인해 커다란 기업이 문을 닫는 경우도 있긴 합니다. 하지만 크고 작은 실수와 어려움을 겪어온 기업들은 그렇게 쉽게 무너지지 않습니다. 사람처럼 어려움을 헤쳐 나가 더 단단한 기업으로 성장하게 됩니다. 평소에 겪는 작은 어려움을 받아들이십시오. 진정 회사가 생존하고 성장하는 걸 원한다면, 상대적으로 작고 부담 없는 실수를 향해 끊임없이 도전할 때 더 단단한 회사로 성장할 것입니다.

제3장 직원 교육

[3-1] 시간을 내서 회사에 꼭 필요한, 마음에 꼭 드는 '인재상'을 상세히 작성해 보시겠습니까?

뜻밖에도 자신의 회사에 적합한 인재상을 갖고 있지 않은 리더들이 많습니다. 사람을 뽑는 일을 인사팀의 역할이라고 여기는 경우도 많습니다. 양쪽 모두 회사의 미래에 좋지 않은 결과를 가져옵니다. 최고의 의사 결정을 내려도 그 결정을 수행할 수 있는 조직이 제대로 되어 있지 않다면, 리더의 역할은 제한될 수밖에 없습니다. 따라서 항상 적절한 인재 확보에 시간을 투자해야 합니다. 리더의 좋은 의사결정과 리더가 만든 좋은 조직이 좋은 회사를 탄생시킵니다.

[3-2] 존경할 만한, 배울 게 가득한 기업을 골라 그 회사의 채용 시스템을 한 번 분석해 보십시오. 기왕이면 그 회사에 취직하기 위해 준비하는 마음으로 해보시면 더욱 좋습니다.

고용노동부의 사업을 통해 수년 간 기업에 맞는 인재상을 연구하고, 학교·학생들에게 훈련시키는 일을 맡았습니다. 덕분에 WORLD.SMART라는 독특한 인재상을 도출할 수 있게 되었고, 지금은 이 개념을 적용한 교육을 통해 많은 취업 준비생들을 훈련시키고 있습니다. 회사마다 이 개념을 적절하게 수정·보완하고, 그에 맞는 인재 선발 기준과 방법을 컨설팅하는 건 쉬운 일이 아닙니다. 그래도 보람된 것은 이런 과정을 거칠 때마다 좋은 인재와 좋은 회사가 만날 수 있다는 것입니다. 언젠가는 다른 기업의 리더들이 우리 회사의 인재 채용 방법을 벤치마킹할지도 모릅니다. 지금부터 지속적으로 보완해 나간다면 좋은 인재를 보다 정확하게 발굴해 낼 수 있을 것입니다.

※ WORLD.SMART 인재상

WORLD - Wide Eye 넓은 관점 · Open Mind 열린 마음 · Relationship 관계 지향 · International Language 현지 언어 · Discovery 탐구하는 자세

SMART - Self-ship 자기주도성 · Matching 환경적응성 · Actionable 행동지향성 · Relationship 관계지향성 · Trouble-Shooting 문제해결성

[3-3] 정말 해결하고 싶은 문제를 직원들에게 알린 뒤 시간을 주고 대안을 기다려 보세요. 단 절대 중간에 묻거나 제한을 주지 않고, 순수하게 기다려야 합니다.

인간은 누구나 창의적입니다. 정도의 차이는 있을지 몰라도 인간이란 존재 자체가 창의적이지 않고서는 살아갈 수 없는 존재들입니다. 문제는 조직이 발전하면 할수록 인간이 갖고 있는 창의성을 훼손시킨다는 것입니다. 창의성은 관리되지 않기에 위험요소처럼 보이기 때문입니다. 그래서 처음엔 인내가 필요합니다. 그 인내 외에 나의 지식과 경험도 창의성을 훼손시킬 수 있습니다. 나의 지식과 경험을 뛰어넘는 새로운 방법이 필요하다면 믿고 기다리는 수밖에 없습니다. 시간이 걸릴지언정 분명 여러분의 믿음과 인내에 보답하는 멋진 결과가 탄생할 것입니다.

〔3-4〕 정말 회사에 천재가 있다면 어떻게 대우하실 계획이신가요? 그 천재를 위해 회사가 어떤 준비를 할 수 있을까요?

아인슈타인이 한국에 태어났다면 지금의 명성을 가질 수 있었을까 하는 식의 이야기가 떠돌곤 합니다. 개인적으로 한국에서 태어났더라도 좋은 연구를 많이 했을 거라고 믿습니다만 그 이야기에는 우리의 환경이 그런 천재들을 제한할 수 있다는 것을 이야기하고자 하는 게 아닐까 생각합니다. 어쩌면 우리 회사가 그런 천재를 썩히는 환경을 갖고 있는 것은 아닐까요? 정말 그런 천재가 있다면 어떻게 회사를 운영해야 할까요? 천재를 데려오기보다 천재가 일할 수 있는 환경을 만들어 주는 게 먼저 아닐까요?

〔3-5〕 클래스 디자이너 백기락이 제안하는 효과적인 교육 설계 가이드 라인

1. 90분 기준으로 75분 수업에 15분 휴식을 갖습니다.

2. 75분 교육은 25분씩 3등분하거나 25분 + 50분으로 구성될 수 있도록 제안합니다.

3. 점심시간은 75분 이상, 90분 정도 제공합니다. 식사 후 커피 타임을 갖거나 산책 시간을 충분히 드리는 게 점심 식사 후 수업에서의 효과를 높일 수 있습니다.

4. 별도의 교재를 만들기보다는 1~3권 정도의 단행본을 교재로 삼습니다. 좋은 펜과 포스트잇을 다양하게 준비해서 책에 바로 필기하거나 포스트잇으로 붙이도록 합니다.

5. 점심 식사 후 첫 교시가 끝나면 30분 정도 다과 시간을 갖습니다. 신선한 과일이 좋습니다. 가끔은 아이스크림이 효과를 봅니다. 당분은 두뇌에 힘을 실어 주기 때문입니다.

6. 커피값 아끼지 말고, 봉지 커피보다는 향이 좋은 커피로 대접합니다. 좋은 카페인은 학습에 좀 더 몰두할 수 있게 도와줍니다.

7. 강의 시작을 알리기 위해 문자 등을 활용해 보세요. 문자로 교육 중간 중간의 공지가 오는 걸 매우 신선해하거나 재미있어 합니다. 교육 중에 하지 않던 질문도 더 많이 들어오고, 건의사항도 많이 들어옵니다.

8. 강의 시작을 알리기 위해 문자 등을 활용해 보세요. 문자로 교육 중간 중간의 공지가 오는 걸 매우 신선해하거나 재미있어 합니다. 교육 중에 하지 않던 질문도 더 많이 들어오고, 건의사항도 많이 들어옵니다.

〔3-6〕 차기 리더에게 리더의 여러 역량을 전수할 수 있는 좋은 방법으로 어떤 것들이 있을까요?

리더는 최고 의사 결정권자이기도 하지만 최고 교육 책임자(Chief of Education Officer)가 될 수도 있습니다. 당장 차기 경영자를 선발, 교육하는 책임을 맡게 된다면 어떻게 리더 후보들을 교육시킬지 고민하기 바랍니다. 귀한 노하우를 잘 전달할 수 있다면 위대한 리더라고 칭송을 받을지도 모를 일입니다.

〔3-7〕 회사 업무만 이야기하지 말고, 개인의 이야기들을 먼저 꺼내 보세요.

내 마음을 이해하는 직원은 결국 인간적인 신뢰까지 더해질 때 가능합니다. 그러려면 누군가가 먼저 다가가 자신의 마음을 이야기하기 시작해야 합니다. 리더가 먼저 시작하는 게 어떨까요? 일대일로 차를 마시면서 이야기하는 시간도 가져보고, 직원들과 어울리려고 노력을 해야 합니다. 회식 때 사라져 주길 바라는 리더가 아닌, 회식 때에도 같이 있고 싶은 리더가 되어 보세요.

〔3-8〕 회사 설립 초기에 만들고 싶었던 '멋진 회사'를 다시 한 번 떠올려 보십시오. 그런 준비가 없었거나 부족했다면, '가장 다니고 싶은 회사'를 검색해 보고, 그 회사의 어떤 점들이 구직자들의 마음을 사로잡는지 살펴보십시오.

미래를 상상한다는 것은 강력한 힘입니다. 특히 좋은 것들이 가득한 멋진 미래를 상상할 때 긍정적인 변화들이 많이 시작됩니다. 리더가 먼저 멋진 회사를 그려 보세요. 그리고 그런 회사를 만들 방법을 생각해 보세요. 리더의 진정한 역할이 시작될 것입니다.

제4장 조직 관리

〔4-1〕 우리나라의 좋은 전통 중에서 사라진 전통을 찾아보십시오. 어떤 이유로 사라진 것인지, 만일 그 전통을 다시 되살리려면 얼마나 힘든지 고민해 보는 시간을 가져 보세요.

인간에게 변화는 사실 힘든 과정임에도 새로운 것에 대한 호기심 때문에 이전의 것들을 쉽게 버리는 경향이 큽니다. 좋은 전통을 잘 살려야 함에도 여러 가지 이유로—나름 그 당시엔 타당한—그 전통을 폐기하거나 수정해 버립니다. 오랜 시간이 지난 후 과거의 것이 옳거나 좋은 것이었다는 것을 알았을 때 다시 돌아가는 비용, 시간은 엄청난 것이며, 때로는 불가능할 때도 많습니다. 버리기 전에 신중해야 하고, 새로 시작하기 전에 신중할 필요가 있습니다.

〔4-2〕 무난하게 얻을 수 있는 것이 아닌, 특별한 노력을 기울여야만 얻을 수 있는 것 중에서 특별한 노력을 기울일 만한 목표를 찾아보십시오.

사실 우리가 노력하지 않는 것도 아니며, 변화하지 않는 것도 아닙니다. 어느 정도의 변화와 성장은 늘 하고 있다고 봐도 과언이 아닙니다. 문제는 미래의 어떤 열매들은 현재의 생활만으로도 충분히 달성할 수 있다 보니 굳이 지금의 생활에 변화를 줄 필요가 없다고 생각하는 것입니다. 특별한 목표를 지향할 때 우리 조직도 특별해질 수가 있습니다. 위대한 목표 앞에서 좋은 목표는 부족하고, 문제투성이며, 골칫거리일 뿐입니다.

〔4-3〕 누군가로부터 불평 어린 이야기를 들어본 적이 있을 것입니다. 그때 마음이 어떠했나요? 어떻게 하면 그런 불평불만을 들었을 때 심리적으로 동요하지 않고 그에 담긴 의미에 집중할 수 있을까요?

불평불만이 어린 이야기를 들을 때 대부분의 사람들은 심리적으로 저항하게 됩니다. 누군가에 대한 불평을 들을 때에는 모르다가도 자신이 그 대상이 될 때 강력한 저항을 하게 됩니다. 하지만 문제점을 지적하거나 받지 못하는 분위기에서는 발전할 수 없습니다. 그런 점에서 조식 내 긍정적인 불평불만을 잠재워 버리는 가장 강력한 요인은 리더가 그런 것들을 싫어한다는 것을 조직 구성원들이 알고 있을 때입니다. 아무런 불평불만이 없는 조직, 정말 건강한 조직일까요? 건강한 불평불만을 수용하는 것은 특별히 리더에게 가장 요구되는 역량임을 잊지 말아야 합니다.

〔4-4〕 오해가 쌓여 관계가 악화된 경험이 있으신가요? 그 오해를 풀기 위해 많은 시간을 들여야 했던 경험이 있으신가요? 그 오해가 사소한 대화로 시작되었던 적이 있지 않으신가요?

회사와 직원들 간에 오해가 쌓이는 상황, 생각만 해도 끔찍하지 않나요? 직원들끼리 오해를 하고 서로 반목하는 모습, 정말 상상하기 싫은 상황입니다. 오해는 소통의 부족함에서 시작됩니다. 소통이 부재하다, 즉 아예 없는 조직은 없을 테지만 소통이 충분치 않은 조직이나 관계는 꽤 많습니다. 현재의 대화와 소통이 충분하다 생각하지 마시고, 더 많은 소통의 기회와 시간을 투자할 필요가 있습니다.

〔4-5〕 회사 사규(혹은 그에 준하는 여러 문서, 매뉴얼 등)를 꺼내 천천히 읽어 보는 시간을 가져 보십시오. 그 사규가 왜 생겼는지, 어떻게 적용되고 있는지 정기적으로 살펴보시기 바랍니다.

사문법(死文法)이란 쉽게 표현하면 조항이 있긴 하지만 실제로 적용되지 않는, 문서로만 존재하는 법을 말합니다. 현실과 전혀 맞지도 않고, 말도 안 될 것 같은데 엄연히 법 조항으로 남아 있습니다. 절차를 밟아 폐기해야 하는데, 아무도 관심을 쏟지 않아 적용은 하지 않되 폐기도 되지 않은 것입니다. 지금 우리 조직에 이런 것들이 얼마나 많을까요? 좋은 리더는 불필요한 사규를 과감하게 없앨 줄 아는 사람입니다.

〔4-6〕 2년 전쯤에 산 컴퓨터와 최근에 산 컴퓨터를 나란히 놓은 후 부팅 시간을 측정해 보십시오. 용량이 좀 큰 파일을 똑같이 로딩한 후 시간을 측정해 보십시오. 그 차이를 하루 30회, 1년 120일로 계산해 보십시오. 거기에 직원들의 평균적인 시간당 급여를 계산해 보십시오.

시간의 가치는 직접 계산해 보는 게 가장 정확합니다. 위 방식대로 계산한 후, 직원 수를 곱해 보세요. 모든 계산이 끝나면 리더인 자신의 몸값을 기준으로 계산해 보시기 바랍니다. 어떤 결심이 생길 수밖에 없을 것입니다.

〔4-7〕 성과에 대한 보상과 실패에 대한 징계를 놓고 비교해 보십시오. 어느 한쪽만 강조되고 있지는 않은지, 충분하게 인식되고 있는지 살펴보십시오.

성과 달성의 장밋빛 모습만 강조하는 기업은 실패 상황일 때 우왕좌왕합니다. 성과 달성에 대해서는 미미하면서 실패했을 때의 징계 등에는 철저한 기업은, 도전 정신이 사라지게 됩니다. 무엇이든 균형이 필요합니다. 우리 조직은 어느 쪽으로 편중되어 있나요? 냉정한 시각으로 살펴볼 필요가 있습니다.

〔4-8〕 객관적인 지표상으로 볼 때 성과가 낮은 팀을 찾아 그 원인을 살펴보십시오. 만일 조직의 변화를 준다면 어떤 역량과 어떤 성향을 가진 사람이 필요할지 생각해 보시고, 회사 내에서 그런 사람이 누구인지 살펴보십시오.

결과가 나왔다고 해서 바로 실행에 옮기진 마십시오. 그 사람이 빠져나간 조직은 오히려 문제가 시작될 수도 있습니다. 그래서 리더는 넓은 시각으로 최선의 결정을 내려야 합니다. 충분히 시뮬레이션해본 후 숙고하여 조직 개편에 나서기 바랍니다.

제5장 제도 문화

〔5-1〕 정기적으로 파티션을 옮기거나 책상을 옮겨 보면 어떨까요? 복도에다 큰 메모판을 설치해서, 누구나 무언가를 적거나 붙일 수 있도록 하면 어떨까요?

현재 우리가 사용하는 구조의 엘리베이터를 처음 만든 미국의 오티스(OTIS) 사는 엘리베이터가 이동하는 속도가 너무 느려 고민이었다고 합니다. 그런데 회사의 한 여성 청소부의 아이디어로, 엘리베이터 벽에 거울을 붙이게 되었습니다. 엘리베이터에 탑승한 승객들은 이동하는 동안 거울을 봄으로써 지루함을 느끼지 못하게 되었다고 합니다. 벽면 거울은 지루함을 없애줄 뿐 아니라 실내가 넓어보이게 하고 주변 사람들과 공간을 파악하는 데에도 도움이 됩니다.

이처럼 벽이란 소통을 막기도 하지만 더 많은 소통을 끌어내는 장이기도 합니다. 지금 있는 벽에 변화를 주거나 활용할 수 있는 방법을 찾아보세요. 소통의 장이 넓어집니다.

〔5-2〕 사내 북카페 프로젝트를 추진해 보세요.

너무 거창하게 생각할 필요는 없습니다. 휴게실이 있다면 휴게실에 책을 비치해도 좋고, 없다면 회의실을 북카페로 만들어도 가능합니다. 기왕이면 좋은 커피 머신도 비치하고, 커피도 무제한으로 가득 제공하면 멋지겠지요?

〔5-3〕 현재 회사가 적용하고 있는 근무시간과 업무의 특징을 연결해서 바람직한 근무시간을 설정해 보십시오.

오전 9시부터 6시까지 일하는 것이 일반적입니다. 어떤 회사는 퇴근시간은 그대로 둔 채 8시 반으로 출근시간을 앞당기거나, 출근시간은 그대로 둔 채 퇴근시간을 30분 늦추는 회사도 있습니다. 어떻게 해서든 근무시간을 길게 연장하고 싶은 마음 때문입니다.

회사의 업무 특성, 직원들의 생산성을 고려했을 때 과연 30분에서 1시간 정도의 근무시간 연장이 얼마나 실질적인 성과를 내는지를 생각해 보아야 합니다. 어떤 회사는 유럽과 비즈니스를 해서 시차 때문에 오전에는 거의 할 일이 없고, 오후 3~4시 이후로 바빠지는데 그럼에도 불구하고 출근시간은 9시로 못 박아 두더군요. 퇴근은 늘 늦는데 말입니다. 직원들의 피로가 쌓이면 능률이 높아질까요? 눈에 보이는 것으로 생산성을 판단해서는 안 됩니다. 책상 앞에 앉아 있다고 우등생이 아닌 것처럼 근무시간이 길다고 능률이 높아지는 게 아니라는 사실을 아셔야 합니다.

〔5-4〕 회의가 없을 때면 사무실의 방문을 열어 두십시오. 직원들의 명단을 꺼내 한 명 한 명과 티타임을 가져 보십시오. 가끔은 메신저로 먼저 안부를 묻고, 친해지려고 노력해 보십시오.

내 회사라고 여길 수 있는 가장 좋은 방법은 결국 그 조직에 있는 구성원들이 내가 아는 사람이 되고, 친한 사람이 되는 것입니다. 그래야 관심이 갈 테니까요. 주주도 아닌데 회사의 주인 의식을 갖는 게 어디 쉽겠습니까? 하지만 그래야 회사가 발전한다면, 회사를 수많은 친구, 선배, 후배들과 어울려 있는 조직이라고 생각하고, 그 유기적인 연결을 자신도 책임지고 있음을 느끼게 할 필요가 있습니다. 가장 정보를 많이 갖고 있는 리더가 앞장서서 만나고 대화하고 다가간다면, 자신의 현재만이 아닌, 조직의 미래까지 고민하는 구성원들이 늘어날 것입니다.

〔5-5〕 지금 처해 있는 상황을 하나의 경기라고 인식하고 누가 심판이고, 누가 관객이며, 누가 경쟁자이며 어떤 룰에 따라 시합을 하고 있는지 한 번 그려 보시

기 바랍니다.

열심히 뛰다 보면 내가 어떤 경기장에서 어떤 경기를 하고 있는지 잊어버릴 때가 있습니다. 그때 우리는 이성이 아닌, 습관과 본능으로 경기를 치르게 됩니다. 가끔은 이런 상황이 도움이 될 때가 있습니다만 복잡하고 수시로 변하는 기업 환경에서는 위험하기 그지없는 상황이 될 수 있습니다. 현재 우리가 어떤 경기에서 어떤 룰로 누구랑 경쟁하는지 함께 머리를 맞대고 객관화 시켜볼 필요가 있습니다. 더 나은 경기를 할 수 있는 방법이 나타날 테니까요.

〔5-6〕 회사에 대해 어느 정도 잘 알고 관심이 있는 외부 인사 중에서 신뢰할 만한 분들을 두세 분 정하십시오. 그리고 그분들과 일대일로 식사 시간을 가져 보십시오. 그리고 질문해 보십시오. 회사의 모습이 어떻게 보이는지, 앞으로 어떻게 될 것 같은지 말입니다.

회사 조직에 대해 가장 잘 아는 사람은 리더일 것입니다. 하지만 조직 안에 있다 보면 어느새 객관적인 시각을 잃어버리게 되고, 전체를 보는 감각도 약해집니다. 이런 단점을 보완하기 위해 큰 기업들은 사외이사 제도 등을 활용해서 외부 인사의 이야기를 듣습니다. 그분들이 정답을 주진 못하더라도, 리더에게 도움이 될 수 있는 '시각'은 제공할 수 있습니다.

제6장 자기관리

〔6-1〕 세계적인 리더들은 독서법이 남달랐다고 합니다. 더는 미루지 말고 독서법을 한 번 제대로 배워 보시기 바랍니다.

시간과 돈을 조금만 투자하면 독서법을 배울 수 있습니다. 독서법은 나무를 베기 위해 도끼의 날을 가는 것과 같습니다. 평생 할 독서라면, 제대로 독서법을 배워 평생 써먹는 것도 좋지 않을까요?

〔6-2〕 지금 당장 자리에서 일어나 서점에 한 번 들러보면 어떨까요? 바로 일어나지 못한다면, 일단 인터넷 서점이라도 방문하고, 꼭 시간을 내어 서점을 방문해 보십시오. 특히 주기적으로 서점을 방문하는 것이 매우 중요합니다.

놀랍게도 많은 독서 전문가들은 서점에 주기적으로 방문하는 것만으로도 독서의욕을 높이고, 문제를 해결하며, 나아가 새로운 생각까지 얻을 수 있다고 조언합니다. 서점 방문을 미루지 말고 더 훌륭한 경영 역량을 쌓기 위한 수업이라 생각하고 꾸준하게, 정기적으로 방문해 보길 권합니다.

[6-3] 일정을 짤 때 '휴식 시간'을 먼저 잡아 보세요. 매일 잠자는 시간, 중간 쉬는 시간, 휴가 기간 등을 먼저 잡은 후에 다른 일정을 넣어보면 어떨까요?

오랜 시간 동안 시간관리를 연구하면서 제가 주장하는 독특한(?) 노하우입니다. 보통 잠자는 시간, 쉬는 시간, 휴가 등을 나중에 잡는 경우가 많은데, 먼저 잡은 후에 일을 배치하면 좀 더 쉴 수 있는 기회가 만들어지고, 삶의 균형이란 측면에서 더 큰 도움이 됩니다.

[6-4] 먼저 자신의 상세 스케줄을 작성하고, 시간관리 전문가를 청해 그 스케줄을 보여 주고 의견을 들어 보십시오.

안에서 보면 안 보이던 것들이 밖에서 보면 정말 잘 보이는 경우가 많습니다. 자신의 시간이기에 절대 고치지 못하는 영역, 절대 자신하지 못했던 영역들이 다른 이의 눈으로 보면 이상하게 여겨지거나 너무나 당연하게 여겨지기도 합니다. 기왕이면 그 '다른 이'가 전문가라면 더 좋지 않을까요? 작은 변화의 시작이 회사와 사업에 얼마나 큰 영향을 끼칠까요?

[6-5] 외로움이 마냥 나쁜 것일까요? 즐거움은 영원한 것일까요? 우리가 평소에 자주 느끼는 여러 감정들에 대해 편안하게 이야기를 해보길 권합니다.

당장 힘든 감정이라고 해서 무익한 것만은 아닙니다. 지금 좋은 감정이라고 해서 유익하기만 한 건 아닙니다. 감정이 없는 사람이 좋은 사람도 아니고, 감정의 기복이 심한 사람을 훌륭하다고 보지도 않습니다. 누구나 감정을 느낍니다. 누구나 외로워하고, 누구나 슬퍼하며, 누구나 화를 냅니다. 상황이 다르고 조건이 다를 뿐입니다. 그런 감정들을 직시하고 그 감정에 대해 공개적으로 다루기 시작하면 점점 쉽게 다루게 될 것입니다.